高等院校"十四五"工商管理规划教材

基于信息化服务平台的立体教学丛书

绩效管理

丁贺　余恩海◎编著

PERFORMANCE
MANAGEMENT

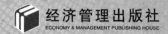
经济管理出版社

ECONOMY & MANAGEMENT PUBLISHING HOUSE

图书在版编目（CIP）数据

绩效管理／丁贺，余恩海编著. —北京：经济管理出版社，2022.6

ISBN 978 – 7 – 5096 – 8516 – 7

Ⅰ. ①绩…　Ⅱ. ①丁…　②余…　Ⅲ. ①企业绩效—企业管理　Ⅳ. ①F272.5

中国版本图书馆 CIP 数据核字（2022）第 099603 号

组稿编辑：王光艳

责任编辑：魏晨红

责任印制：黄章平

责任校对：董杉珊

出版发行：经济管理出版社

　　　　　（北京市海淀区北蜂窝 8 号中雅大厦 A 座 11 层　100038）

网　　　址：www. E – mp. com. cn

电　　　话：（010）51915602

印　　　刷：北京晨旭印刷厂

经　　　销：新华书店

开　　　本：787mm × 1092mm/16

印　　　张：16.5

字　　　数：322 千字

版　　　次：2022 年 7 月第 1 版　　2022 年 7 月第 1 次印刷

书　　　号：ISBN 978 – 7 – 5096 – 8516 – 7

定　　　价：58.00 元

前　言

　　绩效管理是管理工作的核心内容。常言道："组织管理就是人力资源管理，人力资源管理就是绩效管理。"在绩效管理的过程中，不仅要实现组织的健康与可持续发展，而且要激发员工活力，培养员工幸福感，从根本上驱动员工为达成组织目标而努力奋斗。无论是什么类型的组织、什么类型的岗位，都需要绩效管理，因为任何一项活动都有其目的，衡量其目的是否达成的过程或方式就是绩效管理的重点工作之一。更进一步来讲，绩效管理不是简单地评价员工过去的表现，更高层次的绩效管理是塑造一种组织需要的氛围甚至文化，进而通过信息的传递对组织中的每一名员工产生影响。

　　在当前快速变革、不确定性逐渐增强的信息时代，更迫切需要高效的绩效管理模式来帮助组织应对内外部环境带来的挑战。尤其是在我国创新驱动发展和高质量发展的新时代背景下，更是对绩效管理提出了高要求。传统的绩效管理模式大多以胜任力模型为基础，强调识别员工绩效表现差的方面，然后通过绩效改进方案驱动员工"补短板"。但是，员工在"补短板"的过程中实际上很难富有能量、充满活力，更多的是消极情感，并且"补短板"仅仅是员工绩效的保障因素而不是激励因素，不能让员工从"一般"走向"卓越"。当前的管理实践现状也是如此，传统绩效管理模式限制了组织又好又快地发展。相比较而言，发挥员工优势不仅能让员工有高水平的积极体验，而且还能促使员工取得卓越的成就。大量的学术研究和管理实践均已证实，聚焦员工优势的管理模式，是培养积极组织、打造卓越组织的关键手段。因此，充分发挥员工特长而不是尽力弥补员工"短板"的绩效管理模式是解决新时代组织管理难题的重要方式。

　　绩效管理的根本目的在于促使员工获得高水平的工作绩效，尤其是那些在关键岗位上的员工绩效。成长行为理论(Growth Behavior Theory)指出，个体为了实现自身的成长与发展会主动地表现出各种行为，这些行为可分为两大类：一是优势行为(Strengths Behavior)，即个体主动识别、开发和使用自身优势的行为；二是劣势行为(Deficits Behavior)，即个体主动识别和弥补自身不足或缺点的行为。实证研究证实，相对于劣势行为而言，优势行为更能够促进个体成长和职业成功，让个体获得高水平的工作绩效，更能够带来个体的突破式创新。因此，组织绩效管理活动应当更加专注于促进员工的优势行为。

为此,本书导入了大量有关个体优势的相关研究成果,旨在培养读者的优势思维,为绩效管理注入新的思想。本书共包含十章内容:第一章主要介绍绩效与绩效管理的基础理论,第二至七章依次介绍绩效计划、绩效执行、绩效评价、绩效反馈、绩效申诉与绩效结果应用、绩效控制与绩效改进,第八章详细介绍目标管理法,第九章阐述平衡计分卡,第十章对目标—关键结果模型进行阐释。从结构来看,本书既包含绩效管理的基础理论及其全过程,也包含最常用的绩效管理方法(目标管理、平衡计分卡和目标—关键结果法);从内容来看,既包含传统的胜任力模型的绩效管理思想,又包含优势模型的绩效管理思想。因此,本书将给予读者一种全新的学习体验;同时,笔者希望通过本书能够培养读者创新绩效管理的思维。

目　录

第一章

绩效与绩效管理的基础理论

学习目标

1. 掌握绩效的概念

2. 熟悉绩效的影响因素

3. 掌握绩效管理的内涵

4. 理解绩效管理的目的与意义

5. 熟记绩效管理的过程

6. 理解高效的绩效管理系统的特征

第一节　绩效的概念与影响因素

一、绩效的概念

对于组织、部门(或团队)和员工来说,绩效(Performance)是一个重要的话题。对于组织而言,绩效是组织发展好坏的重要体现,是组织健康可持续发展的核心基础,甚至决定着组织的命运。对于部门(或团队)而言,绩效是衡量部门(或团队)职责完成情况的重要指标,是进行部门(或团队)资源分配的依据。对于员工而言,绩效不仅体现着员工的知识、技能和能力等素质的高低,而且影响员工的薪酬福利、职位晋升、教育培训和劳动关系的保持与解除等。因此,组织研究者和实践者要想执行有效的绩效管理需要准确地把握绩效的内涵。

从目前的研究来看,绩效并没有一个统一的定义。但是,无论是学术界还是实践界,

均一致认为绩效具有以下三个方面的特征:

第一,情境性。要把绩效放在特定的情境中进行讨论。在不同的情境中,绩效的内涵有所差异。例如,在企业里,绩效更多指的是企业的产值、利润率、市值、创新能力、规模和品牌影响力等;在大学里,绩效则强调人才培养、科研成果和社会服务等。

第二,目标导向。绩效是与达成一定的目标相联系的。在对绩效进行测量时,主要是考察当前绩效表现在多大程度上完成了既定的目标,目标也可被看作绩效存在的前提。

第三,阶段性。绩效是在一段时间内的表现,这一特点与绩效的目标导向相匹配。在不同的时期,组织的目标不同,所关注的绩效指标也会有所差异。例如,对于初创期的企业来说,可能更关注产值和利润率(让企业存活下来);而处于成熟期的企业则更强调产品质量和市场增长率(打造品牌)。

尽管学者们对绩效的理解有明显的差异,但综观现有关于员工绩效的定义,大致表现为三类不同的观点:绩效行为观、绩效结果观和绩效综合观①。

(一)绩效行为观

绩效管理体系主要衡量了两个方面的因素:一是员工的行为,即员工做了什么;二是行为结果,即员工这些行为产生了什么样的结果。但是,Campbell 等(1993)认为,绩效本身主要是员工的行为,而不是员工的行为所产生的结果,也就是说绩效是员工的行为表现,最主要的原因在于,结果受到员工之外因素的影响,如果不能排除员工之外因素对绩效结果的影响,员工的绩效将不能真正体现出员工对于组织目标的贡献。需要注意的是,并不是所有的员工行为都可以被看作绩效。绩效行为具有两个方面的特征:第一,可评价性(Evaluative),即绩效行为可通过其对实现员工或组织目标产生积极或消极的影响来进行评价,换句话说,绩效行为是指那些与实现员工或组织目标相关的行为。第二,片段性(Episodic)。从一般意义上来讲,工作行为是员工在工作期间所表现出的各种行为的连续统一体。进一步来看,员工在工作中的行为可以被看作是由各种行为片段组成的(Aguinis,2013)。这一观点已得到大量学者的支持,如 Newtson(1973)指出,当观察个体的行为时,人们为了加工社会信息(这里指行为信息)会很自然地把行为分成具体的单元,但是有些行为片段并不会对组织的目标实现产生积极的或消极的影响,而有些行为可能会产生影响。因此,工作行为中对目标实现能够产生影响的片段才是绩效(Motowildo et al.,1997)。

---

① 林新奇.绩效管理:技术与应用[M].北京:中国人民大学出版社,2012.

基于绩效行为观,绩效可分为任务绩效行为和情境绩效行为两种类别(Borman & Motowidlo,1993)。任务绩效行为包括两类:一类是指直接将原材料转变为组织产品和服务的各项活动,例如,在零售商店卖商品、在制造厂操作生产机器、在学校给学生授课、在医院给患者做手术、在银行给客户兑现支票;另一类是指服务和维护技术核心(Technical Core)的活动,例如,补充原材料的供给活动,分发已生产出的产品活动,为了使技术核心能够有效地发挥其功能而进行的计划制订、协调、指导和人员调配活动(Motowidlo & Van Scotter,1994)。由此看来,任务绩效与组织的技术核心有直接的关系,要么是执行技术核心所涉及的程序,要么是为了服务或维护技术核心的要求所执行的活动。任务绩效行为也被定义为工作说明书中明确要求的行为(Shoss et al.,2012)。

相反地,情境绩效行为并不是支持技术核心本身,而是支持技术核心发挥作用的更为广泛的组织、社会和心理环境。例如,自愿地执行没有正式要求的任务、帮助他人完成工作任务的行为、支持和捍卫组织目标的行为、当有人诋毁组织时主动为组织进行辩护的行为(Motowidlo & Van Scotter,1994)。情境绩效行为也被看作是工作说明书中未做明确要求,但员工自愿表现的对组织有利的行为(Devonish & Greenidge,2010),如组织公民行为、创新行为和建言行为。

有关任务绩效行为和情境绩效行为的区分与三个基本假设相关:第一,任务绩效行为在不同的工作之间变化很大,而情境绩效行为在不同工作之间的差异相对较小;第二,任务绩效行为与员工的能力相关,而情境绩效行为则与员工的人格、态度和动机相关;第三,任务绩效行为更多的是工作角色本身要求的角色内行为,而情境绩效行为多是自主性的角色外行为(Sonnentag & Frese,2002)。

(二)绩效结果观

与绩效行为观不同,一些学者认为员工的行为结果才是绩效,比如,Bernardin(1992)将绩效定义为在一定时间内产生的结果记录。尽管员工在工作中会表现出各种有利于组织目标实现的行为,但是这些行为未必一定会带来积极的结果,或者说未必一定能够促进员工任务目标的完成,因为行为能否转化成积极的结果受到许多条件的影响,例如,员工所表现出的行为是否及时、行为强度是否合适、行为频率是否符合要求、是否存在外部环境的干扰。在管理实践中,大多数组织重点关注员工的工作结果,只有工作结果才能直接代表组织绩效目标的实现程度,才是组织经营状况的体现,例如,对于销售岗位的员工而言,几乎没有企业会关注销售员的行为,而是关注其销售额或订单合同额。尤其是在工业行业中的加工制造岗位上,更是关注员工的工作结果即生产量(包括数量和质量)。

从已有的文献来看,大量针对不同行业或领域的研究也是基于绩效结果观来衡量员工的绩效。例如,Lowery 和 Krilowicz(1994)在研究机器操作工的非任务行为与绩效之间的关系时,将机器操作工的客观绩效作为工人的计件工资计入总收入,这一工资所得主要是针对生产量的奖励,包括数量和质量;Vecchio(1998)在研究银行出纳员的领导成员交换与绩效之间的关系时,将银行记录的出错次数和出错的总金额看作是出纳员的绩效;还有研究在探讨电脑销售员的绩效与工作年限、工作活动和组织离职率之间的关系时,将过去四周内还未发货的订单额、已经发货的订单额和新订单额三个指标作为销售员的绩效(Kerber & Campbell,1987)。

(三)绩效综合观

由于绩效行为观和绩效结果观各自体现了绩效的某一个方面,但都不能包含绩效的全部,因此,越来越多的学者认为应当采用更加宽泛的视角来看待绩效,也就是说,绩效应当是行为和结果的综合。尽管员工的工作结果对于组织而言是最为看重的绩效要素,但工作行为是产生积极工作结果的重要驱动力,没有良好的工作行为表现很难产生好的工作结果;更重要的是,有些工作岗位在短时期内很难看到工作结果,如技术研发岗、科学研究岗,在工作结果没有产生之前,对这些岗位员工的考核就需要关注员工的行为表现。由此可知,将工作行为和工作结果共同作为绩效要素是必要的。

在绩效管理学术研究中,绩效综合观得到了普遍的应用,但是,在具体的绩效考核实践中,组织不仅会考核员工的工作行为和工作结果,而且还考核员工的工作能力和态度。与绩效包含工作行为的逻辑相类似,即工作行为是影响工作结果的重要因素,员工的工作能力和态度对工作结果也有显著的影响,例如,Arnold(1985)研究发现,员工感知的胜任力与绩效结果显著正相关,Blua(1990)也指出,员工的能力对员工的绩效结果有积极的影响;在态度方面,已有的研究发现组织承诺、对主管的忠诚(Chen et al.,2002)和工作投入(Salanova et al.,2005)均能显著地预测员工的绩效结果。沿着此种逻辑进行推论,大量的研究已经证实员工的人格特质、动机、价值观和情感也会对员工的绩效结果产生重要的影响,这些指标也可被看作绩效。通过上述分析可知,在员工个体层次上,影响员工绩效结果的因素还包括能力、人格、价值观、态度、情感和动机等。例如,以态度为例解释这一观点。态度包含对人、事、物的认知、情感反应和行为倾向三个要素,一旦员工对人、事、物形成了自己的态度,他们将表现出特定的行为来反映其真实的态度。尽管某一特定的态度并不一定会表现出与之相匹配的行为,因为态度对于行为的预测作用受到态度的重要性、具体性、可提取性、社会压力和个体对于这一态度是否具有直接经验的影响,但无论什么样的态度均会导致特定行为的出现,最终行为的表现会进一步对个体的绩效结果产生直接的影响。总之,无论能力、人格和态度等员工特征能否促使员工表现出与之匹配的行为,其最终行为仍会对绩效结果产生影响。因此,本书与主流的绩效定义相一致,将绩效看作行为和结果的综合。需要注意的是,在绩效管理实践中,应当根据具体的需要来决定是否将能力、态度和动机等要素看作绩效。

上述有关绩效的界定主要是针对员工个体的绩效,由于组织是由不同层级的各种单元构成的,绩效还具有团队或部门以及组织层次上的内涵,即团队绩效和组织绩效。团队绩效是指一个团队能够完成预先设定的目标的程度,例如,在产品开发团队中,团队绩效的具体维度包括预先定义的产品质量、时间计划和预算成本(Hoegl et al.,2004)。根据员工绩效的逻辑可知,团队绩效应当包括团队工作行为和团队工作结果。

组织绩效是关于组织所获得成就的总体评价。从测量的角度来看,组织绩效可分为实际的(Real)或客观的组织绩效、感知(Perceived)的或主观的组织绩效(个体和团队层次的绩效概念也可以采用此种方式进行区分)。客观的组织绩效是指实际上可观测到的结果,主观的组织绩效是关于组织绩效内容的主观评价(Federo & Saz – Carranza,2017)。尽管如此,不同的学者在对其进行操作时,也有很大的不同。例如,Snow 和 Hrebiniak(1980)在研究组织战略与组织绩效之间的关系时将总收入和总资产的比值作为测量客观的组织绩效的指标。Richard 等(2009)认为,组织绩效包括三个具体的结果:财务绩效,如利润、资产回报率和投资回报率;产品市场绩效,如销售额和市场份额;股东收益,如股东总收益和经济价值增加值。还有学者将客户满意度和员工留任情况作为组织绩效的衡量要素(Gelade & Ivery,2003)。

二、绩效的影响因素

绩效作为衡量组织经营状况的核心要素,深入全面地理解什么因素能够影响绩效是管理者必须具备的能力。绩效的影响因素有多种,本书通过综合已有的研究与组织绩效管理实践分别从员工个体、团队和组织三个层面进行阐述。

（一）员工个体层面

员工个体特征是影响员工绩效表现最直接的因素。员工特征主要包含人口统计学特征、能力与人格、态度和动机。

1. 人口统计学特征

人口统计学特征是关于个体基本信息的描述,包括个体的性别、年龄、受教育程度和工作年限等。

（1）性别。Ilgen 等(1993)针对美国东部一家大型公用事业公司信息系统开发员工的研究发现,员工绩效在不同性别之间并没有显著的差异。就华尔街经纪公司股票分析师这一职业而言,Green等(2009)对1999～2005年的数据进行分析发现,男性的绩效表现比女性的绩效表现要好。傅飞强和彭剑锋(2017)针对中国员工的研究表明,性别在工作绩效表现上并不存在显著差异。从以上研究结果可大致看出,在不同的国家、行业、职业或岗位,性别对于绩效并没有一致的影响。

(2)年龄。McEvoy和Cascio(1989)研究表明,年龄并不会对工作绩效产生显著的影响,但工作绩效的测量类型(主观评价或客观评价)会调节年龄与绩效之间的关系,主要原因在于主观的绩效评价存在更大的绩效评价偏差,其包含"潜力"(Potential)要素,而客观评价则不包含;他们的研究也发现,对于年轻的员工而言,随着年龄的增长,员工的工作绩效会有中等程度的提升;也有研究发现,员工的年龄能够通过影响员工与主管之间的关系质量进而对员工绩效产生影响,具体而言,年龄越大,员工越能够得到主管的尊重,获得更多的工作自主性,体验到更好的领导成员交换关系,从而使员工感受到低水平的工作压力、高水平工作满意度以及获得较好的任务绩效(Gellert & Schalk,2012)。

(3)受教育程度。大部分的研究均发现受教育程度对工作绩效有显著的影响。具体来讲,员工受教育程度不仅与核心任务绩效和创造力显著正相关(Ding et al.,2020),而且还与工作上的材料使用(Substance Use)和缺勤率(Absenteeism)显著负相关(Ng & Feldman,2009)。但是,Ariss和Timmins(1989)研究发现,受教育程度与工作绩效之间并没有显著的关系。

(4)工作年限。对于工作年限而言,不同的理论基础对其与工作绩效之间的关系解释有所不同。Ng和Feldman(2013)指出,从人力资本角度来看,随着工作年限的增加,员工的知识和技能水平将会提升,这将有助于改善员工绩效表现;相反,工作设计理论表明,随着工作年限的增加,员工在工作中将更可能变得厌倦并且工作动机减弱,从而影响绩效表现,但人力资本的获得能够降低工作动机的减弱程度。

2. 能力与人格

员工自身所具有的能力和人格特质对工作绩效有重要的影响。能力是指个体能够完成工作中各项任务的可能性,人格是指个体对他人反应方式和交往方式的综合。员工的能力多种多样,如记忆力、算术能力、归纳能力、演绎能力和知觉速度、空间视知觉、批判性思维、创新思维、灵活性和适应能力。人格也有不同类型,如核心自我评价、冒险性人格、马基雅维利主义人格。Tracey等(2007)研究发现,一线餐厅员工的一般心智能力(General Mental Ability)和责任心(Conscientiousness)人格倾向均能显著预测员工的绩效,一般心智能力对新员工绩效的影响更强,而责任心对有经验员工绩效的预测作用更强。此外,Barrick 和 Mount(1991)的元分析研究也指出,各种职业(包括工程师、建筑师、会计师、医生、警察、销售、护士、空服、卡车驾驶员和医药助理等)中的责任心特质均一致性地与工作绩效呈正相关;外倾性特质仅是管理和销售职业工作绩效的预测变量;尽管其他的人格特质对员工绩效也有显著的影响,但影响效应比较小。此外,员工认知能力以及与工作相关的技能也已被证实与工作绩效呈显著的正相关(Morgeson et al. ,2005)。

3. 态度

态度是指个体对于人、事、物的评价性陈述,体现了个体的喜好或满意程度。在工作中,常见的员工态度主要有工作满意度、工作投入和组织承诺等。

(1)工作满意度。工作满意度体现了员工对于工作特征本身的满意程度,对工作满意的员工,通常表现出更高水平的工作绩效。但也有研究表明,工作满意度与工作绩效之间的关系受到情感—认知一致性(Affective - cognitive Consistency)的调节,具体而言,与情感—认知一致性水平较低的员工相比,情感—认知一致性水平较高员工的工作满意度与工作绩效之间的积极关系更强(Schleicher et al. ,2004)。工作满意度与工作绩效之间的关系比较复杂,尽管工作满意度能够显著预测员工的绩效表现,但员工工作绩效也可能会影响后续的员工对于工作的满意程度(Greene,1972)。

(2)工作投入。工作投入是指一种积极的、满足的与工作相关的心态,包含活力、奉献和专注三个方面(Bakker et al. ,2007)。活力指的是在工作时个体所表现出来的高水平的能力和心理韧性;奉献是指个体对工作意义、热情、激情、自豪和挑战的感受;专注是指个体全身心地投入或卷入工作当中的状态。工作投入已被大量的研究证实是工作绩效的显著预测变量,因为在工作中投入的员工通常能够体验到较高水平的积极情感,如快乐、喜悦、兴趣和热情(Bakker & Bal,2010)。根据快乐—生产率理论(Happy - productive Theory),快乐的工人总是有较高水平的生产率。据此,由工作投入而引起的员工积极情感将会提升员工的绩效表现。

(3)组织承诺。组织承诺指的是员工对于是否继续保持组织成员身份的一种态度,包括持续承诺、规范承诺和情感承诺。持续承诺体现的是员工没有更好的其他选择而继续留在组织的状态;规范承诺体现的是员工为了维护自身的道德规范行为避免受到他人的指责而继续留在组织的状态;情感承诺主要是指员工出于对组织的感情而继续留在组织的状态。组织承诺作为一个整体概念对工作绩效有积极的影响作用(Leong et al. ,1994),而与规范承诺和持续承诺相比,情感承诺可能是员工工作绩效最有效的预测变量。(Restubog et al. ,2006)

4. 动机

个体动机可分为两大类,即内在动机和外在动机。内在动机指的是个体出于内在的喜爱或兴趣而产生的执行某一行为或活动的意愿,而外在动机是指由于外部的刺激而产生的执行某一行为或活动的意愿,外在动机在一定程度上可能会损害个体的内在动机。从一定意义上讲,内在动机和外在动机均能预测工作绩效。Cerasoli 等(2014)执行的一项元分析发现,内在动机对绩效有中等程度或更高程度的积极影响,但这一影响受到外部激励的干扰。具体来说,当外部刺激水平较高时,内在动机对绩效的影响将会减弱;当外部刺激水平较低时,内在动机对绩效的预测作用将会增强。

(二)团队层面

团队是指为实现特定的目标由两个或两个以上的个体通过明晰的责任分配、技能上的互补和规范的协同机制组成的相互作用、相互依赖的集合体。狭义上的团队指的是以团队的形式开展工作任务的集合体,广义上的团队也包括传统组织中的部门。在这里,我们采用广义上的团队概念。团队层次上影响绩效的因素很多,在此,我们主要介绍领导风格、团队内聚力和团队任务特征三个方面。

1. 领导风格

由于员工在工作中直接受到主管领导的管理,并且领导的行为对员工有直接的影响,领导所展现出的领导风格会对员工的绩效产生重要的影响。通常来讲,变革型领导、魅力型领导、优势型领导、真实型领导、谦卑型领导、德行型领导、仁慈型领导和服务型领导对员工绩效有着积极的影响,而辱虐型领导和威权型领导对员工绩效产生消极的影响作用。例如:杨陈等(2018)研究发现,谦卑型领导能够通过满足员工的心理需求进而改善员工绩效;Wang 等(2019)研究表明,辱虐型领导能够造成员工的工作不安全感,从而降低员工的角色外绩效,如创新行为,但是这一消极影响机制会受到员工控制点的调节,具体来讲,相较于外控点的员工而言,内控点的员工所经历的辱虐型领导通过工作不安全感而降低创新行为的作用将会更低。

2. 团队内聚力

内聚力是指团队成员相互喜欢和愿意继续成为团队一员的程度。不同的团队在内聚力方面的表现有所差异,有些团队的内聚力高,有些团队的内聚力低。一般情况下,团队成员在一起的时间越长、团队成员之间的性格越相似,团队的内聚力水平往往越高。对于团队成员来讲,团队内聚力非常重要,因为它与团队成员的绩效相关。Wang 等(2019)研究发现,在内聚力水平比较高的团队中,团队成员之间更愿意相互表达建议,分享自己的知识或技能,这样有助于团队成员的学习和成长,提升团队成员完成工作任务的能力,进而提升团队成员的绩效。

3. 团队任务特征

团队任务特征常见的指标有任务冲突和任务互依性。任务冲突是指团队成员关于被执行的任务内容和任务结果之间的不一致性（De Wit et al.，2012），主要体现为团队成员之间在与任务相关的观点、思想和意见方面存在差异。虽然任务冲突对团队绩效有显著的影响，但是这种影响效果与团队人格有关。就大五人格维度而言，当团队成员经验开放性和情绪稳定性的平均水平较高时，任务冲突与团队绩效显著正相关；当经验开放性和情绪稳定性平均水平较低时，任务冲突与团队绩效显著负相关（Bradley et al.，2013）。任务互依性是指团队工作任务之间相互依赖的程度，例如，在招聘团队工作中，简历筛选工作与面试工作紧密相连，工作任务之间相互依赖的程度越高，工作互依性水平越高。研究发现，当任务互依性水平较高时，员工感受到的工作责任将会更强，这进一步会促进员工表现出更多的角色外绩效行为（Pearce & Gregersen，1991）。

（三）组织层面

影响绩效的组织层面上的变量包括组织战略、组织结构和人力资源管理实践。

1. 组织战略

组织战略是指组织发展的长远目标规划，决定了组织的发展方向，明确了组织需要完成的目标任务。组织战略的形成取决于组织所在的外部环境和组织的内在能力。Miles 等（1978）认为，组织战略主要有探索者、防御者、分析者和反应者四种类型。探索者认为组织环境是动态和不确定的，需要保持组织的灵活性以应对环境的变化。探索者旨在识别和开发新的产品和市场机会。相反地，防御者认为组织环境是稳定的、确定的，因此，为获得最大化的组织效能，在组织的运营过程中寻求稳定和控制。分析者既强调稳定性也强调灵活性，并且旨在利用两者中最好的一个（Lester & Menefee，2000）。反应者通常对环境变化和不确定性做出不恰当的反应，因为他们并没有对环境做出一致性反应的机制。一般来讲，当组织不能追求探索者、防御者和分析者战略时，才会被迫进入反应模式，反应者也可被描述为"残余"（Residual）的行为类型。这四种战略对组织绩效具有显著的影响。Jennings 等（2003）在探讨服务公司战略与绩效之间的关系时发现，防御者战略、探索者战略和分析者战略在收益增长率、销售增长率、投资回报率和销售回报率方面的绩效水平是同等的；与反应者战略相比，防御者、探索者和分析者战略在收益增长率、销售增长率、投资回报率和销售回报率方面有着更高的绩效水平。但是，环境动态性、环境复杂性和组织宽容性将会调节战略与绩效之间的关系。环境动态性是指随着时间的推移市场的不稳定程度和组织之间相互关联引起的动荡程度；环境复杂性是指组织活动的同质和分散程度；组织宽容性是指在多大程度上组织环境能够支持组织可持续发展（McArthur & Nystrom，1991）。

2. 组织结构

任何类型的组织均会采用一定的组织结构进行运作，组织结构是组织绩效的重要决定因素。有关组织结构的定义常见的有三种：Thompson（1967）认为，组织结构指的是一个组织的内在关系、权力和沟通的方式；Child（1972）把组织结构看作工作角色的正式分配以及控制和整合工作活动（包括超出正式组织边界的工作活动）的管理机制；Mintzberg（1983）认为，组织结构是指将工作分为相互协作的不同任务的所有方法集合。组织结构有三个维度：集中化（Centralization）、正规化（Formalization）和复杂化（Complexity）。集中化指的是决策权和评价活动的权力在多大程度上是集中的。组织结构的集中化程度越高，组织内的决策权力和对于任务活动的评价权力越集中。由于一个人很难具有理解在一个复杂组织中所有决策所需要的认知能力和信息，随着组织规模的不断变大，组织结构的集中化程度将会降低（Pugh et al., 1968）。正规化是指组织在多大程度上使用规则和程序规定行为。正规化程度越高的组织结构，员工的角色越清晰，员工对于如何完成工作任务越明了，但正规化程度会限制员工在工作中的自主性（Pugh et al., 1968）。组织结构的复杂化体现的是组织由许多相互关联的部分而构成。复杂化来源于横向差异程度、纵向差异程度和空间分散程度，例如，当一个组织有许多层级构成、控制跨度很广并且具有多个地理位置时，组织结构的复杂化程度将会很高。

Burns 和 Stalker 依据组织对于信息加工能力的差异，将组织结构分为机械式（Mechanistic）和有机式（Organic）结构（Sine et al., 2006）。机械式结构适用于环境稳定的生产性组织，其认为组织是理性的实体，应当以科学管理为基础，把员工看作一种经济成本，强调层级控制，集中化和正规化程度高；有机式结构更适用于动态的环境，集中化和正规化程度相对较低，能够有效地应对复杂的外部环境。有关组织结构与绩效之间的关系研究已经表明，不同的组织结构类型或特征对组织绩效有重要的影响，例如，Meijaard 等（2005）针对荷兰小型公司的研究发现，在服务业和制造业中，集中化程度越低的组织，其绩效表现往往越好；Dedahanov 等（2017）研究指出，组织结构的集中化和正规化程度与员工的情境绩效（创新行为）显著负相关，也就是说，组织结构的集中化和正规化程度越高，员工表现出的创新行为越少；Lin 和 Germain（2003）对中国国有企业组织结构与绩效之间的关系进行了研究，发现正式的控制能够积极预测企业的增长绩效；组织结构的集中化程度低，国有企业的绩效增长将会降低。

3. 人力资源管理实践

人力资源管理实践，尤其是战略人力资源管理实践，是影响和塑造员工技能、态度和行为的重要方式，对组织目标的实现具有重大的影响。战略人力资源管理已经被定义为旨在实现组织目标的有计划的人力资源配置和活动（Wright & McMahan, 1992）。为更有效地达成组织的目标，学者们已经提出了各种各样的战略人力资源管理模式，如高绩效人力资源系统、高承诺人力资源系统、高参与人力资源系统、伦理型人力资源系统和优势型人力资源系统。这些战略人力资源管理模式虽然都是以促进组织目标的实现为最终目的,但它们的实现路径却有很大的差异。高绩效人力资源系统旨在通过培养员工的技能和能力促进组织目标的实现;高承诺人力资源系统是为了通过各种人力资源管理实践组合提升员工对于组织的承诺,进而改善员工和组织绩效;高参与人力资源系统是通过制定能够让员工参与管理的各种人力资源实践集合激发员工为实现组织目标付出更多的努力;伦理型人力资源系统是指通过人力资源实践集合强化组织员工的伦理行为,进而保障组织实现可持续的长远发展;优势型人力资源系统是通过制定和实施一系列有助于促进员工在工作中发挥自身优势的人力资源实践组合助力组织目标的实现。大量的实证研究均已证实这些不同的战略人力资源管理模式对绩效有重要的影响。例如,Sun等(2007)针对我国酒店数据的研究证实,高绩效人力资源实践能够通过提升服务导向的组织公民行为对组织绩效(自愿流动率和生产率)产生显著影响,也就是说,高绩效人力资源实践能够降低组织的流动率,提升组织的生产率;Ding等(2021)研究发现,优势型人力资源系统能够在控制高绩效人力资源系统和高承诺人力资源系统的条件下显著预测员工的任务绩效和创新行为。

第二节　绩效管理的概念

一、绩效管理的内涵

由于绩效对于员工和组织来讲均具有重要的意义,组织有必要执行绩效管理(Performance Management)。为执行有效的绩效管理,管理者首先需要明确什么是绩效管理。从现有的文献来看,国内外不同的学者对绩效管理的理解有所不同,常见的有关绩效管理的定义如下:

Baron 和 Armstrong(1998)强调绩效管理的战略性和完整性本质,认为绩效管理主要通过改善组织员工的绩效表现、开发团队和单个贡献者的能力来提升组织效能。

London 和 Mone(2008)将绩效管理看作一个过程,这个过程包括目标设定、为给员工反馈并执行人力资源开发而进行的绩效监控以及为支付薪酬和其他管理决策而进行的绩效评价。

Aguinis(2013)认为,绩效管理是指识别、评价和开发员工和团队绩效,并使得这些绩效与组织的发展战略目标始终保持一致的持续性过程。

廖建桥(2013)将绩效管理定义为,各级管理者和员工为了达到组织目标而采取的制定目标、检查实际工作、衡量工作业绩、根据业绩进行奖罚和制订未来业绩提升计划的一系列综合管理活动。

DeNisi 和 Murphy(2017)把绩效管理看作为帮助员工改善绩效而设计的各种类型的活动、政策、程序和干预措施。这些项目开始于绩效评价,但也包括反馈、目标设定、培训和奖励系统。

林新奇(2012)认为,绩效管理是对组织和员工的行为与结果进行管理的一个系统,是充分发挥每个员工的潜力、提高其绩效,并将员工的个人目标与企业目标相结合以提高组织绩效的一个过程。

从上述定义我们可以总结出绩效管理的特点如下:

第一,绩效管理的最终目的是实现组织的战略目标。战略目标是组织各层次目标的根本。为使组织战略目标顺利达成,要将战略目标划分为不同阶段或时间段的组织目标,并在此基础上形成各个部门或团队以及员工个人的目标。在绩效管理的各项活动中,一些旨在促进员工个人目标的实现,另外一些旨在促进部门或团队目标的实现,但最终绩效管理是为了促进组织战略目标的达成。

第二,绩效管理通过激发和培养员工的能力和动机来实现组织战略目标。战略人力资源管理指出,人力资源是组织的核心战略资源,任何组织目标的达成都离不开人的因素。由于员工的能力和动机是出色完成各项工作任务的必要条件,绩效管理要想实现其最终目标,各项绩效管理活动应当有助于激发和培养员工为完成工作任务所需要的能力和动机。

第三,绩效管理是由一系列管理活动构成的复杂的管理系统。绩效管理包含的具体管理活动有绩效计划、绩效执行、绩效评价、绩效反馈、绩效申诉、绩效结果应用和绩效改进等。通过对这些管理活动进行有序的安排或组合,有助于保障员工能够按照正确的方向进行努力,提升员工的能力,激发员工的潜能和动机,进而促进员工顺利完成其所负责的各项任务。

第四,绩效管理是一个持续的管理过程。大多数学者认为,绩效管理是一个持续的过程,也就是说,绩效管理的各项活动是持续进行的,而不是只实施一次。对于绩效管理所包括的管理活动而言,它们之间有着一定的逻辑关系,从一定程度上来讲是有先后顺序的,例如,绩效计划的制订在绩效执行之前,在绩效执行之后才会对特定周期的绩效进行评价。绩效管理过程的持续性体现在绩效管理活动的循环往复上。

第五,绩效管理的参与者是组织中的所有员工,不仅包括各层级的管理者,而且还包括普通的员工。对于管理者而言,其主要任务在于制定有效的绩效管理制度并被员工理解,在与员工进行沟通交往的过程中识别员工的优势、激发员工的潜能,帮助员工扫除在执行工作任务过程中所遇到的障碍。员工也应当主动学习,不断地提升自身的能力和素质,增加在工作上的时间和精力投入,以便能够顺利地达成工作目标。

综上所述,本书将绩效管理理解为,通过绩效计划、绩效执行、绩效评价、绩效反馈、绩效申诉、绩效结果应用、绩效控制和绩效改进等一系列的管理活动,激发员工的工作潜能和动机,促进员工工作投入,改善员工绩效表现,以便保障组织战略目标达成的持续性的动态管理过程。虽然绩效管理的终极目的是完成组织战略目标,但是在绩效管理过程中仍要关注员工的成长与发展以及员工的幸福感,因为一切任务的完成均离不开人的因素。更重要的是,根据积极情感的拓展—构建理论(Broaden and Build Theory of Positive Emotions)可知(Fredrickson,2001),员工在工作中的积极感受能够拓宽员工个体短暂的思想行动池(Thought – action Repertoires),进而构建他们持久的个体资源(包括身体和智力资源与社会和心理资源)。员工所具有的这些持久的个体资源是员工顺利完成工作任务的重要保障。因此,绩效管理不仅要关注组织战略目标的实现,还要关注员工的成长、发展以及幸福感。

二、绩效管理的胜任力模型与优势模型

绩效管理的思想基础很多,常见的是胜任力理论。胜任力理论强调三个方面的内容:第一,员工的基本素质、能力、知识和技能等与当前的岗位相匹配;第二,以胜任力为核心,也就是说只要能完成岗位所要求的工作任务即可,能够出色地完成工作任务更好;第三,弥补"短板"是促进员工全面发展和实现高水平绩效的重要途径。

从当前的管理实践来看,大部分的员工都能胜任现有的工作岗位,而让员工取得卓越的绩效却非常困难。但是,在高质量发展的宏观背景下,各类组织不仅要保障常规的工作按要求完成,更重要的是在关键的业务上或部门中要达到卓越水平。就像我国在科技领域要突破"卡脖子"技术一样,卓越的表现才能获得可持续的发展。虽然并不要求每个员工在自身的岗位上都能做出突破,获得优秀的业绩,但是如果大多数关键岗位上的员工都能获得可持续的高水平绩效,这对组织的高质量发展将会起到积极的作用。基于此,仅强调胜任岗位已满足不了当前组织的发展需要。

另外,胜任力理论秉持的观点是要采取各种手段弥补员工的"短板"。例如,某位领导的洞察力比较差,就让其参加洞察力提升相关方面的培训。值得注意的是,通过大量的调查发现,多数人在弥补自己的"短板"时,心理感受很不好,感觉比较痛苦,而且提升

的效果也不太好。

因此,组织绩效管理思想应当从以胜任力理论为基础的绩效管理思想向以优势理论为基础的绩效管理思想转变。优势理论有三个基本的假设:第一,每个人都有天生存在的优势;第二,个体成长和发展的最大空间在优势领域;第三,与补短板相比,发挥个体的特长更能够带来积极的主观体验和优秀的表现。当员工在工作中发挥自身的优势时,员工充满了能量,乐此不疲,能体验到高水平的工作幸福感,倾向于达到卓越的绩效表现。

优势理论与胜任力理论的区别在于三个方面:首先,关注的焦点不同。胜任力理论聚焦胜任,以能够完成工作任务为根本,而优势理论则与卓越的绩效表现相联系。其次,对情感、动机和绩效的要求不同。胜任力理论在一定程度上也追求高绩效的工作表现,但更注重工作结果,而不强调工作过程中员工的情感体验和动机因素,这可能使员工的高绩效不可持续。但是,优势理论不仅重视员工的高绩效表现,而且也强调员工在工作过程中体验到的幸福感、工作投入度和内在动机,这有助于员工获得可持续的高水平绩效。最后,在重要和核心岗位上的适用性不同。重要和核心岗位是组织获得可持续发展的关键,要求这些岗位上的员工能够获得可持续的高水平绩效。相较而言,优势理论比胜任力理论更能够满足组织可持续发展的需要。组织也应当更多地设计和实施基于优势理论的绩效管理体系。

第三节 绩效管理的目的

绩效管理具有多重目的,不同的组织其绩效管理的目的也不同,同一个组织在不同的发展阶段其绩效管理的目的也会有所不同。总体来看,绩效管理有七个方面的目的:战略目的、信息传递目的、激励目的、人才识别目的、员工开发目的、管理决策目的和文化塑造目的(Aguinis,2013)。这些目的也同时体现出组织设计和执行绩效管理的意义。

一、战略目的

组织实施绩效管理最重要的目的是实现组织的战略目标。绩效管理在设定绩效目标时,将战略目标逐级分解至员工个体的目标,这有助于将组织战略目标与员工的目标相联系。由于员工任务目标的完成是员工获得更多报酬和晋升等机会的重要基础,员工会在自身的工作任务上付出更多的努力,进而高效地完成所承担的工作任务。每位员工都这样做的话,组织的战略目标将会很容易地实现。即使个别员工由于各种原因未能完成个人的工作目标,将组织战略目标与员工个人的目标相联系,也能让员工清晰地知道绩效管理中组织最看重的是什么。

二、信息传递目的

绩效管理中非常重要的一个要素就是与组织战略相关的各层级的目标。目标指的是在一定时间内所要达到的预期成果。目标能够向组织各层级的员工传递重要的信息,例如,为员工的努力和行为指明方向、告诉员工应当做什么、什么是组织最看重的活动或成果、应当付出多大的努力、应当与哪些部门或同事进行沟通。就员工目标而言,目标水平的高低也传递出员工的能力水平以及领导对员工的信任程度等方面的信息。

三、激励目的

绩效管理对员工具有重要的激励作用。绩效目标的制定过程强调员工的参与,这在很大程度上有助于提升员工对目标的认可度,激发员工为实现目标付出更多的努力。绩效评价主要考察员工在工作中的能力、态度、行为和工作结果。绩效评价活动本身能够激励员工主动地提升自身的知识、技能和能力,在工作中表现出积极的工作态度,从而顺利地达成工作目标。此外,通过绩效反馈员工能够明确地知道自己工作任务的完成情况,尤其是基于优势的绩效反馈,不仅有助于激励员工在今后的工作中充分地发挥自身特长,还有助于激发员工的内在动机,促进员工的工作投入度。

四、人才识别目的

通过绩效管理也能达到识别人才的目的。在绩效评价中,任何类型的组织,基本上都会对员工过去的表现进行评价,优秀的业绩表现往往体现出员工的真实能力或潜力。尽管有些潜在的人才并不一定在现有的工作中体现出来,但大多数人才还是可凭借过去成功的业绩进行认定的。在管理实践中,组织也常采用这样的方式进行人才识别。另外,由于绩效管理强调沟通,领导在与员工沟通的过程中对员工的优势和劣势将会有更清晰的认识,如果员工所具有的优势与当前的工作岗位或任务相匹配,可将此员工认定为该岗位或任务方面的人才。

五、员工开发目的

绩效管理活动有助于开发员工的技能和能力,从而使员工的绩效得到不断的改善。绩效评价不仅能够帮助管理者识别员工的不足,而且能从员工出色完成的任务中发现员工的优势。通过绩效反馈将员工的不足和优势反馈给员工,在未来的工作中,他们就会清晰地知道,应当弥补自身哪些方面的不足以及如何持续发挥自身的特长,进而持续地改善工作绩效表现,最终实现员工的成长与发展。在管理实践中,绩效评价和绩效反馈往往更多地聚焦在员工的不足上,但积极组织行为学家认为员工优势的发挥是员工获得成功的关键。由此,越来越多的管理者把绩效评价和绩效反馈的焦点放在员工的优势发挥上,这在很大程度上激发了员工的潜能。

六、管理决策目的

绩效管理最普遍的使用目的就是管理决策。绩效考核的结果是很多管理决策的依据或基础。参照员工的绩效考核结果,组织决定是否继续保持与员工的雇佣关系、是否给员工进行薪酬福利的调整、是否对员工进行表彰、是否对员工进行晋升或降级、是否要对员工的岗位进行调整、对员工开展哪些方面的教育和培训、是否给员工配备指导老师、是否给员工在下一阶段的工作中设定更高的目标。

七、文化塑造目的

组织文化或氛围是影响员工态度、情感和行为的重要因素,这些员工结果将会进一步影响员工的绩效表现。就好比人类生活在自然界一样,自然环境决定着人类的行为和生活方式。良好的自然环境能够让人们的生活更加幸福,这也是我国大力强调生态文明建设的重要原因。同样地,良好的组织文化或氛围环境也可提升员工幸福感。根据快乐—生产率理论和拓展构建理论可知,幸福感水平较高的员工更可能获得高水平的工作绩效。不同的绩效管理思想基础,塑造了不同的组织氛围。如果一个组织采用了胜任力理论的绩效管理思想,这将会营造员工关注“胜任工作”的氛围,从更深层次来讲,塑造了以工作为导向的组织文化。如果一个组织实施了基于优势思想的绩效管理,这将有助于塑造“追求卓越”的组织文化,强调员工自身的天赋对于工作绩效的意义,是真正的“以人为本”管理思想的具体表现。

第四节　绩效管理的过程

绩效管理包括一系列的管理活动,这些管理活动构成了绩效管理的全过程。不同的学者对于绩效管理活动的界定有所差异,但总体来讲,不外乎绩效计划、绩效执行、绩效评价、绩效反馈、绩效申诉、绩效结果应用、绩效控制和绩效改进八个方面。前六项绩效管理活动可以看作一个连续的过程,绩效控制则发生在这一过程的各个阶段,也是绩效管理过程的一部分。绩效改进是现代绩效管理所要实现的直接目标,只有员工不断地改进自身绩效,才能推动组织绩效达到更高的水平。

一、绩效计划

绩效计划是实施绩效管理的基础活动,只有在制订好绩效计划之后,员工才知道组织将会考核自己什么,自己应当完成哪些工作任务。绩效计划的核心工作是确定绩效目标和绩效评价标准。绩效目标包括两个方面:一是工作职责要求的基本目标;二是根据本阶段的需要而制定的关键目标。绩效评价标准是衡量绩效目标完成情况的具体尺度,即告诉员工做到什么程度才是达成目标或出色地达成目标。

二、绩效执行

绩效执行是指为实现绩效目标员工在工作中所付出的努力和行动。绩效执行是员工完成绩效目标的根本途径。在绩效执行过程中,员工的知识、技能和能力等素质会得到充分的体现,员工也会发现自身存在的不足和未来需要改进的地方,同时,员工也能在努力完成绩效的过程中获得锻炼和成长,积累工作经验。

三、绩效评价

绩效评价是根据既定的标准对员工绩效完成情况进行评估的活动。绩效评价标准要在绩效执行之前清晰地让员工知道和理解并被员工接受。绩效评价准确性会对后续实施绩效反馈和绩效结果应用等活动产生重大的影响。

四、绩效反馈

绩效反馈一般是指针对员工在绩效周期内的表现进行多方面反馈的活动。绩效反馈的内容非常丰富,常见的有员工的最终绩效评价等级或结果,员工表现好的方面和表现不好的方面。在绩效反馈时,也会听取员工对于反馈内容的意见,引导员工参与绩效反馈的整个过程,这样能够有效提升绩效反馈的接受度。

五、绩效申诉

绩效申诉是绩效管理过程中不可缺少的一步,主要是针对员工认为自身绩效评定结果失真的情况。当员工认为自己的努力和付出以及自己所获得的结果与最终的绩效评定结果不对称时,可通过合法的渠道或流程向申诉机构提出申请,要求组织对自己的绩效评定结果给出解释或重新进行评定。绩效申诉是保障评定结果合法性的重要方式。

六、绩效结果应用

对于大多数的组织而言,其实施绩效管理的目的是根据绩效评定的结果对员工的去留、薪酬福利增减、职位的升降以及教育和培训方向进行判断。绩效结果应用是对员工所表现出的态度和行为的强化,对员工能够产生激励作用。因此,不仅管理者需要重视绩效结果的应用,员工自身也应当加强对于绩效结果应用的重视。

七、绩效控制

绩效控制是根据绩效执行计划,时刻监控员工的绩效执行情况是否与绩效执行计划相一致,对于出现的偏差及时进行纠正的过程。绩效控制贯穿于绩效管理的全过程,包括事前控制、事中控制和事后控制。无论是哪一阶段的控制,对绩效目标的顺利完成均具有重要的影响。

八、绩效改进

绩效改进是一个持续提升员工绩效表现的过程。绩效改进是一个目的,其需要做的首要工作就是识别绩效表现差的地方,以此分析员工绩效差的原因,依据原因提出改进绩效的对策。另外,绩效改进不仅包括员工表现差的方面,员工表现好的方面也可进行改进或提升。从员工的角度来讲,绩效改进主要是通过提升员工的能力,激发员工的态度和动机,促进员工的积极行为来实现,也就是员工开发。

第五节　高效的绩效管理系统特征

根据前述的内容,我们已经充分了解了绩效管理的概念、目的以及绩效管理所包括的管理活动或过程。但是,有效的绩效管理系统有哪些特征呢?不同的组织会根据组织所面临宏观环境(政治、经济、社会和科技环境)、中观环境(潜在的进入者、同行竞争者、替代品生产者、客户和供应商)和微观环境(组织的文化、规模、结构和人财物力状况等)制定适合自己的有效的绩效管理系统。这些有效的绩效管理系统所体现出来的特征将会有所差异,可能有些许交叉,也可能相去甚远,但是总体来看,高效的绩效管理系统包括以下特征(Aguinis,2013):

一、战略一致性

绩效管理系统应当与组织的战略相一致。换句话说,个体、部门和组织的目标一定要与组织的战略相一致,这样才能有助于组织战略目标的实现。

二、情境一致性

绩效管理系统要与组织的文化相匹配,甚至还要与更广范围的区域或者国家的文化相匹配。大量的研究已经表明,文化在绩效管理系统的有效性中起着重要的作用。例如,在一个直线沟通且等级制度严格的组织文化中,使用通过下属、同级和上级进行评价的360度的绩效评价方法对基层或者中层领导进行绩效评价将会受到很大的阻碍,其有效性也会大大降低,因为这种评价方法并不适用于直线沟通且等级制度严格的组织文化。再如,在日本的文化中,绩效测量时更强调员工的行为和结果;但在美国的文化中,绩效测量更关注员工的行为。因此,日本企业实施的基于结果导向的绩效管理系统则可能是无效的,在美国企业中实施的基于结果导向的绩效管理系统效果可能会更好。

三、完整性

一方面,绩效管理系统涉及的活动要完整,具体来讲,应当包含绩效计划、绩效执行、绩效评价、绩效反馈、绩效申诉、绩效结果应用、绩效改进和绩效控制。另一方面,完整性还涉及被评价者应当包括组织的所有员工,所有的重要工作职责都要被包括在绩效评价体系中,要对绩效评价整个周期的绩效表现进行评价,绩效反馈不仅要包括积极的方面,而且要包括消极的方面。

四、实用性

绩效管理系统不应当成本太高、耗时太长,也不应当是令人难以理解的或很难操作的。成本太高、耗时太长、难以理解或难以操作的绩效管理系统显然不是有效的绩效管理系统。真正有效的绩效管理系统应当是简单的、实用的、低成本的以及易于理解的。

五、富有意义性

绩效管理系统在以下四个方面必须是有意义的:首先,对于任何一个工作岗位而言,对其考核的任何一个指标都必须是重要的指标,而且各指标之间具有相互关联性。其次,绩效评价的范围只能是员工能够控制的职能。例如,当供应商没有准时向员工提供货物时,让员工加快服务速度是没有意义的。再次,绩效评价周期应当合适且有规律,而且还要在合适的时间进行评价。一般来讲,每年只进行一次绩效评价是不够的,建议每季度做一次绩效评价,而且在整个考核周期结束后要及时进行绩效评价。最后,要让员工感受到绩效管理工作的重大意义,包括对组织的意义和对员工成长与发展的意义。

六、具体化

一个好的绩效管理系统应当是具体的;在组织期待员工做什么以及员工如何才能满足这些期望方面,应当给予员工详细且具体的指导。

七、识别有效和无效的绩效

绩效管理系统应当提供有关识别有效绩效和无效绩效的信息,也就是说,绩效管理系统应当区分有效和无效的态度、行为和结果,进而对不同绩效表现的员工进行识别。对于决策者而言,如果绩效管理系统对所有员工的绩效表现没有区分度,或者说,在该绩效管理系统下,所有员工的绩效水平均相当,该系统则没有价值。

八、信度

有效的绩效管理系统所测量出来的绩效应当具有一致性且没有偏差。例如,如果两个主管对同一个员工根据同一绩效维度做出绩效评定,绩效评定结果应当相似或一致。

九、效度

绩效评价应当是有效的。效度是指绩效评价指标包含与绩效相关的各个方面的内容,不包含与绩效不相关的内容。换句话说,绩效指标是相关的(包含所有重要的绩效内容)、没有缺陷的(没有遗漏任何重要的绩效内容)和受控制的(不包含不受员工控制的因素或者与绩效不相关的因素)。简单来讲,绩效评价指标包含的是重要的绩效内容,不评价那些不重要的和不受员工控制的因素。

十、可接受性和公平性

高效的绩效管理系统是可以被接受的且被所有参与者认为是公平的。公平感知是主观评价的,并且让员工感知到绩效管理系统公平性的最重要的方式是让其参与系统的设定。

十一、包容性

高效的绩效管理系统包括多重来源的持续信息输入。一方面,评价过程必须展现出对所有受结果影响的员工的关心。因此,在创建绩效管理系统时,员工必须提供关于什么态度、行为或结果应当被测量以及怎样被测量方面的信息。尤其是在当今多元化和全球化的组织中,这一点特别重要。另一方面,在评价会议之前,应当收集来自员工提供的与绩效相关的信息。简言之,在设计和执行绩效管理系统的过程中,所有的参与者必须建言。像这样包容性强的绩效管理系统很少会受到员工的抵触,其能够改善绩效并且具有较少不合法的问题。

十二、开放性

高效的绩效管理系统不应当有秘密。首先,频繁地实施绩效评价并且持续提供绩效反馈。这样,员工才能够持续地被告知自己的绩效表现情况。其次,绩效评价会议应当是双向的沟通过程,在此期间,进行信息交换,而不是单方面地从主管向员工传递信息,不考虑员工的意见。再次,绩效标准应当是清晰的,主管应当持续地就绩效标准与员工进行沟通。最后,交流应当是以事实为依据的、开放的和诚恳的。

十三、可修正性

在划分绩效等级的过程中应当最小化主观因素。但是,事实上,不可能创建一个完全客观的绩效管理体系,因为人们的主观判断是绩效评价过程的重要组成部分。当员工感觉到自己的绩效评价结果存在偏差时,应当有特定的机制能够修正这种偏差,如设置绩效申诉流程。

十四、伦理性

高效的绩效评价系统应当符合伦理标准。也就是说,在绩效评价时,主管应当避免个人的兴趣偏差影响评价的真实性。此外,主管评价的仅仅是有充足信息的员工绩效表现,员工的个人因素应当受到尊重。

本章要点

(1)绩效对组织、部门(或团队)和员工均具有重要的影响。不同的学者对绩效的理解有所差异,归纳起来不外乎三种观点:绩效行为观、绩效结果观和绩效综合观。

(2)根据绩效行为观,绩效可分为任务绩效行为和情境绩效行为。任务绩效行为是指在工作说明书中明确要求的行为或从事某一岗位职责必须做出的行为;情境绩效行为是指工作说明书中未做明确要求,但员工自愿表现的对组织有利的行为。

(3)绩效管理体系主要衡量两个方面的因素:一是员工的行为,员工做了什么;二是行为结果,员工做的这些行为产生了什么样的结果。

(4)从不同的层次来讲,绩效可分为员工绩效、部门(或团队)绩效和组织绩效。部门(或团队)绩效是指一个团队能够完成预先设定的目标的程度,例如,在产品开发团队中,团队绩效的具体维度包括预先定义的产品质量、时间计划和预算成本;组织绩效是关于组织所获得成就的总体评价。

(5)影响员工绩效的因素包括个体因素、团队因素和组织因素。个体因素主要包括人口统计学特征(性别、年龄、受教育程度和工作年限)、员工能力与人格(能力:记忆力、算术能力、归纳能力、演绎能力和知觉速度、空间视知觉、批判性思维、创新思维、灵活性和适应能力;人格:核心自我评价、冒险性人格、马基雅维利主义人格)、态度(工作满意度、工作投入和组织承诺)和动机(内在动机与外在动机)。

团队因素主要包括领导风格(变革型领导、魅力型领导、优势型领导、真实型领导、谦卑型领导、德行型领导、仁慈型领导和服务型领导)、团队内聚力和团队任务特征(团队任务冲突和团队任务互依性)。

组织因素主要包括组织战略(探索者战略、防御者战略、分析者战略和反应者战略)、组织结构(机械式结构与有机式结构)和人力资源管理实践(高绩效人力资源系统、高承诺人力资源系统、高参与人力资源系统、伦理型人力资源系统和优势型人力资源系统)。

(6)绩效管理是指通过绩效计划、绩效执行、绩效评价、绩效反馈、绩效申诉、绩效结果应用和绩效改进等一系列管理活动激发员工的工作潜能和动机,促进员工工作投入,改善员工绩效表现,以便保障组织战略目标达成持续性的动态管理过程。

(7)胜任力理论强调三个方面的内容:第一,员工的基本素质、能力、知识和技能等与当前的岗位相匹配;第二,以胜任力为核心,即只要能完成岗位所要求的工作任务即可,能够出色地完成工作任务更好;第三,弥补"短板"是促进员工全面发展和实现高水平绩效的重要途径。

(8)优势理论有三个基本的假设:第一,每个人都有天生存在的优势;第二,个体成长和发展的最大空间在优势领域;第三,与补短板相比,发挥个体的特长更能够带来积极的主观体验和优秀的表现。

(9)绩效管理有七个方面的目的,即战略目的、信息传递目的、激励目的、人才识别目的、员工开发目的、管理决策目的和文化塑造目的。

（10）绩效管理包含八个方面的活动,即绩效计划、绩效执行、绩效评价、绩效反馈、绩效申诉、绩效结果应用、绩效控制和绩效改进。

（11）高效的绩效管理系统具有十四个方面的特征:战略一致性、情境一致性、完整性、实用性、富有意义性、具体化、识别有效和无效的绩效、信度、效度、可接受性和公平性、包容性、开放性、可修正性、伦理性。

复习思考题

（1）什么是绩效? 对绩效的理解有哪些不同的观点?

（2）论述员工绩效的影响因素。

（3）论述员工绩效、部门(或团队)绩效与组织绩效三者之间的区别与关系。

（4）什么是绩效管理? 绩效管理有哪些特点?

（5）简述胜任力理论与优势理论之间的区别与联系。

（6）绩效管理有哪些目的?

（7）什么是绩效管理过程?

（8）高效的绩效管理系统有哪些特征?

案例分析

绩效管理的现实困境

绩效管理给不少企业的感觉是"看上去很美""想说爱你不容易",费时费力又不得人心。很多企业及其管理者对本企业的绩效管理非常不满意,认为企业推行绩效管理多年,不见业绩提升和改善,反而问题多多,成为各级管理人员的负担,最终沦为鸡肋。当前企业绩效管理存在如下突出问题:

一、东施效颦倾向

在当今我国企业管理界,各种管理时尚盛行,一些看似新奇深奥的概念满天飞,听起来很激动、做起来没法用。为迎合中小企业急于改变管理现状的需求,不少培训公司在贩卖各种各样的管理课程,不少企业追求时髦概念、流行攀比之风,管理界流行什么企业就上什么。不少企业无视自身基础管理薄弱的现实,一味地生搬硬套、机械模仿、简单复制国外流行的管理方法和工具,最终面临实施不下去而草草收场的尴尬局面。

二、形式主义倾向

不少企业的绩效管理还停留在传统的绩效考评阶段:考评目的"短视化",考评目的只是为了晋级提升、发放奖金和评定工资等级;考评结果"独立化",考评结果仅仅与简单目的相关,而不被用来做更深入系统的分析;考评过程"混乱化",没有规范健全的考评程序;考评形式"单一化",长期采取同样的考评形式,对所有员工采取同一套考评办法;考评要素"空心化",考评要素"粗线条化",不能作为考评标准;考评方法"简单化",通常以填写行政部门或人事部门设计的表格为唯一步骤。这就导致企业在定期考评时出现"填填表、打打分、评评级"走过场的局面,考评形式大于内容,企业上下一团和气。这样的绩效管理与企业实际情况严重脱节,考评成本不小,结果得不偿失。

三、长官意志倾向

"说你行你就行,说你不行你行也不行。横批:不服不行。"这不是绕口令,这种调侃的说法在很大程度上体现了我国不少中小企业在绩效管理中的长官意志和主观色彩。很多中小企业的绩效管理都是老大难问题,但是老大一出马就不难,如果所有的问题都需要老大出马的话,就是最大的绩效管理难题。很多中小企业主在打江山过程中能征善战、特立独行,往往会形成"一刀切""一言堂"的权威专制风格,企业主、管理者及员工自觉不自觉地就会信奉"老大永远是对的"。这就会导致中小企业在绩效管理实践中,考评依据"缺位化",没有客观考评依据,往往凭主观臆测进行考评;考评内容"性格化",考评内容往往根据考评人的意志与偏好来确定。中小企业在"老大文化"的引领下,各级管理者及其员工就会耳濡目染、上行下效,对上负责而不是对下负责,不是以搞定业务、提升服务为第一要务,而是以搞定上司、投其所好为第一使命。

四、急功近利倾向

我国很多企业绩效管理基本上还停留在传统意义上的人事考评阶段,导致绩效管理时多带有急功近利的色彩,希望收到立竿见影的效果,考核评价时更强调秋后算账、结果导向,往往"以成败论英雄"、对人不对事,这就违背了以事实为依据、对事不对人的考评原则。绩效考核一般可以分为过去导向型和未来导向型,过去导向型考核就是对员工业绩进行秋后算账、量化评价、奖优罚劣;未来导向型考核就是进行积极有效反馈,为员工指点迷津、帮助员工成长。我国不少企业在以"人"为中心的"英雄论"绩效导向下,信奉结果就是过程的最好检验,强调结果重于过程、评估重于发展、秋后算账重于指点迷津,绩效几乎成了结果的代名词、绩效考核几乎变成了结果考核,企业只注重短期效果,员工多数以眼前利益为重,企业和员工甚至为了短期利益动机而不择手段。

资料来源:叶心宇.绩效管理:从秋后算账到全程优化[J].企业管理,2014(5):14-16.

根据上述材料回答问题:

(1)请详细阐述解决材料中所描述的绩效管理困境的对策。

(2)优化绩效管理可从哪些方面入手?

第二章

绩效计划

学习目标

1. 掌握常见的战略分析工具
2. 理解绩效计划的内涵与外延
3. 掌握制订计划的常用方法
4. 熟悉绩效计划的制订流程
5. 熟练应用设定绩效目标的原则
6. 理解关键绩效指标的内涵
7. 熟练应用关键绩效指标

计划(Planning)是管理活动的重要组成部分,绩效计划指的是为确定一个绩效周期内的绩效目标及其实现路径而进行的谋划、策划和安排,它是绩效执行的基础。制订有效的绩效计划有助于为员工指明工作方向,激发员工的工作动机,提升员工的工作绩效。绩效计划主要关注两点:绩效目标与达成绩效目标的方式或路径。由于绩效目标要与组织的战略目标保持一致,本章首先介绍如何确定组织战略目标;其次阐述绩效计划的内涵与外延以及制订计划的方法;再次介绍制订绩效计划的流程;最后阐述绩效计划在制订中使用的 A – SMART 原则和关键绩效指标。

第一节 组织战略目标

组织管理活动最为重要的目的就是促进组织战略目标的达成,一切管理活动也均是紧紧围绕战略目标来开展的。很多时候,组织并没有清晰的战略,这就要求高层管理者通过敏锐的洞察力和精确的判断力为组织确定适合组织发展的战略,基于此确定组织的战略目标。

在战略制定的过程中,可以借助常见的战略分析工具,如 PEST 模型、波特五力模型和 SWOT 模型。

一、PEST 模型

PEST 是(Sammut-Bonnici & Galea,2015)四个英文单词(Political,Economic,Social,Technological)的缩写。PEST 分析是一个被广泛使用的理解组织战略风险因素的强大的工具,它能够帮助组织识别外部宏观环境的变化以及这些变化对组织竞争优势的影响。外部环境具有不受组织控制的特点,组织作为大的生态系统的一部分,需要进行全面的外部环境分析,及时且适当地调整组织战略以适应外部环境的变化。

PEST 模型(见图 2 - 1)自提出以来被广泛地应用,在此过程中,也得到进一步的拓展。例如:PESTEL 模型,在 PEST 模型的基础上增加了自然环境(Environmental)和法律(Legal)因素;STEEPLE 模型,在 PESTEL 模型的基础上增加了伦理(Ethics)因素;STEEPLED 模型,在 STEEPLE 模型的基础上增加了人口统计学特征因素(Demographic)。下面对 PEST 模型中的各个要素做详细的介绍。

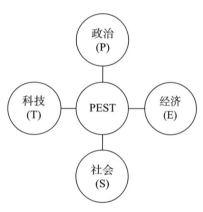

图 2 - 1　PEST 模型

(一)政治因素

在 PEST 分析中,组织要深入全面理解宏观政策的制定者可能会在多大程度上影响商业经营环境。政治方面需要考虑的因素包括政府政策、政府任期与变更、交易政策、当前和未来的地方立法、国际立法、监管机构和流程、财政政策、国家或地方对企业的激励、政府扶持特定产业的政策等。商业限制和政治稳定也是决定企业成败的必要因素。例如:欧盟禁止烟草广告给烟草行业带来了灾难,这使它们将市场转向迪拜和阿布扎比等世界其他地区;由于我国加强生态文明建设,使一些具有污染性和环境破坏性的企业必须进行变革,转变经营战略。

政治因素可分为三个层次:全球层次、国家层次和国家内的区域层次。随着商业活动全球化程度的不断加深,尽管部分国家和地区有反全球化或逆全球化的趋向,全球政治活动对商业的影响依然重要。例如,中东局势的稳定与否对石油价格有重要的影响,由于石油是很多行业重要的原材料,被称为"工业的血液",其价格会对其他行业的经营战略产生影响。就国家层次而言,随着我国实施"创新驱动发展"战略,高质量发展程度不断加深,国内企业也需要快速转变经营理念,不断提升经营质量,在新时代的数字化发展浪潮中赢得竞争优势。除了国家层次的政治之外,国家内各地区也有各自的政治环境,如北京最新定位是"全国政治中心、文化中心、国际交往中心和科技创新中心",这也会对地方的企业发展产生很大的影响。因此,组织在制定经营战略或战略目标时,应当全面、深入地考虑上述政治因素或环境。

(二)经济因素

经济因素对一个市场或行业的盈利能力和整体吸引力的影响最明显。最常使用的国家经济指标是人均国内生产总值(GDP)。这通常以购买力平价(PPP)进行衡量,以便在不同国家之间进行公平比较。通常,时间序列和多元线性回归分析技术用于预测未来特定时期内的预期经济发展。尽管人均 GDP 是一个有用的指标,但它仅提供了可能对公司产生影响的经济因素的部分视角。通货膨胀不仅会削弱消费者的购买力,而且还会对企业提供产品或服务所需的原材料和其他投入品的价格产生不利影响。

相反地,汇率的波动可能会导致产品和服务的价格更高或更低。较高的税收对消费者的可支配收入产生负面影响。从投资者的角度来看,高失业率是一把"双刃剑":一方面,它会减少家庭的可支配收入;另一方面,它提供了进入更便宜的劳动力市场的机会。此外,银行利率的上升对消费者和投资者都有影响。当银行利率上升时,消费者更有可能将部分可支配收入存起来,而不是将其花在消费品上。他们也可能会减少从银行和金融机构借款购买汽车、不动产和电器等物品。投资者也可能减少借款,并将其部分投机收入转向有价证券,而不是用于公司的进一步发展,这主要是因为他们的资本成本增加了。

经济因素的变化会以不同的方式影响不同的行业。企业必须在经济和行业动态之间辨别出清晰的行为模式。在某些情况下,不仅行业之间存在明显的相互依存关系,不同国家的经济之间也存在明显的相互依存关系,如 2008 年的全球金融危机。所有这些经济因素都表明对与行业有关的关键经济因素进行持续监测的重要性,然而透过经济现象了解事件如何发展并不是一件容易的事。在这种情况下,公司可以只分析那些对其运营有关键影响的因素,而不是非常广泛的因素。

(三)社会因素

社会因素主要包括人口、心理和生活方式、消费者感知到的品牌、消费者购买行为、广告和公共关系的影响作用、角色榜样、种族、民族、宗教信仰等。社会趋势决定了工作模式、消费者的品位和偏好以及对产品或服务的特定类型、形式和需求量。对社会趋势的监控使公司能够重新定位其产品或服务，以适应客户不断变化的需求。例如，在20世纪，航空旅行通常与重视舒适度和优质服务的高收入消费者联系在一起。而在今天，航空旅行已成为所有社会阶层都可以获得的商品。

教育是一个重要的社会因素。高等教育水平为雇主提供了更具胜任力的员工渠道，但雇主现在也有一群要求更高的客户。例如：电信公司和银行已经意识到客户的偏好和需求变得更加多样化，它们已将其商业模式从产品导向转为消费者导向，事实上，以客户为中心的理念正逐渐扩散到了大多数行业；保险公司已经为忙碌的上班族、小企业主和家庭开发细分产品。

人口特征的变化会对经济的许多方面产生影响。例如，我国第七次全国人口普查数据显示，截至2020年11月1日，我国60岁及以上人口为264018766人，占总人口的18.70%；与2010年第六次全国人口普查相比，60岁及以上人口比重上升了5.44个百分点。这意味着社会对药品、医疗保健和服务的需求将会增加，同时也降低了对与年轻一代相关的社会产品(如课外教育培训)的需求。总之，对社会因素的评估使公司能够预测各种利益相关者可能对政府的政策决定施加哪些压力，这反过来又会对公司产生影响。

（四）科学技术因素

创新驱动着科学技术不断地更新换代，新的科学技术对组织的经营管理方式将会产生重要的影响。随着新领域的突破，技术变得过时，任何竞争优势都是短暂的。技术突破预示着某些行业的消亡，也可以为新行业创造机会。科技因素主要包括新材料、机械、软件和业务流程支持系统、电子流程的创新、机械工艺的创新、产品设计创新和新的分销渠道(如网上零售)，技术对产品设计、生产、分销、定价和消费均有显著的影响。例如，互联网和电商技术的出现与发展，已经颠覆了传统的实体店销售渠道，越来越多的商品逐渐实现了在线销售，甚至线上销售量远超实体店销售量。再如，在信息技术不发达的年代，旅游基本上都是由旅行社来安排的，包括旅游路线、交通工具、住宿等，但现如今旅行者可自行在网络上查找资料安排自己的行程并预订住宿和机票等。

在某些情况下，新技术完全取代了旧技术，使旧技术的需求急剧下降，然后走向消亡。在其他情况下，技术会相互竞争，以努力成为公认的标准。例如：Microsoft是办公软件的标准；蓝光是用于现代视听家庭娱乐的基准质量标准；iPad是平板电脑的当前标准，但正受到来自华为和三星的威胁。从商业的视角来看，技术能够被用于为组织开发竞争优势。这些可能包括更低廉的生产成本、更好地接触客户、改进品牌与产品质量以及更高水平的商业智能等。总之,为了在快节奏的技术变革中茁壮成长,公司必须保持高度警惕,不断更新该行业最新的技术发展,并了解它们对公司的吸引力和盈利能力所产生的影响。

二、波特五力模型

波特(Michael E. Porter)于 1979 年在发表的题为"How competitive forces shape strategy"的文章中首次阐述了他的五力模型(见图 2－2)。

图 2－2　波特五力模型

波特认为,从本质上来讲,战略学家的工作是为了理解和应对竞争,但在通常情况下,管理者对于竞争的定义太狭隘了,似乎竞争仅来源于现存的竞争者,这种理解显然是不对的,对利润的竞争已经超越了现有的行业竞争对手,还包括其他四种竞争力量:消费者、供应商、潜在的进入者和替代品。波特指出,这五种力量的结构在不同的行业有着不同的表现。例如,在商用飞机市场中,空客和波音两家公司是最激烈的竞争者,飞机大订单的航空公司具有很强的议价能力,而潜在的进入者、替代品和供应商的力量则相对比较弱;在电影院行业中,娱乐的替代品以及提供电影的制片人和发行人的力量很大。下面我们来详细阐述每一个竞争主体(Porter,2008):

(一)潜在的进入者的威胁

一个行业潜在的进入者将会给这个行业带来新的生产能力和技术以及其他新的经营方式,这在一定程度上将会对该行业现有的公司产生威胁,因为新进入者为了竞争可能会降低产品的价格和成本以及增加投资。特别是当新进入者来源于其他多元化的市场时,他们能够利用当前的能力和现金流改变竞争。因此,进入者限制了行业的利润潜力。当这种威胁较大时,现有企业必须压低价格或增加投资以阻止新的竞争者。例如,在精品咖啡零售业,相对较低的准入门槛意味着星巴克必须积极投资以实现门店和品类选择的现代化。潜在的进入者是否进入某一行业取决于进入这一行业壁垒的高低,如进入该行业所需要的技术、资金等,以及他们对现有企业的预期反应。如果进入壁垒低且新进入者预期来自现有竞争对手的报复很少,那么对于当前的公司来讲,潜在的进入者威胁就很高,行业盈利能力则可能减弱。

进入壁垒主要表现在以下八个方面:

其一,供给方的规模经济。当公司产品的成本随着产量的增加而降低时,潜在的进入者将更可能进入该行业。

其二,需求方的规模经济。需求方的规模经济主要体现在客户对产品的需求受到雇主品牌和消费习惯的影响。当某一行业的产品需求主要受到雇主品牌和消费习惯的影响时,潜在的进入者进入该行业的可能性就比较低。

其三,客户转换成本。这一点主要是指,如果客户打破原有的购买习惯而去消费新进入者的产品所付出的经济和心理成本。这些成本越大,进入者获得客户的难度就越大,他们进入这个行业的可能性会变小。

其四,资本要求。资本是公司运营的基础,当一个行业对资本的投入要求比较高时,这个行业的进入壁垒也会随之提高。

其五,与规模无关的现有企业的优势。无论规模大小,现有企业都有进入者没有获得的成本和质量优势,这些优势可能来源于技术、原材料供应、地理位置等。现有企业的优势越强,进入壁垒将会越高。

其六,分销渠道的可获得性。新进入者必须确保其产品或服务有分销渠道。例如,一种新食品必须通过降价、促销、密集销售或其他方式从超市货架上取代其他食品。批发或零售渠道越有限、现有竞争对手越团结,进入这个行业就越难。

其七,限制性的政府政策。对于医疗、教育、专业服务这些行业而言,进入者需要持有政府的资格认证,这种资格认证可获得的难度越大,该行业的进入壁垒将会越高。与其他不需要资格认证的行业相比,需要资格认证的行业壁垒会更高。

其八,现有企业的反应对潜在的进入者的进入决策也将产生很大的影响。如果现有企业的反应足够强烈和持久,参与该行业的利润潜力可能会低于资本成本,这时潜在的进入者将可能不会进入该行业。现有企业经常使用公开声明和对一个进入者的回应来向其他潜在的进入者发送他们捍卫市场份额的信息。

(二)供应商的力量

强大的供应商为了获得更多的利益,将会抬高供应材料的价格、限制数量或者将成本转嫁给需要原材料的公司身上。对于不能将增加的成本体现在产品价格上的行业而言,强大的供应商(包括劳动力供给者)能够挤压该行业的利润空间。例如,微软通过提高操作系统价格导致了个人电脑制造商盈利能力下降,因为个人电脑制造商为争夺客户而展开了激烈竞争,这就使个人电脑制造商并不能将成本的增加体现在产品的价格上。

公司通常会选择多个不同的供应商。一个供应商力量的强弱取决于以下六个方面:

其一,供应商的垄断程度。如果供应商所提供的原材料具有很弱的替代性,则该供应商的垄断程度比较高,进而增强了该供应商在行业中的力量。

其二,供应商对该行业的依赖性。如果供应商的盈利并不是特别依赖该行业,则其在该行业的力量会变强。如果某一行业占据了供应商的大部分份额和利润,并且该行业还有其他潜在的供应商可供选择,则供应商的力量将会降低。

其三,行业参与者所面临的转变供应商的成本。如果一个行业参与者在转变供应商时所付出的成本比较大,现有的供应商的力量也会增强。例如,行业参与者对其供应商进行了很多资金和培训方面的投入,如果转变供应商则会增加成本。

其四,供应商提供的产品独特性。一般来讲,供应商提供的产品独特性越大,其力量就会越强。例如,提供具有独特医疗专利药物的制药公司比提供仿制药的制药公司对医院、健康维护组织和其他药品购买者拥有更大的权力。

其五,供应商提供的产品的可替代性。当供应商提供的产品没有其他的产品可替代时,供应商的力量将会更大。

其六,如果行业参与者所得的利润远多于供应商,这将促使供应商进入该行业,进而增加了行业参与者所面临的威胁。在一定意义上,这种现象会增强供应商对该行业参与者的力量。

(三)消费者的力量

强大的消费者可以通过压低价格、要求更好的质量或更多的服务以及与行业参与者相互竞争来获取更多的价值,所有这些都是以牺牲行业盈利能力为代价的。如果买家拥有相对于行业参与者来说更多的谈判筹码,特别是如果他们对价格敏感,就会利用他们的影响力来压低价格,这样来看,消费者的力量是强大的,对现存企业会产生很大的影响或威胁。

不同购买方讨价还价能力有以下不同:

其一,如果买家很少,或者每个买家的采购量都比单个供应商能够提供的量大,则买方的力量就比较强大。在固定成本较高的行业,如电信设备、海上钻井和大宗化学品,大批量买家的力量都很强大。高固定成本加大了竞争对手通过折扣保持产能的压力。

其二,如果该行业的产品是标准化的或无差异的,并且买家相信他们总能找到相同的产品,他们就会倾向于让一个供应商与另一个供应商竞争。

其三,如果买方在更换供应商时面临的转换成本很少,买方的力量也会增强。

其四,如果供应商利润过高,买家就可能自己生产该行业的原材料。长期以来,软饮料和啤酒生产商通过自己制造包装材料来控制包装制造商的权力。

（四）替代品的威胁

当一个公司所生产的产品能够被其他的产品代替时,该公司的产品销售将会受到很大的威胁。替代品可分为两大类即部分替代品和完全替代品。

就部分替代品而言,其产品功能与该公司的产品功能部分相似或相同,但还有一部分的产品功能替代品则无法实现。这就要求被替代的公司应当进一步增强产品的不可替代性功能,不断更新不可替代性功能的技术和质量,尽可能地形成产品功能性垄断。对于完全替代品而言,其功能能够完全替代该公司的产品,这就会大大稀释该公司的市场占有率,同时也会降低该公司产品的市场增长率。为了避免完全替代品的威胁,该公司可通过开发产品新功能、产品种类多样化、提供更多的服务以及降低价格等手段为公司获得竞争优势。

（五）现存的竞争者的威胁

行业现有的其他公司是该公司最大的竞争者。一般来讲,同行业竞争的公司在产品的功能上没有太大的差别,这在很大程度上将会稀释每一个竞争者在该行业所占有的市场份额。尽管竞争者之间提供的产品具有很强的同质性,但产品的外观、结构、形状、质量、价格、销售渠道、广告、服务和面向的客户群体等很可能存在很大的差异。一家公司应当从多方面将自己的产品与现存的竞争者所提供的产品进行对比,发现自身的优势和不足,通过适当弥补短板,大力发挥产品优势赢得市场竞争。此外,公司为获得生存,也应当对现存的竞争者的战略、制度、结构、人员、风格、技能和共享的价值观进行了解,以此打造优于竞争对手的管理模式,从而在竞争中获得生存（Porter,1989）。

三、SWOT 模型

SWOT 模型是评价组织内外部环境的一种重要工具。SWOT 模型旨在构建一个 2×2 的矩阵,用以呈现组织所具有的对组织的经营有重要影响的内部优势（Strength）和劣势（Weakness）以及外部的机会（Opportunity）和威胁（Threat）。有关组织内部环境的分析主要用于识别组织的资源、能力、核心竞争力和竞争优势,有关组织外部环境的分析主要通过考察竞争者的资源、行业环境和一般宏观环境来识别该组织所面临的市场机遇和威胁。SWOT 分析的目的是,使用组织具有的关于其内部环境和外部环境的知识来确定该组织的战略（Sammut – Bonnici & Galea,2015）。

（一）内部优势和劣势分析

组织内部分析对于识别组织竞争优势的来源非常重要,它指出了为保持组织竞争力所需要开发和维持的资源。竞争优势对于公司一定是独特的,并且能给公司带来行业平均水平以上的利润。战略管理的过程开始于对组织内部资源和能力的深度评估,因为这些是组织核心竞争力的来源,能够塑造组织的核心优势。

1. 资源

资源是指生产产品和提供服务所需要的有形和无形的输入。有形的资源包括原材料、厂房、机器和设备。无形的资源包括财务、技术、人力资本、供应商网络、销售队伍结构、分销网络、专利、商标、客户群、品牌权益和公司声誉等。资源能够被结合在一起形成组织能力,进而创建组织的核心竞争力。

2. 能力

能力是指组织能够有效地利用内部资源的能力,以及将这些内部资源转变为有竞争性的产品和业务流程的能力。例如,战略能力有开发创新性的技术产品、减少上市时间、创造更高效的分销渠道和零售网点、通过营销吸引消费者的注意力、管理客户关系以获得长期的品牌忠诚度。核心竞争力来源于组织的能力。如果组织的能力在行业中是独特的,那么将会为组织创造可持续的竞争优势。一个组织将它的能力转变为核心竞争力的过程通常被看作"黑箱",很难被竞争对手理解和模仿。

3. 公司关注的主要资源

内部优势和劣势分析关注的焦点主要是公司的资源,这些资源可分为财务资源、管理资源、基础设施资源、供应商、生产资源、分销渠道、营销职能、品牌资产和创新资源。

(1)财务资源。财务资源是指组织可获得的资本的多少。带有高品牌权益和高声誉的组织可能拥有更低成本的财务资源;比较成熟的大公司一般要比刚成立的小公司更容易得到财务资源;在我国当前重视科技创新的高质量发展时期,"高精尖"技术领域的公司相对来讲更容易得到政府财务资金的支持,但是其盈利能力在短期内可能很难有成效。

(2)管理资源。管理资源通过计划、组织、领导和控制活动为组织带来竞争力。例如:华为通过强大的科研、生产和人力资源等先进的管理方式促进了公司健康、快速的发展;阿里巴巴通过在组织方面进行创新,提出了平台型组织进而实现了电商的快速发展;丰田公司的生产管理系统是其核心竞争力和高效率的源泉。

(3)基础设施资源。基础设施资源是公司的支柱,能够使业务流程高效运行,同时可提供信息以改进当前流程。基础设施资源包括财务和会计系统、内部业务运作流程、人力资源管理系统、生产系统、采购与库存系统、市场与销售系统、物流系统和客户关系管理系统等。

（4）供应商。供应商及其产品和服务的性质将对组织的竞争优势产生影响。有很多不同的方法和技术能够被用于评价和评估供应商。一个有效的测评工具是基于关键可交付的成果、质量、可用性、交货时间和服务响应能力来评价的。

（5）生产资源。工厂、机械、自动化和技术支持等生产资源对于开发优质产品至关重要。生产的灵活性是另一个需要考虑的因素，因为它可以促进创新和产品开发。模块化生产和生产外包是满足产品线创新和变革的其他因素。

（6）分销渠道。可以通过分析分销渠道，来寻找物流、合作伙伴和分销链管理的优势和劣势。其他评估领域包括渠道成员的动机以及产品、定价和营销渠道中的动机问题。

（7）营销职能。营销职能可通过技术研究、产品开发、产品生命周期管理、定价政策、分销渠道设计、广告、公共关系、销售和产品推广来评价其有效性。

（8）品牌资产。品牌资产来源于组织的声誉和商标。其优势和劣势涉及商标的名字、市场对于质量和可靠性的感知以及组织在利益相关者如供应商、员工和客户等方面的声望。做此分析的目的是创造不同于竞争对手的商标或品牌，进而降低市场上能够替代本组织产品的替代者数量。

（9）创新资源。创新资源是组织文化的一部分，营造了提出新思想和开发新技术能力的氛围。可衡量的创新资源包括版权、专利、商标和具有保密性质的商业蓝图。

当竞争者之间在这些方面的特征几乎一致时，资源的相似性将会发生。具有资源相似性的竞争者有相同的财务资源、管理技能和技术性基础设施。传入供应链和传出分销链在整个行业中可能是通用的。具有相似性资源的组织也可能有类似的战略。另一个现象是，具有相似性资源的组织更有可能参与合作竞争，这是一种旨在通过发展整个行业而不是增加市场份额来增加收入的合作竞争形式。竞争的规则是通过默契合谋共同发展市场获得生存的。

当进行 SWOT 的内部优势和劣势分析时，管理实践者常犯的错误是陈列所有的资源，这会很难进行分析并难以将其转化为组织的战略行动。虽然在一定的情况下列出所有的因素是合适的，但这样做对于战略提出的贡献是有限的。因此，建议管理者识别那些对于组织竞争优势的最终来源有直接影响的因素进行分析。例如，在后台操作中保持高水平的清洁和卫生本质上是有益的，但不太可能对组织正在寻求的竞争优势来源做出重大贡献。另外，餐饮场所、药品制造商和医疗机构等行业要求高水平的清洁和卫生，在这些行业中，客户的健康和安全可能会受到清洁和卫生的影响。在这种情况下，卫生不能被定义为一种优势，而更多的只是一种基本要求。在理想情况下，应根据组织与其竞争对手相比的特征来准备内部分析,这些特征是根据它们如何贡献或限制组织获得竞争地位来进行评价的。

(二)外部机会和威胁分析

外部环境分析的目的是帮助组织识别重大发展方向和外部环境对于组织未来的影响。外部环境分析由超越组织控制的一些变量构成,但是这要求外部环境分析将公司战略与变化的商业环境匹配起来。外部分析确定了进一步扩张的可能威胁和机会。环境中出现的商业机会可以用来创造竞争优势。例如,随着互联网、大数据技术的深度发展,组织所面临的营销环境发生了很大的变化,特别是对于图书公司而言,为了适应环境的变化,图书公司大力发展在线阅读和电子图书领域,如行吟信息科技(上海)有限公司的小红书和喜马拉雅公司,这些公司通过在线市场获得了市场竞争优势。

威胁是外部环境中阻碍组织竞争优势的情况。例如,书籍、报纸和杂志的在线读者人数正在迅速追赶纸质版图书的读者人数,并有可能超过它;智能手机和平板电脑的销量预计将超过个人电脑和笔记本电脑的销量。来自移动技术的外部威胁以及对纸质出版公司的影响是,它们的印刷产品需要重新设计,以便能够在移动平台上进行数字消费。

机会和威胁的外部分析可分为三个主要领域:竞争者环境、行业环境和一般宏观环境。竞争者环境的分析侧重于竞争对手的组织资源和可能影响未来市场份额、收入和利润的条件。行业环境的分析可采用波特五力模型框架进行。一般宏观环境的分析可采用 PEST 分析技术或者它的衍生品进行。从这三个分析领域产生的战略决定了组织的愿景、使命和战略规划。

1. 竞争者环境

竞争者环境是一个需要重点关注的领域,因为其是组织获得生存的最大威胁。要对每一个竞争者进行分析,并收集竞争者的资源、能力、核心竞争力和竞争优势等信息。在管理实践中,很难做到这一点,但最起码要对与组织竞争实力相当的竞争者进行分析研究。通过对竞争者的各要素进行分析很容易识别出组织当前在各要素中所面临的机会和威胁。例如,华为公司为获得竞争性的战略,就需要对三星、苹果、诺基亚、爱立信等公司进行各要素的分析。

2. 行业环境

行业环境分析需要评价那些对组织的收入流有直接影响的因素,其目的是最小化消极因素的影响,开发产生积极因素的机会。这一分析可以借助波特五力模型框架详细分析组织所面临的威胁和机会。行业环境对战略管理的影响在于两个方面:第一,从战略的工业组织视角来看,组织应确定并寻求在为竞争力和盈利能力提供最佳机会的市场中开展业务。与有关内部资源、能力和核心竞争力的战略决策相比,公司选择经营的行业和地域对绩效的影响更大。第二,从资源基础观的视角来看,组织应当在市场空间上有竞争性优势的地方开展经营。在这些地方,组织能够影响和控制潜在进入者、供应商、购买者、替代者和竞争者五种力量,能够保护自己免受他们的威胁。组织影响行业环境的能力越强,获得行业平均以上的利润的可能性也越大。

3. 一般宏观环境

　　一般宏观环境分析主要关注的是对组织和组织所在的行业有影响的社会和商业维度,这些维度包括政治、经济、社会文化、技术、生态、人口、伦理和政策法规等,这些因素来源于 PEST 模型或者它的衍生品。一般宏观环境分析要特别识别驱动变化的关键因素,这一分析与波特五力模型相互补充。在动态环境中的变化能够定义这样的变化是否给组织带来了机会或者威胁。机会和威胁是聚焦于商业的,而不是聚焦于行业的。具体来讲,在一个行业中一个组织所面临的威胁可能是另一个组织的机会。例如,信息和通信技术的进步消除了传统旅行社向潜在客户提供全包套餐的界限。虽然这可能被视为对老牌参与者的威胁,但它为新型中介机构在旅游市场竞争中创造了机会。表 2 – 1 为一家连锁超市的外部环境分析案例。

表 2 – 1　外部环境维度举例(连锁超市的机会和威胁分析)

维度	机会和威胁	影响
竞争者的活动	在靠近超市的地方建立一个大卖场连锁店	由于规模经济,新网点的客户可能会流失,而这些网点可能会收取较低的价格
供应商	建立一大批新的果蔬供应商	竞争加剧可能会压低价格
政府	更严格的 HACCP 要求,以确保企业的最佳食品安全	更高的合规成本,以努力对现有运营进行更改以符合新要求
经济变化	经济衰退正在侵蚀潜在买家的可支配收入	需求的潜在减少或从更昂贵的食品转向更便宜的食品
社会因素	烹饪时间有限的工薪家庭越来越注重健康	超市对健康即食食品的需求增加
技术	通过在线渠道增加可访问性	由于电子商务对销售产生了积极影响,产品和服务的市场传播有所增加

资料来源:Sammut Bonnici T., Galea D. SWOT Analysis[J]. Wiley Encyclopedia of Management,2015(4):1 – 8.

　　组织使用不同的信息来源了解外部环境,包括各种特定行业的杂志、新闻、学术论文、市场研究报告、商业出版物和贸易展览。可以通过与供应商、客户、潜在客户和公众的非正式沟通或结构化研究来获取信息。与市场直接接触的员工和行业人员拥有大量有关竞争格局、竞争行为和可能趋势的信息。客户服务代表、销售人员、采购主管、公共关系和通信机构与外部环境互动是很好的信息来源。

(三) TOWS 矩阵

TOWS 矩阵是由 Weihrich 在 SWOT 模型基础上提出的一个战略分析方法。这个矩阵识别了四个潜在的战术策略,这些策略通过扬长避短来为组织开发机会或防御威胁。如图 2 - 3 所示。

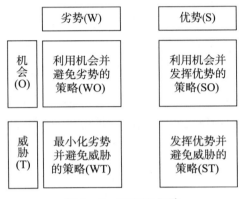

图 2 - 3   TOWS 矩阵

资料来源:Sammut Bonnici T.,Galea D. SWOT Analysis[J]. Wiley Encyclopedia of Management,2015(4):1 - 8.

1. WO 策略

WO 策略试图最大化外部环境所提供的机会并且消除组织内部抑制组织成长的劣势。例如,电子制造商可能意识到消费者对平板电脑的需求不断增长,但其可能缺乏生产屏幕所需的技术。一种可能的策略是与拥有技术和可能拥有交互式屏幕专利的公司建立合资企业,这些公司处于创新的前沿。另一种选择是将该功能分包给在该领域具有能力的公司。如果不采取行动,市场增长的机会就留给了竞争对手。

2. SO 策略

SO 策略是一种理想的情况。在这种情况下,组织能够最大化组织内部的优势和组织外部的机会。苹果公司存在类似情况,2013 年报告的现金余额为 1400 亿美元,是 Facebook 市值的两倍多。苹果公司采用了一种利用过剩资本来发展供应链的策略。与更多的制造商签订合同以满足客户的需求,将更多的资本投资于流程改进和物流管理以提高效率并缩短上市时间。

3. ST 策略

ST 策略是使用组织内部的优势来应对来自竞争者、行业和外部环境所带来的威胁,但是有着强大市场权力的公司在解决外部环境的威胁时必须小心谨慎。在这种情况下,法律系统往往会做出强行反应。微软在 2013 年因违反监管要求而被罚款 5.61 亿欧元（约合 7.31 亿美元），因为消费者在使用 Windows 平台时微软未能为他们提供选择其网络浏览器的选项。这家全球最大的软件生产商在美国和欧洲面临多项罚款。10 年来，微软因非竞争性战略行动被欧盟罚款共计 22 亿欧元（约合 28.67 美元）。

4. WT 策略

WT 策略是最差的情形，这时组织必须最小化内部劣势和外部的威胁。但是，外部的威胁可能无法避免，如烟草业。世界上最大的卷烟制造商菲利普莫里斯国际公司、中国烟草公司、日本烟草国际公司、帝国烟草集团和英美烟草公司的生存取决于不断采取先发制人的战略来抵制许多国家的强监管和诉讼。

尽管 SWOT 分析很容易被使用，但实践者也经常错误地使用这一工具。正确使用该工具对于确保在流程中定义正确的战略行动至关重要。SWOT 模型擅长描绘当前的内部和外部环境状况，但不一定能为战略行动提供必要的指导。SWOT 更像是对环境进行概述的描述性工具，它不是决定战略规划性质的指导工具。分析方法不应只是在每个标题下生成清单，而应设法确定在这个过程中每个因素产生的因果关系。一些支持者提出了各种建议，以提高该工具的有效性。战略学者建议将 SWOT 分析与平衡计分卡和质量功能部署（Quality Function Deployment，QFD）结合起来。尽管 SWOT 存在局限性，但人们普遍认为 SWOT 仍然是评价公司竞争地位的有效工具。

第二节　绩效计划的内涵与外延

一、绩效计划的内涵

绩效计划是对组织未来一段时间内的绩效目标和绩效目标实现过程的谋划、策划和安排。绩效计划可以从词性上进行不同的理解。将计划作为动词来看，绩效计划是指对未来一段时间内为实现特定的绩效目标而进行的一系列谋划或策划活动；将计划作为名词来看，绩效计划是这些谋划或策划活动的结果，最终形成的绩效计划实施方案或者绩效计划书。绩效计划工作的核心在于两点：目的和手段，目的主要体现需要做什么，手段主要体现怎么做。

绩效计划包括非正式绩效计划和正式绩效计划两种方式，只要管理者开展绩效管理活动或员工执行工作任务，无论是非正式的计划还是正式的计划，绩效计划均是不可缺少的。非正式的绩效计划往往没有形成书面材料或者没有得到领导的批示，而通常存在于个人的脑海中,以此指导员工的工作活动。这种情况在小型的组织或者团队中比较常见。对于稍大型的组织而言,通常需要正式的绩效计划,这种绩效计划不仅要落到纸面上,而且要征求主要利益相关方的认可或同意。本书介绍的绩效计划内容主要围绕正式的绩效计划展开。

二、绩效计划的特征

绩效计划活动在绩效管理工作中具有以下四个方面的特征(见图2-4):

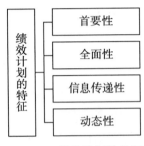

图2-4 绩效计划的特征

第一,首要性。一切管理活动的最终目的都是实现组织的目标,计划是所有管理活动的前提和基础。同样地,绩效计划是实施绩效管理的前提和基础。没有为实现组织绩效目标而制定的绩效计划方案,各项绩效管理活动则无从下手,无所适从;有了绩效计划之后,其他绩效管理活动才能有实施的依据和标准。例如,如果一个组织没有年度绩效计划,就没法获得每个月的绩效目标,员工就不知道需要从事哪些工作。

第二,全面性。绩效计划工作涉及的范围比较广,包括组织绩效管理活动的各个方面。任何一个部门、任何一个岗位甚至任何一个员工都应该为完成所承担的绩效任务制订计划并按照计划开展工作。例如,组织为完成年度绩效目标应当全面制订生产绩效计划、科研绩效计划、销售绩效计划、财务绩效计划、人力资源管理绩效计划和党群工作绩效计划等。

第三,信息传递性。绩效计划工作的重要性主要体现在信息传递特征上。有效的绩效计划为员工的行为指明了方向,告诉了员工应当做什么、什么时候做、怎样做以及做到什么程度等重要信息。

第四,动态性。绩效计划并不是一成不变的。由于计划是在一定时期内的绩效任务和工作任务的安排,从时间上来看,具有未来的不确定性。一旦未来发生了能够影响绩效计划完成的重大事件或者原先设定的绩效目标有所变化,则绩效计划也会随之进行调整,以保证绩效目标能够顺利完成。绩效计划的动态性要求员工在执行工作任务的过程中具备动态执行力。

三、绩效计划的作用

制订绩效计划并不是无缘无故的,而是因为绩效计划具有重要的作用。虽然绩效计划工作发挥的作用很多,但被普遍认同的作用主要有四个:指导作用、减少浪费、控制作用和应对变化(见图 2 - 5)。

第一,指导作用。绩效计划工作能够协调各方面的
资源,通过有序的活动安排,为各级和各类型的员工提供
行为指导。绩效计划所包含的绩效目标为员工的行为指
明了努力的方向,绩效计划的时间节点或所需完成的工

指导作用	减少浪费
应对变化	控制作用

图 2 - 5　绩效计划的作用

作任务有助于督促员工的行为,让员工知道在什么阶段应当做什么以及应当做到什么程
度。如果没有绩效计划,员工的行为将会失去方向,不利于绩效目标的实现。

第二,减少浪费。绩效计划向员工展示了所需完成的所有工作任务,一些与绩效目
标达成不相关的行为活动将不会被包含在绩效计划之中。这在很大程度上有助于避免
员工将时间和资源浪费在无关紧要的事情上。通过绩效计划的制订,也能使员工之间的
工作任务清晰可见,可避免不同的员工执行同样的行为以完成同一绩效目标。这就要求
领导者要整体、系统把控每个下属的绩效计划,避免人力资源行为的重复,以及避免部门
或组织资源浪费。

第三,控制作用。绩效计划工作所涉及的绩效目标以及绩效目标达成的标准有助于
管理控制。在绩效计划实施的过程中,领导者可根据绩效计划的安排及时评价员工的表
现,是否按照计划推动工作,一旦发现工作偏差,可及时进行调整或控制,以期将员工的
行为按照预期的进度和预先设定的方向稳定前进。如果没有绩效计划,将很难对员工的
工作行为进行评价和控制。

第四,应对变化。在制订绩效计划时,要求员工对未来可能发生的变化进行预测,做
到未雨绸缪;能够为员工在执行计划的过程中,排除一些对绩效目标完成没有显著影响
的变化所带来的干扰。由于绩效计划具有动态性,其需要根据内外部环境的重大变化及
时调整计划方案,以此来应对重大变化所带来的挑战,为顺利完成绩效目标保驾护航。

四、绩效计划的分类

绩效计划的分类与计划的分类相似。以下内容主要谈论计划的分类。计划根据不
同的标准可以分为不同的类型,以下主要介绍五种计划的分类:

(一)按照涉及范围划分

根据计划所涉及的范围,可将其分为战略计划和战术计划。战略计划指的是应用于
整个组织,为组织设定总体目标,并且根据环境对组织进行定位的计划。战略计划通常
涉及的范围较广、时间跨度较长、可操作性较低、风险程度较高,是对组织目标的设定。
战术计划是对战略计划的细化,为执行战略计划而制订的业务操作计划。战术计划具有

涉及范围较窄、时间跨度较短、可操作性强、风险程度较低等特征,而且战术计划以完成组织目标为目的。

（二）按照计划涉及的时间划分

根据计划涉及的时间长短,可将其分为长期计划、中期计划和短期计划。长期计划的时间跨度一般在 5 年以上,例如,我国"十四五"时期的五年计划就是长期计划,实现"中华民族伟大复兴"是我国的超长期计划。长期计划通常属于战略性计划。中期计划的时间跨度一般为 1~5 年。中期计划是为实现长期计划服务的,是长期计划的具体化。例如,组织未来三年的人力资源规划。短期计划的时间跨度小于 1 年,是为实现中期计划而制定的短期操作或行动方案。

（三）按照业务职能划分

根据业务职能,可将其分为科研计划、生产计划、销售计划、财务计划、人力资源管理计划、党务与纪检监察计划、办公室行政管理计划和售后服务计划等。这些计划之间有一定的关联性,相互配合、相互补充共同构成了组织的整体计划方案。各职能部门的计划是在组织战略计划基础上分解出来的,是为实现组织战略计划服务的。

（四）按照计划的特定性划分

根据计划的特定性,可将其分为专项计划和指导性计划。专项计划也称具体性的计划,是为完成某一具体的工作任务而制定的计划操作方案。例如,一位销售经理为在半年内将最新生产的产品销售额达到 1 亿元做的销售计划,会包括销售预算、人员安排、销售渠道和时间节点等,这些内容主要是专门为完成特定的销售额而制订的销售计划。指导性计划是为了确定一般性的指导原则或方针,而不是对管理者的具体目标或活动进行规定。例如,专项计划可能是在半年内将销售成本降低 10%,收入提高 10%;而一般性的指导计划则可能是在半年内将利润率提高 10%。从达成目标的路径来看,指导性计划的内在灵活程度会更高。

（五）按照计划使用的频次划分

根据计划使用的频次,可将其分为一次性计划和常规性计划。一次性计划是指为满足特定工作任务或处理例外事件而制订的计划,该计划不是经常使用的,在特定的任务或例外事件完成之后,将不再继续制订。例如,北京某大型集团化公司中的一家二级单位承担全集团本年度在北京高校的校园招聘活动,这对于该家二级单位而言,所制订的集团校园招聘计划则是一次性计划,可能在未来的很多年内不再承担类似的任务。常规性计划是指需要不断执行的计划,具有很强的重复性,一般涉及组织发展所需的必要活动或工作任务。例如,每年大学的教务处部门都要做课程计划安排。

第三节 制订计划的方法

制订计划的方法有很多,本节主要介绍常用的滚动计划法、甘特图法和网络计划技术。

一、滚动计划法

滚动计划法是将长期、中期和短期计划链接的有效工具,有助于提升计划的弹性、增加计划的环境适应性。通常情况下,计划一旦确定,不会对其进行改变。但是,计划具有动态性,需要根据实际情况进行调整,以保证组织目标的顺利完成。滚动计划法是按照"近细远粗"的原则制订一段时期内的任务计划,然后根据计划的实际完成情况以及组织内外环境和目标的变化,及时调整和修订未来的计划,并逐步向前推动,以期实现长期、中期和短期计划有效链接。

以《A 科技公司人力资源中长期发展规划(2021—2025)》为例,具体操作如图 2－6 所示。具体来讲,A 公司在深度分析公司中长期发展战略的基础上,结合人力资源盘点

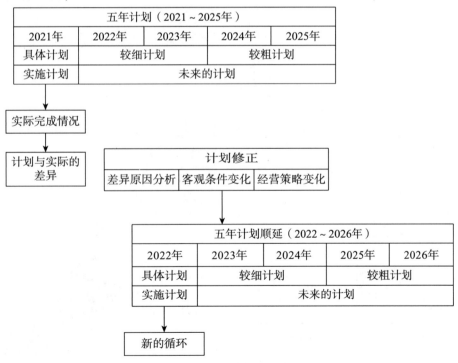

图 2－6 滚动计划实施案例

和人力资源管理诊断,制定了人力资源中长期发展规划。该规划不仅包含未来五年人力资源发展的总体目标与计划,而且还细分到每一年度。在整个时间跨度内,越往前的计划越细致,相对而言,未来的计划更富有弹性且更粗放。当前年度的计划是非常具体的,是该年度可具体操作的计划方案。待当前的计划完成后,会对计划实际完成情况与预期完成情况进行对比,找出差距,分析差距原因;根据组织内外部环境的变化,调整计划方案,稳步推进计划的执行,保证新修订的计划能够助力人力资源发展战略的实现,进而为组织战略目标的达成提供人力资源保障。以此往复,实现计划滚动性。

二、甘特图法

甘特图是由亨利·甘特于1917年开发的计划活动工具,也称条状图,主要是通过一条线图来表示在一定时期内各种活动的进度与完成情况。甘特图的优点在于清晰明了、易于理解、容易绘制和使用简单。

图2-7表示某课题的时间计划安排。横轴是时间,纵轴是任务活动,可进一步说明每一项活动所需要取得的成果。各项活动所对应的黑色区域表示该活动的起止时间。在此图的基础上,可进一步丰富甘特图的内容,标识出同一工作内容下各个时间阶段的

课题工作内容	阶段性成果	2022年度		2023年度		2024年度		2025年度	
		6月之前	7~12月	1~6月	7~12月	1~6月	7~12月	1~6月	7~12月
(1)研究资料和数据的收集	资料分类打包文件和整理后的数据表	■	■	■	■	■	■	■	
(2)详细梳理新生代员工、创新行为、优势理论相关研究文献	高质量论文1~2篇	■	■						
(3)基于优势的工作系统构建及其量表开发	高质量论文1篇			■					
(4)基于优势的工作系统、组织优势使用支持、基于优势的心理氛围对新生代员工创新行为影响的跨层次研究	高质量论文2~3篇	■	■	■	■				
(5)新生代员工优势对创新行为的影响机制研究	高质量论文1篇					■			
(6)优势干预对新生代员工创新行为的影响机制研究——一项实验研究	高质量论文1篇						■		
(7)课题已有成果梳理和拓展	专著1部							■	

图2-7　某课题研究计划甘特图

— 44 —

成果以及完成情况。例如,就第二项工作内容来讲,虽然计划要求在 2022 年 6 月前完成对新生代员工、创新行为、优势理论相关文献的梳理,但可具体划分不同时间段的任务,2022 年 3 月前完成新生代员工创新行为研究文献述评,2022 年 3～6 月完成优势理论研究现状和未来趋势论文;最后,根据此具体计划监控每个事件阶段的完成情况,并记录在甘特图内。

三、网络计划技术

网络计划技术(Network Planning Technology)是 20 世纪 50 年代末期发展起来的用于制订大型工程进度计划的管理方法。美国杜邦公司于 1956 年为不同业务部门制定规划时,首次使用了该方法。1958 年,美国海军武装部在制订"北极星"导弹计划时,也采用了网络计划技术。20 世纪 60 年代初期,我国著名科学家华罗庚和钱学森先后将网络计划技术应用于项目管理中。随着科技的快速发展与进步,网络计划技术在大型工程和项目中逐渐被重用,并取得了很大的经济效益。例如,上海宝钢炼铁厂在 1 号高炉土建工程施工中,应用网络计划技术,将工期缩短了 21%,成本降低了 9.8%。

网络图是网络计划技术的核心,其将一个计划项目中各工序相互依赖、相互制约的关系清晰地呈现出来,然后进行网络分析,计算网络时间,确定关键路线,利用网络时差对项目的工期、资源、成本进行优化,选择最佳方案并付诸实施,以确保项目能够达成预先设定的目标。网络计划技术在缩短工期、提高效率、节省劳动力和降低成本耗费等方面具有独特的优势(刘立波等,2008)。

网络计划技术的基本形式是关键线路法(Critical Path Method,CPM)和计划评审技术(Program Evaluation and Research Technique,PERT)。关键线路法与计划评审技术的区别在于,关键线路法能够识别出项目中各种工作最早开始和最迟结束的时间,通过最早和最迟时间的差值可以确定每一项工作相对的时间紧迫程度及工作的重要程度,这种最早和最迟的时间差额成为机动时间,机动时间最小的工作是关键工作。关键线路法的主要目的就是确定项目中的关键工作,以确保在项目实施过程中得到重点关注,保证项目如期完成。计划评审技术的逻辑与关键线路法基本相同,只是在工期延续方面关键线路法仅需一个确定的工作时间,而计划评审技术需要工作的三个时间估计,包括最短时间、最可能的时间以及最长时间,然后按照 β 分布计算工作的期望时间(蔡礼彬和李鹏,2011)。

第四节　制订绩效计划的流程

根据计划的不同分类,需要制订不同类别的绩效计划。本节主要立足于员工年度绩效计划进行论述。为制订有效的绩效计划,需要经历三个阶段:准备阶段、沟通阶段和审核与确认阶段(刘伟,2005)。每一个阶段均需要开展不同的工作活动,如图 2 – 8 所示。

图 2 – 8　绩效计划的制订流程

一、准备阶段

为确保制订出有效的绩效计划,初期的准备工作必不可少,准备越充分,绩效计划的有效性会越高。在进行正式的绩效计划讨论之前,员工和管理者①均要做充分的准备。这些准备工作主要包括三个方面:回顾并理解组织战略、确定部门目标、熟悉员工岗位说明书和往期绩效。

(一) 回顾并理解组织战略

为了使员工的绩效目标能够与组织的战略相匹配,在绩效计划沟通之前,管理者和员工均需对组织的战略进行回顾并做深入的理解。组织战略是组织发展的航向标,一切管理活动均是为战略的达成进行服务。员工的绩效目标来源于组织的战略,是组织战略通过层层分解而得到的。员工的一切活动都是为了促进组织战略目标的实现。准确把握组织战略的内涵和意义是组织战略实现的根本,如果管理者和员工对组织战略的理解没能体现战略本身的内涵和意义,这将使员工的行为偏离正确的方向,不利于组织战略的达成。因此,制订绩效计划需要准备的第一项工作就是深入理解并准确把握组织的战略内涵与意义。

(二) 确定部门目标

在准确把握组织战略的内涵之后,管理者和员工需要梳理部门的工作职责以及部门

---

① 　这里的"管理者"主要是指与员工一起制订绩效计划的直接主管领导。

的目标。每个部门的目标均是根据组织的战略目标逐级分解而得的。不但经营的指标可以分解到研发、生产和销售等部门,而且对于财务、人力资源等业务支持型部门,其工作目标也必须与组织的总体经营目标相联系。例如,某公司今年的整体目标包括将产品市场增长率提高20%、不断创新产品属性、降低管理成本。人力资源部门作为重要的业务支持性部门,应在梳理本部门职责的基础上,紧紧围绕这三个公司年度目标,确定本部门的年度重点目标任务。人力资源部门的年度重点目标可以是:第一,建立激励机制,鼓励销售人员拓展新客户并进一步开发老客户的消费潜力,鼓励研发部门的创新行为,鼓励全公司员工节约成本;第二,在招聘方面,销售人员的招聘重点考察候选人的市场拓展能力,科研人员的招聘重点考察候选人的创新能力,对于所有岗位的招聘也均需重点考察候选人的成本节约意识;第三,在培训方面,重点实施销售人员的市场拓展能力培训,科研人员的创新能力提升培训,公司全体员工的预算管理和成本控制培训。

部门目标的确定一般是由部门负责人与高层管理者一起完成的。因此,对于员工而言,要清晰、准确地把握部门的目标,因为员工的目标是由部门的目标分解而来的,确定的员工绩效目标与部门目标相一致才有助于部门目标的实现。

(三) 熟悉员工岗位说明书和往期绩效

在确定部门目标并且管理者和员工对部门目标具有清晰的认识之后,管理者和员工需要做的下一步工作就是熟悉员工的岗位说明书和员工的往期绩效表现。员工的岗位说明书清晰地规定了员工所负责的工作任务、承担的工作职责以及所需具备的知识、技能和能力以及其他素质要求,以此为出发点并结合部门目标(包括常规目标和重点目标),初步思考员工所需完成的工作。员工自身也需按照此逻辑思考自己应当完成的常规目标任务和重点目标任务。

二、沟通阶段

在管理者和员工均做好充分的准备工作之后,需要进行绩效计划沟通。绩效计划是双向沟通的过程,既不是管理者直接给员工制定工作目标,分配给员工工作任务,也不是员工自己制定目标,确定自己的工作任务。绩效计划沟通阶段是制订绩效计划的核心阶段。在此阶段,管理者与员工需要进行充分的交流,以便双方就员工的绩效计划达成共识。

(一) 沟通形式

绩效计划沟通主要以会议的形式进行。有效的绩效计划沟通会议首先要选择恰当的会议环境。管理者和员工都应该留出专门的和充足的时间用于绩效计划的沟通,并且保证在沟通的过程中不受其他事情的干扰。沟通的氛围要尽可能宽松和谐,要秉持共同商量的思想,并不是单方面地确定员工的绩效计划。尤其是管理者,在沟通的过程中不要给员工太大的压力,应把焦点放在沟通的原因和应取得的结果上。员工自身也应当放松,以积极、客观的态度参与绩效计划的沟通。在正式进入绩效计划沟通主要内容之前,管理者可适当与员工寒暄,以调节沟通的气氛,然后告知员工绩效计划沟通的目的和意义。

(二)沟通内容

1.要回顾一些相关的信息

例如,管理者和员工都应当清晰地知道组织的战略、发展方向以及对讨论具体工作任务有联系和有价值的其他信息,包括组织的经营计划、部门的目标任务、员工的岗位说明和上一绩效周期内员工的表现等。

2.对如何将绩效计划目标具体化为绩效指标开展讨论

在简短地回顾相关的信息之后,管理者应当引导沟通内容转到如何把绩效计划的目标具体化上来,形成绩效指标。目标就是期望员工在下一绩效周期内所要达到的结果。管理者和员工在将目标具体化的时候,要把焦点聚焦在结果上而不是过程上,使每一个目标尽可能地具体化为指标,并将每一个指标与工作结果联系起来,明确规定实现工作结果的时限以及为实现工作结果所需要的资源,确保每个指标尽可能简短、明确和直接。一个绩效目标可能会有一个或多个绩效指标。

3.制定衡量绩效指标的标准

绩效标准是衡量员工指标完成程度的依据。绩效标准应当具体、客观和方便衡量,并且在员工能力范围内可实现。在制定绩效标准时,通常会发现,绩效计划的目标制定得越具体,绩效标准与绩效目标的相似性就越高,但并不能因此就把目标故意设定得很具体,要保持绩效目标一定程度的灵活性或弹性。

4.赋予绩效指标权重

每名员工一般都会承担多个绩效目标和指标,这些指标对部门重点目标和组织战略目标的实现有不同程度的影响,根据影响程度的大小赋予员工所承担的指标权重,确定指标的优先性。也就是说,对多个指标赋予不同的权重。目标最终确定的优先顺序需要获得管理者和员工的一致认同,并保证与部门或组织目标保持一致。确定目标权重的方法有很多,如德尔菲法、层次分析法、灰色关联度法、因子分析法、线性回归方程法等,最直接的方式就是围绕组织和部门的重点任务目标,根据以往的经验进行判断,这在一定程度上对管理者和员工在目标识别、理解和认识方面的能力提出了更高的要求。

5. 讨论授权的问题

让员工承担一定的工作任务和职责,也应当给员工适当的权力,即对员工授权。授权需要遵循以下六个基本原则(丁贺,2020):

(1)目的性原则。目的性原则是授权最基础的原则。做任何事情我们都要有一个目的,授权也不例外。在授权之前管理者要明确授权的目的,这样才能更清晰地知道授予员工什么权力。

(2)必要性原则。授权之前管理者一定要考虑有没有必要授权。由于人们对于权力基本上都有一种渴求,每当人们拥有某项权力时,想要剥夺这项权力就变得比较困难。因此,在向员工授权时,要充分考虑是否有必要授权。

(3)适当性原则。授权要适当,不能盲目地授权、无限度地授权。授权的适当性要根据任务的要求来确定,过少授权或过度授权均会影响授权的效果。

(4)承诺原则。授权实际上是管理者与员工之间相互达成的一种心理契约或者一种承诺。管理者放弃某些权力给员工,员工在获得权力的同时,也承担了相应的责任,因为权责是同时存在、对等的。员工应当充分利用所获得的权力,去努力完成任务。

(5)弹性原则。授权是对组织现有权力结构进行优化、完善的手段,因此有效授权不仅是权力的下授,同时也包括权力的回收。由于在权力回收的过程中,一般会产生较大的阻力,所以管理者应该在事前建立和健全组织制度与责任制度。

(6)信任原则。授权本身是对员工的一种激励,能够激发员工努力完成工作任务的内在动机,同时又为员工顺利完成任务提供了条件保障。这时,管理者应该相信员工能够合理使用权力,并能够把权力效用最大化,履行好与权力相对应的责任。管理者如果授权给员工却对员工不信任,将会适得其反,影响授权的效果。

授权除需满足以上原则外,有效的授权还受到受权者个人能力和外界环境的影响。如果受权者的成熟度比较低,也就是说当受权者既没有能力也没有意愿去努力完成所从事的任务时,给予其再大的权力也无济于事。如果外界的环境比较复杂,通过员工个人的力量还无法完成工作任务,管理者就需要综合考虑各项因素,如何通过提供更多的其他方面的资源支持并结合相应的授权促使员工高效地完成工作任务。

6. 与员工讨论达成绩效标准可能面临的困难和需要提供的帮助

在制定了绩效标准之后,管理者和员工需要共同商讨为达到该绩效标准可能遇到的障碍、问题和困难。一方面,员工要根据自身的素质和能力判断在执行工作任务中可能面临的问题;另一方面,管理者应当根据自己的经验对可能遇到的问题做出判断并与员工进行沟通。做此方面的商讨主要是提前或及时地为员工提供必要的帮助,防患于未然,为员工顺利达成绩效标准扫清路途中的潜在障碍。

7. 对员工上一绩效周期内的表现进行讨论

管理者应当与员工一起针对上一绩效周期内的表现以及员工个人改进的情况进行讨论,重点关注员工所改进的事项进展如何、是否针对自身的不足做出了适当的改进、是否在工作中经常发挥自身特长、能否娴熟地运用自身优势完成各项工作任务。在此基础上,形成针对员工个人的开发计划。

8. 结束本次绩效计划沟通会议

上述内容被充分讨论后,采取合适的方式结束会议也是非常重要的事项。这时,管理者应当感谢员工的参与,再次说明绩效计划沟通会议的必要性和意义,对沟通的重点内容进行简单的总结,同时要制作表格和文档,以备后续之需。此外,在本次会议之后,有可能需要再次或多次进行沟通会议,因为在初次沟通会议后,管理者和员工可能会受到很大的启发,会有一些新的想法和问题,这就需要通过后续的沟通会议来解决。

三、审定和确认阶段

绩效计划的审定和确认是制订绩效计划的最后一个阶段。这个阶段主要聚焦两个方面:

第一,管理者和员工应当对员工本绩效周期内的工作职责、工作目标、绩效标准、绩效标准的权重以及员工绩效对部门或组织的重要意义,员工在完成工作过程中可能遇到的困难和问题,员工可获得的资源、支持、权力以及培训,如何对员工绩效进行评价,管理者和员工之间如何进行沟通等方面达成一致意见。一是激励员工更好地投入到工作当中,因为主动接受的目标更具有激励性;二是体现绩效计划的合法性。

第二,在审定绩效计划时,要重点关注员工的工作目标是否与组织的战略和总体目标紧密相连、员工是否清晰地理解自己的工作目标与组织和部门目标之间的关系、员工是否清晰地理解其工作职责和岗位要求等。在审定这些内容之后,要形成最终的绩效计划文档,该文档应当包括员工的工作目标、实现工作目标的工作结果、衡量工作结果的指标和标准以及各项工作所占的比重、针对员工的开发计划等信息。最后,管理者①和员工双方要在该文档上签字确认。

---

① 如果管理者不是部门主要负责人的话,还需部门负责人签字确认。这里隐含的一个条件是组织按照严格的职位等级进行管理。在制订绩效计划的过程中,一个层级员工的绩效计划是由上级主管与其一起进行制订的,并需要得到部门主要负责人的同意。

表 2 - 2 是一个绩效计划书最终呈现的一个例子。

表 2 - 2 某医疗器材公司销售人员绩效计划书

职位:销售人员		任职者姓名:张三			绩效周期:××××年× ×月××日至××××年 ××月××日
绩效目标	目标意义	具体指标	衡量标准	指标 权重 (%)	评价信息来源
1.市场拓展方面	扩大企业的影响力,提高医疗器材市场占有率和增长率;为企业发展提供流动资金	(1)增加新客户	新增客户数量达到20个	10	销售记录、财务部和客户调查
		(2)原有客户保持率	原有客户保持率不低于70%	10	
		(3)销售额	月销售额同比增长20%	20	财务部
2.收回应收款项	提升款项回收率,减少企业坏账、死账,最大限度地降低企业的损失	(1)当期销售款项回收率	当前款项回收率100%	20	财务部
		(2)本周期之前的销售款项回收	之前款项回收率50%	15	
3.销售费用控制	培养一种企业与员工"同呼吸、共命运"的企业文化	减少不必要的费用支出	销售费用率控制在6%以下	10	财务部
4.客户投诉率	塑造雇主品牌,提升企业声誉	(1)建立良好的顾客关系	投诉率控制在5%以内	10	客户服务部
		(2)把握客户需求	原有客户和潜在客户调查不低于10次	5	客户回访

任职者签字: 日期:

主管领导签字: 日期:

部门负责人签字: 日期:

第五节　绩效目标的设定原则

一、目标设定的基本原则

在制订绩效计划的过程中,设定绩效目标是非常关键的一点。绩效目标的设定应当遵循目标设定的基本原则,即 A – SMART 原则。A – SMART 原则主要是指设定的目标应当满足六个特点:认可性(Approbatory)、具体性(Specific)、可测量性(Measurable)、可实现性(Achievable)、相关性(Relevant)、时间限制性(Time – bound)。

(一)认可性

认可性指的是目标应当得到执行主体的认可。如果执行主体不认可他所承担的目标任务,其很难为实现目标全力以赴。提升目标认可度最直接、最主要、最有效的方式就是让执行主体参与目标的制定。

(二)具体性

具体性是指目标应当具体、清晰,不能模糊。具体的目标有助于让目标执行主体明确地知道自己应当做什么、怎样做以及做到什么程度。

(三)可测量性

可测量性是指目标应当能够测量,否则,就无法衡量目标的完成程度。

(四)可实现性

可实现性是指目标的难易程度和复杂程度应当与执行主体的知识、技能和能力等素质相匹配。如果制定的目标执行主体凭借现有的素质不能够达成,目标的有效性将会大大降低。根据目标设定理论可知,具有挑战性的目标一旦被个体接受,个体将会受到更大的激励,获得高水平的绩效。这一具有挑战性的目标可以有一定的难度和复杂性,但不能完全超越执行主体的能力范围。目标的可实现性强调个体能够轻松完成的目标或通过付出更多的努力可实现的目标。

(五)相关性

相关性主要包括三个方面的含义:一是指执行主体的目标应当与组织的战略目标或上一层级的目标相关;二是执行主体的多个目标相互之间应当相关或与岗位职责的要求相关;三是执行主体的目标应当与员工的成长与发展相关。

（六）时间限制性

时间限制性是指目标应当具有明确的时间期限,这一点与目标的定义紧密相关。目标是个体在一定期限内所要达到的预期结果。对于绩效目标的考核,从时间的角度来看,实际上是对过去一定期间员工绩效表现的评价。

二、关键绩效指标

（一）关键绩效指标的内涵

在设定绩效目标时,除了遵循目标设定的基本原则外,还要遵循关键绩效指标(Key Performance Indicator, KPI)原则。KPI 也是一种形成绩效指标的方法,可帮助组织了解员工在战略目标方面的表现。简单来讲,KPI 是指能够被用于衡量绩效的关键指标,可以是组织、部门和员工三个层面上的 KPI;KPI 是可衡量的值,用于评估个人或组织在实现目标方面的成功程度。从广义上来看,KPI 提供了最重要的绩效信息,使组织或其利益相关者能够了解组织是否正朝着既定的目标迈进。KPI 也是有用的决策工具,为组织中的管理决策提供最重要的决策原则;而且,由于 KPI 能够将复杂的组织绩效转变为少量、可管理的关键指标,所以 KPI 可以反过来帮助决策制定并最终帮助提高绩效。

KPI 的使用逻辑与我们日常生活中的就医相同。假设你感觉不舒服并决定去看医生,医生可能会问你"怎么了",随之医生会立刻寻找证据来证明你的病情。例如,医生会测量你的血压、胆固醇水平、心率和体重指数,以此作为你健康的关键指标。在组织中,我们使用 KPI 做的也是同样的事情,即寻找能够真实反映实现组织战略的不同层级的关键指标[①]。

人们对 KPI 具体内涵的理解可能存在差异,如《剑桥词典》(*Oxford's Dictionary*)将 KPI 看作"用于评估组织、员工等在实现绩效目标方面是否成功的可量化的衡量标准";投资百科(Investopedia)将 KPI 看作"一组用于衡量公司整体长期业绩的可量化的衡量标准";《麦克米伦词典》(*Macmillan Dictionary*)将 KPI 看作"一种衡量组织有效性及其实现目标进展的方法"。但是,它们均强调了 KPI 的三个特点,即重要性、绩效测量性和量化性。也就是说,KPI 是用作重要的或关键的绩效评价指标,是必须可以量化的。

KPI 与测量指标(Metric)是不同的概念。一个测量指标是一个衡量的标准或系统。在任何时候,我们衡量任何事情时,都需要使用一个测量指标,无论是月收入(Revenue)、

---

① 组织的 KP 是为了实现组织战略,各业务部门的 KPIs 是为了实现组织的 KPIs;同样地,员工的 KPIs 是为了实现部门的 KPIs。

销售转化率(Sales Conversion Rate)、客户数量、客户的平均年龄,还是团队中不同性别、学历和职称的人数。KPI 是测量指标的一种类型,是能够用于测量绩效的并且被认为是重要的测量指标。例如,在团队中,不同性别的人数是一个测量指标,但是它并不被用于衡量绩效,而且也不是重要的;客户的平均年龄可能是重要的信息,但是它并不被用于衡量绩效,因此也不是一个 KPI;销售转化率是一个测量指标,被用于衡量绩效,并且是重要的,因此它可以是一个 KPI,但在人力资源团队中,销售转化率就不可能成为一个 KPI。

KPI 与测量指标不同,具有一定程度的主观性,是由使用它们的环境以及使用它们的人员或公司塑造的,这就是为什么我们可能会看到一些公司使用与其他企业完全不同的 KPI。这并不意味着一个是错的,另一个是对的,可能只是因为它们的行业、发展阶段、地理环境、办公环境和公司属性等存在差异,具有不同的优先级。

区别 KPI 与测量指标的一个有用方法是,测量指标代表所有可能的测量选项,但 KPI 是我们选择关注的驱动结果的绩效指标。

（二）KPI 的作用

KPI 是确保团队支持组织总体目标的重要方式。具体作用体现在以下四个方面：

第一,让团队成员保持一致。无论是衡量项目成功与否还是衡量员工绩效,KPI 都能让团队朝着同一个方向前进。

第二,提供健康检查。从风险因素到财务指标,KPI 能够让我们真实地了解组织的健康状况。

第三,做出调整。KPI 可帮助我们清楚地看到自己的成功和失败,以便可以做更多有效的事情,而减少无效的事情。

第四,让团队成员承担责任。确保每个人都为 KPI 提供价值,这些指标可以帮助员工跟踪他们的进度并帮助领导推动事情的发展。

（三）KPI 的类型

KPI 有多种形式,虽然有些用于衡量目标的每月进度,但也有一些侧重于监控长期目标的进展。所有 KPI 的一个共同点就是它们与战略目标相关联。以下是常见的关于 KPI 类型的概述。

1. 战略（Strategic）

这些宏观的 KPI 监控组织的目标,高管通常会通过一两个战略 KPI 来了解组织在任何给定时间的表现,如投资回报、收入和市场份额。

2. 运营（Operational）

这些 KPI 通常在较短的时间内衡量绩效,并专注于组织流程和效率。例如,按地区划分的销售额、平均每月运输成本和每次采购成本。

3. 职能部门(Functional Unit)

许多 KPI 与特定的职能相关,如财务或信息技术。信息技术可能会跟踪"解决问题的时间"或"平均正常运行时间",财务 KPI 会跟踪毛利率或资产回报率。这些功能性 KPI 也可以分为战略性的或运营性的。

4. 先导与滞后(Leading vs. Lagging)

无论定义的 KPI 类型如何,都应该知道先导指标和滞后指标之间的区别。虽然先导的 KPI 可以帮助预测结果,但滞后的 KPI 会跟踪已经发生的事情。组织将两者结合使用,以确保它们跟踪最重要的内容。

(四)创建 KPI 的过程

KPI 在绩效管理中的重要性不言而喻。但是,只有识别出正确的 KPI 时,它们才能很好地发挥作用,提升组织绩效管理的效能。为了开发有效的 KPI,需要遵循以下五个步骤:

第一步,确立目标。一个组织必须首先设定它想要实现的目标,然后才能根据 KPI 衡量其绩效。这一步应该确立与公司运营的各个方面相关的目标,包括支出、资产管理、收入等。目标应该包括公司既定的业务使命,而不仅仅是收入。

第二步,建立关键成功因素。关键成功因素(Critical Success Factors,CSF)是组织或其部门为取得成功而应关注的活动。关键成功因素必须是可衡量的,并包括组织将满足业务目标的特定时间范围。例如,一个年收入为 1 亿元的组织可能会设定未来 12 个月的收入目标为 1.5 亿元。这样的目标比仅仅设定"增加收入"的目标更具体,因为"增加收入"没有制定衡量绩效的方法、目标数量和实现目标的时间限定。

第三步,根据关键成功因素设定 KPI。KPI 关注和量化关键的成功因素,最重要的是,能够衡量绩效(包括数量、质量、时间和成本限定条件)。例如,与"网站浏览次数"KPI 相关的一个关键成功因素可能是"有说服力的社交媒体帖子"。您可以将关键成功因素视为正确执行的关键活动,这些活动将反映在 KPI 数据的改进中。

第四步,收集运营各个方面的测量数据。此步骤涉及确定在特定时间范围内以数字形式发生的变化。当前的数字将帮助该组织为未来制定更多可操作和可衡量的目标,例如,如果公司的目标是在未来一年内将收入从 5 亿元增加到 6 亿元,则可以从查看上个月和本月之间取得的进展开始。

第五步,根据测量数据计算测量指标。这些指标以百分比或比率的形式表示,它们显示了正在评价的各个领域的具体表现。所有 KPI 都是测量指标,但并非所有指标都是 KPI。对于被视为 KPI 的测量指标,它必须足够重要,且被认为对实现公司长期目标有意义。

(五) KPI 选择与追踪步骤

第一步,选择一个或两个直接有助于实现每个目标的测量指标。虽然每一个组织都有许多对其运营和绩效不可或缺的活动,但要跟踪内部发生的所有事情是不可能的。一方面,并非所有指标都足够重要让其进行跟踪;另一方面,跟踪过多的指标会产生不必要的工作,最终对组织目标的实现不会产生太大的作用。相反地,为每个目标选择一个或两个最有助于实现这些目标的指标即可。可以应用多个指标,但只有其中的几个会对改善绩效产生重大的影响。

第二步,确保测量指标满足一个好的 KPI 标准。除了确保选择的 KPI 是真正的绩效指标外,还应该具有一些可以表明其有效性的附加特征。对正在考虑的每个 KPI 提出以下问题:

(1) 可以轻松量化吗?

(2) 我们是否能够使用此 KPI 影响、推动变革,还是我们无法控制?

(3) 此 KPI 是否与我们的目标和整体战略相关?

(4) 该 KPI 能否被清晰定义、理解起来简单吗?

(5) 能否及时准确地测量?

(6) 是否有益于更为广泛的视角(客户、财务、内部流程、学习与成长)?

(7) 在将来仍然是相关的吗?

如果你对其中许多问题的回答为"否",则可能表明此 KPI 需要更改或完全替换。

第三步,将每个 KPI 的责任分配给特定的个人。KPI 是衡量进度的重要工具,但如果有人负责跟踪和报告 KPI,则更有可能采取行动。一个额外的好处是:责任方通常更倾向于希望行动能够成功,而不是接受表现不佳的结果。即使所有的负责人都在报告他们的 KPI,但他们宁愿报告好消息也不愿报告坏消息,因为这更能激励他们。

第四步,监控和报告 KPI。最后,有必要以每月、每季度或其他预先确定的报告频率不断评价 KPI 及其绩效。定期评价可以很容易地看到表现不佳的事情或表现不佳的时间范围,以及在此期间可能发生的导致变化的情况。

 本章要点

(1) 战略分析的常见工具有 PEST 模型、波特五力模型和 SWOT 模型。

(2) 绩效计划是对组织未来一段时间内的绩效目标和绩效目标实现过程的谋划、策划和安排。绩效计划可以从动词和名词两种词性上进行不同的理解。

（3）绩效计划工作的核心在于两点：目的和手段，目的主要体现需要做什么，手段主要体现怎么做。

（4）绩效计划具有四个方面的特征：首要性、全面性、信息传递性和动态性。

（5）绩效计划具有四个方面的作用：指导、减少浪费、控制和降低变化的影响。

（6）绩效计划可以根据涉及的范围、时间长短、业务职能、计划的特定性和使用频次进行不同的划分。

（7）常见的计划制订方法有滚动计划法、甘特图法和网络计划技术。

（8）绩效计划的制订需要经历三个阶段：准备阶段、沟通阶段和审核与确认阶段。

（9）绩效计划制订的准备阶段包括三个方面的内容：回顾并理解组织战略、确定部门目标、熟悉员工岗位说明书和往期绩效。

（10）绩效计划沟通的主要内容包括：回顾一些相关的信息（如战略、部门目标和岗位职责）、就如何将绩效计划目标具体化为绩效指标开展讨论、制定衡量绩效指标的标准、赋予绩效指标权重、讨论授权的问题、与员工讨论达成绩效标准所面临的困难和需要提供的帮助、对员工上一绩效周期内的表现进行讨论、结束本次绩效计划沟通会议。

（11）绩效计划的审定与确认阶段主要聚焦两点：一致认可性和相关性。

（12）绩效目标设定要遵循 A – SMART 原则：认可性（Approbatory）、具体性（Specific）、可测量性（Measurable）、可实现性（Achievable）、相关性（Relevant）、时间限制性（Time – bound）。

（13）KPI 的内涵：KPI 是可衡量的值，用于评估个人或组织在实现目标方面的成功程度。

（14）KPI 的作用：①让团队成员保持一致；②提供组织健康检查；③做出调整；④让团队成员承担责任。

（15）KPI 的类型：①战略型；②运营型；③职能部门型；④先导与滞后型。

（16）创建 KPI 的过程：①确立目标；②建立关键成功因素；③根据关键成功因素设定 KPI；④收集运营各个方面的测量数据；⑤根据测量数据计算测量指标。

（17）KPI 选择与追踪步骤：①选择一个或两个直接有助于实现每个目标的测量指标；②确保测量指标满足一个好的 KPI 标准；③将每个 KPI 的责任分配给特定的个人；④监控和报告 KPI。

复习思考题

(1)简要回答 PEST 模型、五力模型和 SWOT 模型的基本内容。

(2)绩效计划的定义、特征、作用和分类是什么?

(3)常见的制订计划的方法有哪些?具体内容是什么?

(4)详细论述绩效计划的制订过程。

(5)阐述绩效目标设定的基本原则。

(6)简述 KPI 的内涵、作用与类型。

(7)简述 KPI 的创建过程。

案例分析

知易行难——失败的 H 光电公司高绩效战略尝试

一、公司背景

H 光电股份有限公司是位于深圳市的一家民营企业,成立于 2001 年,注册资本为 6300 万元,主营 LED 全彩显示屏和 LED 照明产品,是 LED 光电领域领先的综合运营服务企业。H 光电股份有限公司自创立以来就专注于 LED 技术领域的研究和 LED 全彩显示屏的生产、销售和服务,致力于为客户提供全方位的解决方案,产品畅销亚洲、欧洲、北美洲、南美洲、非洲和大洋洲的 110 多个国家和地区,遍及国内 30 多个省(自治区、直辖市)。其产品广泛应用于酒店、商场、家居、办公等场所。

伴随着公司市场规模的扩大,为了提高公司的业绩、持续领先于本行业内的其他企业、提升员工的绩效水平,H 公司的丁总决定:打破公司原有的考核方式,在新的一年里,在公司内部推行高绩效战略。这份变革重担落在了人力资源部总监刘总的肩上。

二、失败的会议沟通

1. 会议前的讨论

2011 年 1 月的一个下午,公司聘请的赛德管理咨询公司张顾问和人力资源部的刘总早早来到了会议室,他们正在讨论如何在公司内有效地推行高绩效战略:

张顾问的解读:高绩效战略(High – Performance Strategy)是一套完整的体系,它是为实现公司战略目标而采取的一系列有计划的人力资源活动,是能为企业创造持续竞争力的人力资源管理体系。

首先,要根据公司的战略目标和年度发展计划制订部门和员工的绩效计划,通过制订的绩效计划,各个部门和员工明确自己年度的工作和行为的方向,同时梳理自己的季度计划。

其次,要根据季度计划为各个部门经理和员工制定考核的关键绩效指标(Key Performance Indicator,KPI),通过设定的关键绩效指标,使部门决策、员工行为与组织的战略目标相匹配。

最后,要根据每个季度的绩效考核结果进行反馈和沟通,部门的员工通过反馈了解主管对其的期望,根据要求不断地提高,同时,部门负责人通过反馈了解员工的绩效水平和存在的问题,有的放矢地进行激励和指导。

刘总的憧憬:我们对高绩效管理战略充满期待,公司打破传统的考核方式,率先在行业内推行高绩效战略,是人力资源管理工作和战略管理的一次全新尝试。丁总和领导层已经根据公司的战略提出了绩效目标的改革方向,这将是一支强心剂,让整体绩效上一个新台阶。当然,高绩效战略能够顺利地推行与公司各个部门经理的态度密切相关,与他们的利益也息息相关,在实施前要给他们做足工作,在实施过程中,要保持及时沟通。我们期待着,高绩效战略带给我们新的动力和持续的提升。

2.会议讨论

下午两点半,丁总和各个部门的经理准时来到会议室,他们对人力资源部召开的高绩效战略讨论会充满了好奇,也充满了恐惧,他们已经习惯了公司原有的考核方式,他们最关心的是高绩效战略会不会对他们和他们主管的部门利益带来冲击。

激情的刘总:首先我为大家介绍一下,这位我们公司聘请的赛德管理咨询公司的张顾问,他是协助我们公司开展高绩效战略的。以前我们公司采用的考核方式比较传统,这次引入高绩效战略,是希望绩效管理与公司战略目标相结合,提高公司业绩,提高员工的绩效水平。在整个过程中,人力资源部会及时和各位经理沟通,共同提升员工的绩效水平和公司的业绩。希望各位部门经理能够在实施的过程中协助我们开展工作,共同为公司的发展而努力。

最后我还要再强调一下,推行高绩效战略有一点没有改变,那就是工资依然和大家的绩效工资挂钩,绩效水平高则绩效工资就高,反之绩效工资低。下面,我们就商议确定各位经理以及主管部门的KPI,我们从研发中心开始。

黄总您好,我们和市场部分析了下一季度市场的需求状况、新产品的更新以及竞争对手的研发,并且经过和丁总商议决定,您下一个季度的发明专利占KPI考核比重的

60%，发明专利的数量为 5 个。

瞠目的黄总：刘总，我想请您在一周内为我招 5 个具有研究生学历的物理系高才生，请战略采购部在一周内采购三台 X 类的实验仪器，同时我还要向财务部申请，增加我们的研发经费。

心急的秦总：黄总，你要采购的三台 X 类实验仪器可都是国际最先进的，每台都价值 300 万元！您可真是狮子大开口啊，公司每年正常拨付的采购资金也满足不了你，我总不能把全公司的采购资金都花在你们研发中心一个季度的考核上吧！如果我尽全力满足你的考核，最后我的考核岂不是就失败了。

平静的李总：公司年度预算的研究经费你怎么能当作一个季度来使用，我们是根据公司本年度销售收入的预测来确定本年度的预算方案的。再说了，这套预算方案可是丁总在一个月前刚刚签订同意实施的。

无奈的张总：对了，我希望这套高绩效战略体系能够为我们销售部考虑考虑，公司给我们销售团队的压力已经够大的了，销售目标整整比去年增加了 50%啊！本年度的销售目标我还愁着怎么完成呢，我希望人力资源部给我们销售部制定 KPI 的时候能够考虑到我们团队的压力。

焦虑的赵总：刘总，其实我们行政部的工作也很难做的，事情最繁杂，我希望公司也能替我们考虑考虑。其实，我们过去采用的考核方式就挺好的，公司发展也良好，我们现在已经处于 LED 行业内的前列了，为什么还要推行这一套复杂的东西啊！

强势的丁总：研发中心下个季度的发明专利就定 5 个，这是我们商量的结果，否则公司很难实现年度的目标，采购部的预算不会增加，年度预算也不会修改，营销部的销售额只能增加不能降低，并且销售部的考核主要依据你们的销售额，销售目标达不到，公司会降低提成的比例。高绩效战略从第一季度开始实行。

丁总用他一贯的强势结束了这场长达两个小时的争吵，而绩效考核计划和关键绩效指标没有改变。各个部门的负责人带着心中的愤怒回到了自己的办公室，下午他们会用同样的方式将这种压力转移给他们部门内的员工。

资料来源：商华和惠善成：知易行难——失败的 H 光电公司高绩效战略尝试［R］，中国管理案例共享中心，2013.

根据上述材料回答问题：

（1）请表明你对高绩效战略的理解。

（2）如何提升 H 光电公司绩效计划的可接受度？

第三章

绩效执行

学习目标

1. 熟悉不同主体的绩效执行责任

2. 了解时间管理的发展阶段

3. 掌握时间管理技能

4. 理解执行力的内涵

5. 熟练应用提升执行力的技巧

6. 理解 DRAPS 卓越绩效模型

绩效执行是员工为完成绩效目标而付诸行动的过程。为顺利、高效地达成绩效目标,在绩效执行过程中,员工、领导①和人力资源部门均应承担一定的责任。尤其是对于员工而言,更应当通过自我管理,有效利用工作内和工作外的时间,主动学习,不断提升自身的知识、技能和能力等,促进自身的成长和发展,使自己成为一名优秀的员工。

第一节　不同主体的主要责任

一、员工的主要责任

对于员工而言,为完成绩效目标需要具备目标实现所需要的知识、技能和能力等。

---

① 这里的领导主要是指员工的直接上级领导。

由胜任力理论可知，只有员工胜任工作岗位，具备完成工作任务所需要的知识、技能和能力，才可能顺利地完成工作目标。在工作实践中，普遍存在着一种现象：员工的工作绩效表现并没有太大的差异，也就是说，基本上所有的员工均能有效地达成绩效目标，因为员工均能胜任当前的工作岗位。但是，对于绩效表现特别突出的员工而言，他们并不是仅仅具备胜任工作的素质，而是在当前的岗位上或者说具体的工作任务上有着先天的优势。大量的实践已经证实，真正获得突出成就的人往往在充分发挥自身的优势，这也是与他人拉开大的绩效差距的主要原因。因此，员工要尽可能地识别和开发自身的优势，并在绩效执行过程中充分发挥自身的特长；通过主动学习全方位地提升自己的能力素质。从更广泛的意义上来讲，员工有责任通过自主学习逐渐提升自身的综合素质以高质量地完成绩效任务。

此外，员工还需要承担以下三个方面的责任：

第一，承诺完成目标。对于目标的承诺在绩效计划制订过程中就已经得到了充分体现。这里强调的是，为了促使员工主动承诺完成目标，在制定绩效目标的过程中，需要鼓励并支持员工参与目标的制定，充分听取员工的想法和建议，真正地与员工一起完成绩效目标的制定甚至是绩效计划的制订，以此提高目标在员工心目中真实的认可度。只有当员工从内心深处认同了绩效目标，才会在更大程度上激发员工的内在工作动机，为完成绩效目标付出更多、更大的努力。

第二，积极反馈。大多数员工不习惯及时向领导反馈自身的工作情况，这将会导致领导不了解员工的工作进度和任务完成情况；对于员工来讲，也不能及时检验自己的努力和付出是否在正确的方向上，也无法从领导那里获得更多的理解、帮助和指导。由于领导承担着很多的工作任务，带领的员工不止一个，领导很难全面细致地了解每个员工、每个部门的工作情况。因此，员工在执行绩效的过程中，要主动、及时地向领导反馈自己的工作进度和完成情况，主动与领导沟通在绩效执行过程中所遇到的困难和问题。通过反馈绩效执行过程中的相关信息，促进自己的努力与绩效目标方向一致，获得领导更多的支持、帮助和指导。

第三，收集绩效信息。绩效执行的后续工作是对绩效的执行情况进行评价。客观的绩效评价需要客观真实的绩效信息。在绩效执行的过程中，员工要及时收集并记录好自己为完成绩效目标所做出的努力以及这些努力所带来的结果。员工对自己绩效信息的收集不仅能为评价自身绩效评价结果提供重要的依据，而且有助于今后的工作复盘，成为未来自我提升的重要基础材料。

二、领导的主要责任

对于领导而言,为了能够促进员工付出更大的努力去执行好工作任务,领导需要与员工之间构建良好的上下级关系。一项关于我国能源企业的调查发现,对下属表现出更多关怀、体谅下属或站在下属的角度思考问题是影响下属感知上下级关系的重要因素。国际著名咨询公司盖乐普公司通过大量的实践发现,员工在工作中最看重四个方面:领导是否具有同理心、工作是否有希望、工作是否稳定、在工作中是否得到信任。领导可重点关注这些因素,以提升下属心目中的上下级关系质量,从而提升下属的绩效执行内在动机。在管理实践中,主管领导发挥着极其重要的作用,其对员工的影响最直接也最重大。有时候,尽管员工对于组织整体的印象或态度不太积极或不乐观或存在埋怨,可能会有离职或工作懈怠的念头,如果员工认为其与上级主管的关系质量比较高,这些员工也会基于对上级领导的忠诚继续留在组织中并持续努力地工作。因此,上级领导为促进员工的绩效执行效率和效果应当努力构建良好的上下级关系。

此外,领导还需承担以下几个方面的责任:

第一,观察并记录员工绩效表现。由于绩效执行之后要对员工的绩效表现进行评价,因此,领导在员工绩效执行中的重要职责之一就是准确、全面、客观地记录员工的绩效表现,以此作为指导、教育以及评价员工绩效的依据。

第二,目标或绩效计划的调整。因为绩效执行是时间区间的概念,不是时间点的概念,在绩效执行的过程中,原先制订的绩效计划就可能由于组织内外部环境的变化而有所调整。领导需要及时进行绩效目标的更新,在原有绩效计划的基础上修订最新版本的绩效计划,并努力得到员工的充分理解和支持。在绩效考核时,领导也应当适当考虑绩效计划的变化对绩效完成情况的影响,通过采取合适的方式达到绩效考核的根本目的。

第三,给予员工反馈。在绩效执行的过程中,领导在把握员工绩效执行情况之后,要及时、准确地为员工提供建设性的反馈。告诉员工哪些地方做得好,哪些地方还需进一步改进,并为员工提供切实可行的改善建议。在给员工进行反馈时,领导者可使用强化理论激发员工的工作动机。例如,通过正强化的手段让员工保持其做得好的一面,采用负强化手段让员工不断改正自身的错误。

第四,提供资源支持。员工在绩效执行过程中,需要各方面的资源加以支撑才能顺利完成绩效目标,如领导的认可和鼓励、财务资源、人际关系资源和培训教育资源等。领导者给员工提供资源支持是员工完成工作任务的基本保障,有助于增强领导与员工之间的社会交换关系,提升员工对领导和组织的承诺,促进员工的快速发展与成长。领导者应当根据员工所执行的工作性质、员工特征以及组织当前的内外部环境特征为员工提供适当的资源支持。在提供资源支持时,领导者应充分理解资源的内涵。虽然不同的人对于资源的理解有所不同,但是资源一定是员工认为完成其工作目标所需要的资源。因此,领导者在为员工提供资源支持时,要体现资源的主体性,准备把握员工对资源的真实需求。

三、人力资源部门的主要责任

绩效管理工作虽说是组织各层级领导、各个部门和每一位员工的责任,但是人力资源部作为绩效管理的主管部门,其承担着更多且更重要的责任,尤其是在人力资源管理制度(包括绩效管理制度)的制定方面。为了保障员工在绩效执行过程中能够顺利地完成绩效目标,组织应当制定具有激励性的绩效管理制度,不仅绩效管理制度本身要具有激励性,而且还要重视绩效管理制度的强度。绩效管理强度包括三个方面的内容:独特性、一致性和共识性(唐贵瑶等,2013)。[①]

独特性首先是绩效管理政策或措施能够被员工轻易地观察到,涉及绩效管理活动的各个方面,如绩效评价、绩效反馈、绩效改进;其次是在实施的过程中很容易被员工理解,例如,为什么这样设定绩效指标、为什么要进行绩效评价、为什么要给员工绩效反馈;再次是得到高层管理者的支持,这是绩效管理制度正当性的体现;最后是应当与组织的情境、战略目标和员工的个人目标相关,这样的话绩效管理才更可能得到员工的认可和支持。

一致性是指绩效管理的各项政策或措施要与实施过程保持一致,而且人力资源管理部门要与员工充分沟通,让员工获得统一的或一致性的绩效管理信息。绩效管理的一致性具体体现在以下三个方面:

第一,绩效管理政策能够让员工清晰地明白其表现能够得到什么样的结果,例如,取得哪些具体的成绩能够获得哪些奖励、表现了哪些具体的行为会受到什么样的惩罚。

第二,绩效管理政策所获得的效果应当与预期的效果相一致,也就是说绩效管理政策具有有效性。

第三,绩效管理各项措施所传递的信息要具有一致性,如都是为了激励员工的工作动机;另外,各项绩效管理措施之间不能相互冲突,例如,绩效考核鼓励员工进行创新,而在创新失败时却对员工进行惩罚。

共识性主要是指员工对于绩效管理的各项措施能够达成共识,对各项措施有普遍的

---

① 唐贵瑶,魏立群,贾建锋.人力资源管理强度研究述评与展望[J].外国经济与管理,2013(4):40-48.

认同感,这样也能在很大程度上促进绩效管理政策的执行。此外,共识性还体现在绩效管理政策的公平性。当员工对绩效管理政策有较高水平的公平感知时,员工更可能认同这些政策。公平包括分配公平、程序公平和互动公平三种类型。分配公平是指绩效管理政策在资源分配也就是在结果方面的公平,能够根据员工真实的业绩表现进行奖惩;程序公平指的是绩效管理政策在执行过程中的各项程序是公平的,主要体现在各项信息的公开、透明;互动公平主要体现在政策执行的过程中强调员工的参与,积极听取员工的意见和建议。

　　不同主体的绩效执行责任总结如图 3-1 所示。

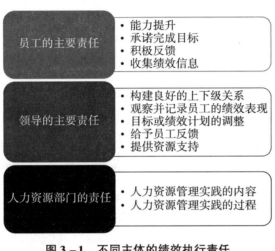

图 3-1　不同主体的绩效执行责任

第二节　时间管理

一、时间的概念

　　自弗雷德里克·泰勒(Frederick Taylor)科学管理时代以来,时间管理就已成为组织管理中的必要工作,普遍受到管理者的重视。对于时间的理解,从根本上来讲,有两种不同的方式:一种是将时间看作独立于人类行为而存在的客观现象;另一种将时间看作从人类行为中社会化地建立起来的。麻省理工学院对时间提出了第三种理解方式,认为"时间在组织生活中是通过时间建构的过程来被体验的,这是人们日常参与世界的特征"。

　　时间是物质运动的顺序性和持续性,其是单维度的概念,是一种特殊的资源。虽然每个人都知道时间,都理解时间对世界万事万物的重要性,一切事物都存在于时间之中,但大多数人对时间的理解还是很浅薄、很不全面的。时间对于不同的人有着不同的意义：对于青少年来讲，时间意味着成长，青少年基本上会希望时间过得快一点；对于老年人来讲，时间更意味着生命的终结，他们更希望时间过得慢一点；对于健康的人来讲，很少有人真正地把时间看作自己最重要的东西，大部分的人都在无意中浪费了很多时间；对于生命垂危的人而言，时间也许是最珍贵的东西，是无价之宝，他们中的每一个人都希望在有限的时间内做更多的事情、做自己最在乎的事情，珍惜每一分每一秒，他们对于时间的珍惜程度是常人难以理解到的。

为把握时间的内涵，需要从理解时间的物理属性、经济属性和管理属性出发。首先，时间具有物理属性，也就是说时间是"钟表时间"，用来描述事物之间的先后顺序。在物理学中，时间通常与空间并列，空间主要是对事物位形的描述。时间不能离开空间而单独存在，两者相互作用一起对事物进行了定格或定位。

其次，时间具有很强的经济属性，也就是我们常说的"一寸光阴一寸金""时间就是金钱"。时间的经济属性也体现在时间是重要的资源，没有有限的时间，人们就无法从事有效的生产活动。例如，一家生产企业的客户要求企业在一周之内生产过去一年的产量，这样短的时间在很大程度上就限制了该企业的生产活动，企业很难完成这样的生产活动，最终导致了订单的丢失。在企业经营过程中，为获得可持续的发展，企业需要抢占市场先机，在产品需求到来之前，储备原材料，提升产品生产能力，待到市场需求到来之时，及时生产并将产品投放市场，获取高额利润。企业这种抢占市场先机的做法也体现出时间的经济属性。

最后，时间具有很强的管理属性。由于时间具有零供给弹性、无法储存、无法取代、失去之后无法找回等特征，为有效地利用时间，就需要进行时间管理。时间管理需要从两个方面着手：一是如何利用有效的时间提高做事的效率，在尽可能短的时间内做尽可能多的事情；二是如何避免时间的浪费，为此需要我们全面理解浪费时间的原因或造成时间浪费的因素。从本质上看，时间管理并不是对时间本身进行的管理，时间是无形的，是看不见摸不着的，是无法像管理其他物质资源一样进行储存和使用的。因此，时间管理的本质是对自我的管理。自我管理的重点是如何提升自身的做事效率和效果以及如何避免时间的不必要的浪费。

二、时间管理的研究历程

有关时间管理的研究已经获得了丰硕的研究成果，从时间管理研究的历程来看，可将时间管理的研究分为四个阶段[①]，如图 3-2 所示。

---

①　林新奇.管理学：原理与实践[M].大连：东北财经大学出版社，2017.

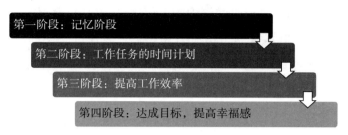

图 3 – 2　时间管理的发展历程

第一阶段的时间管理研究主要聚焦在如何帮助人们记住所需要从事的任务,在忙碌的事务中如何调配好时间和精力。这一阶段的时间管理方式主要是利用便条或备忘录来记录所需要从事工作的时间、地点、任务、内容以及所要达成的结果等信息。便条或备忘录的时间管理方式截至目前仍是大多数人采用的一种方式,因为这种方式能够弥补我们善于遗忘的缺点。正所谓"好记性不如烂笔头",这句话就形象生动地说明了记录式时间管理的重要性。随着信息技术的发展,虽然很多人不再采用纸质的记录方式,但也会采用电子记录的方式为未来需要做的事情做好记录和安排。具体采用什么样的记录方式,因人而异,但记录式时间管理的本质没有变。

第二阶段的时间管理研究强调行事日历和日程表。该阶段的时间管理已开始关注规划的重要性,通过行事日历与日程表将自己所需要从事的工作任务做好时间上的规划,避免大量繁杂的事务有所遗漏。通过对需要做的事务进行罗列,将同类性质的事务归为一类,并根据不同种类事务的重要程度进行排序,决定哪一类型的事务先做,哪一类型的事务后做。对于同一类事务而言,也要根据相对重要性确定优先顺序。这样就可以将所有需要从事的事务按照重要程度做好时间规划了。

第三阶段的时间管理研究关注的是在确定好所需要做的事务优先顺序后,如何提高做事的效率。提高做事的效率不仅是做事能力的体现,而且还有助于节省时间,把节省出来的时间用于做更多的事情。在本阶段,人变成了执行任务的机器,一直在为了高效率地完成更多的工作任务而努力。这不仅不利于人们身心健康的发展,而且有一定的盲目性,不利于提升做事的效率。

第四阶段的时间管理研究是在弥补第三阶段时间管理的缺陷过程中逐渐发展起来的,该阶段重要的论著是美国柯维领导力训练中心创始人史蒂芬·柯维撰写的《与时间有约》。该阶段时间管理研究的核心观点在于:以人为本,目的高于手段,效果高于效率。时间管理的目标是让人们获得更高水平的幸福感,提升目标达成的效果。

三、时间管理的测量

尽管不同的人对于时间内涵的理解有所不同,但几乎所有的人都认为进行有效的时间管理是必要的。因为与不进行时间管理的人相比,实施时间管理的人通常能够取得更好的工作绩效,体验到较低水平的工作压力和焦虑。为评价个体的时间管理程度或能力,学者们开发了一系列的时间管理评价工具。从现有的文献来看,被普遍使用的工具有以下三个:

（一）Bond 和 Feather 的时间结构问卷

最早的 TSQ 是由 Feather 和 Bond 在 1983 年开发出来的。Bond 和 Feather(1988)在研究时间利用上的结构和目的时,开发了新的时间结构问卷(Time Structure Questionnaire,TSQ)来评估"在多大程度上,个人认为他们对时间的使用是有组织的和有目的的"(Feather & Bond,1983)。与原来的相比,新 TSQ 中增加的题项是为了提升 TSQ 的内容效度。新的 TSQ 共包含 26 个题项,使用李克特七点量表对大部分的题项进行评价,从"1 = 总是"到"7 = 从不"。具体题项如表 3 - 1 所示。对于题项 16 采用的评价尺度与"总是—从不"有所区别,其采用"不知道—是的、肯定";题项 20 采用的是"根本没有结构—非常有结构";题项 21 采用的是"非常频繁的改变—我的重要的兴趣从未改变";题项 22 采用的是"没有任何目标—有很多目的"。他们进一步使用大学生的样本研究发现,更有组织、目的、使用时间的大学生有较高水平的心理幸福感,对未来更加乐观,有着高效的学习习惯、更少的身体症状、更少的抑郁和绝望感受。

表 3 -1　时间结构问卷(TSQ)

题项
1. 在做组织要求你必须做的事情时有没有遇到困难?
2. 你有没有发现时间似乎就这么溜走了?
3. 你的日常生活有规律吗?
4. 你是否经常觉得自己的生活漫无目的,没有明确的目标?
5. 我们中的许多人倾向于幻想未来,你觉得这发生在你身上了吗?
6. 你是否发现自己沉溺于过去?
7. 一旦开始一项活动,你会坚持完成吗?
8. 你有没有觉得白天必须做的事情似乎并不重要?
9. 你是否每天计划自己的活动?
10. 你倾向于把事情留到最后一分钟吗?
11. 你是否发现白天经常不知道接下来该做什么?
12. 你需要很长时间才能"开始"吗?
13. 你是否倾向于在白天漫无目地从一项活动更改为另一项活动?
14. 一旦开始做某事,你会轻易放弃吗?
15. 你是否计划好自己的活动,使它们在白天落入特定的模式?
16. 你能说出上周投入了多少有用的时间吗?

题项
17.你认为自己的时间足够吗?
18.你对自己的日常活动感到厌烦吗?
19.看看你生活中典型的一天,你认为自己做的大多数事情都有目的吗?
20.你白天的主要活动是否以结构化的方式组合在一起?
21.你生活中的重要兴趣/活动是否经常变化?
22.你的主要兴趣/活动是否实现了你生活中的某些目标?
23.活动开始后,你是否有什么困难?
24.你会花时间思考你错过的机会吗?
25.你有没有觉得你打发时间的方式没有什么用处或价值?
26.你会花时间思考你的未来会是什么样子吗?

(二)Macan 等的时间管理行为量表

Macan 等(1990)在研究大学生时间管理与学术绩效和压力之间的关系时,开发了时间管理行为量表(Time Management Behaviors Scale,TMBS)。过去,研究人员曾试图衡量各种与时间相关的构念,但无法找到心理测量学上有效的时间管理衡量标准。例如TSQ,但 TSQ 并没有测量传统的时间管理行为,而是采用通用的题项测量时间管理的目的和组织性,如"你是否经常觉得自己的人生漫无目的,没有明确的目标?""你有没有遵循日常的工作计划?"类似地,Jordan 和 Bird(1989)开发了"未来展望"量表(Future Perspective Scale,FPS),用于评价一个对于未来事件的想法和感受,比如,"当我思考自己的未来时,会感到很绝望""我的未来会非常忙碌"。FPS 背后的理论基础是,一个人对于未来的观点或感受很可能会影响一个人在当前的行为表现。FPS 与 TSQ 一样,也没有测量传统的时间管理行为。

因此,Macan 等为弥补前述研究的不足,开发出了 TMBS。TMBS 共有 46 个题项,包含的内容有设定目标与优先级、学会说"不"、制作待办事项清单、组织(Organizing)、计划、委派(Delegating)和拖延。这些题项用于测量这些时间管理行为在多大程度上被个体使用,而不是个体对于这些行为的有效性或适当性的评估。探索性因子分析结果显示,这些时间管理行为可分为四个维度:一是设定目标和优先性,确定人们想要或需要完成的目标,并确定为完成这些目标所需的各种工作任务的优先级;二是时间管理机制,包括制作待办事项清单、计划与时间表,这些均是与时间管理特别相关的行为;三是对时间控制的感知,其反映了一个人在多大程度上相信自我能够影响时间的分配;四是无组织性的偏好,指的是个体对工作空间和项目方法混乱的偏好,如喜欢有秩序的工作方式,这一维度的题项都是反向计分,也就是说分值越高个体的组织性偏好越强①。TMBS 的量表题项如表 3 – 2 所示。

表 3 – 2　TMBS 维度与题项

维度	设定目标与优先级	时间管理机制	时间控制的感知	无组织性的偏好
题项	1. 分解任务	1. 列出要做的事情	1. 被任务压得喘不过气来	1. 杂乱无章的工作方式
	2. 评价目标	2. 携带工具,如书籍	2. 陷入小细节当中	2. 杂乱无章的任务安排
	3. 评价活动	3. 写提醒笔记	3. 承担太多任务	3. 凌乱的工作区
	4. 设定截止日期	4. 保持每日写日记	4. 低估时间	4. 不预先计划任务
	5. 提高工作效率	5. 携带笔记本	5. 不重要的任务	5. 不考虑任务的优先级
	6. 保持长期目标	6. 安排每周的活动	6. 无法按时完成	
	7. 制定短期目标	7. 每天的事情太不可预测了	7. 无法拒绝	
	8. 评估每天的日程安排	8. 保持记录	8. 感觉可以控制时间	
	9. 完成优先级的任务	9. 制订计划是浪费时间	9. 经常在工作中社交	
	10. 设定优先级	10. 忘记列出的清单	10. 三思而后行	
	11. 使用等待时间	11. 每晚整理衣服	11. 拖延	
	12. 处理信件和备忘录	12. 整理文书工作	12. 失去目标	
	13. 每天对邮件进行分类	13. 留下干净的工作空间	13. 不委派任务	
	14. 避免中断			
	15. 安排每天的时间			

在提出 TMBS 之后,Macan 也进行了很多有关时间管理方面的研究。但是,她在 1994 年的研究中发现感知的时间控制实际上是时间管理行为的结果,不应当作为 TMBS 的一个部分或维度(Macan,1994)。Adams 和 Jex(1997)通过选择原 33 个题项中的 28 个题项来测量三维度的 TMBS,然后进行验证性因子分析,结果证实了三维度 TMBS 的效度,为三维度 TMBS 提供了证据。

（三）Britton 和 Tesser 的时间管理问卷

Britton 和 Tesser(1991)认为,对于每个人来说时间都是有限的资源,像其他有限的资源一样,实施有效的管理非常重要,因为在时间管理能力上的差异是解释个体绩效差异的一个重要因素。Britton 和 Tesser 指出时间管理应包括三个要素:短期计划、时间态度和长期计划。这个三要素时间管理模型是对 Britton 和 Glynn(1989)的时间管理实践模型的进一步拓展。Britton 和 Glynn 的时间管理模型旨在最大化个体的智力产出(Intellectual Productivity),包括七个部分的内容:选择目标并对目标分解、确定目标的优先性、根据目标形成任务并对任务进行分解、确定任务的优先性、在"待办事项"列表(To

---

① TMBS 量表的测评尺度是李克特五点量表法,从 0(很少是真的,seldom true)到 4(很多时候是真的,very often true)。

Do List)中列出任务、为任务执行制订时间计划、执行任务。这七个方面的内容并没有包括个体对于时间的态度。由于个体对于时间的看法决定着个体在多大程度上采取行动实施时间管理,例如,对于不珍惜时间的个体而言,其在时间管理上下的功夫不如珍惜时间的个体多,在构建时间管理模型时,应当考虑时间个体对于时间的态度。因此,Britton和 Tesser 在新的时间管理模型中纳入了时间态度维度。为了更好地评价个体在时间管理方面的表现,Britton 和 Tesser 开发出了三因素时间管理问卷,具体题项如表 3 – 3 所示。该问卷所使用的测量题项对于个体进行时间管理具有较强的指导意义,每个人都能利用该问卷测试自己的时间管理水平,并进一步提升自己的时间管理能力。

表 3 – 3 **Britton 和 Tesser 的时间管理问卷**

维度	题 项
短期计划	1. 你是否会将每天必须做的事情列一个任务清单?
	2. 在开始一天的生活或工作之前,你是否会为这一天做计划?
	3. 在工作中,你会为必须做的事情制订时间计划吗?
	4. 你是否会记下每天的目标?
	5. 你是否每天花时间做计划?
	6. 你是否对下周想要完成的事情有明确的想法?
	7. 你是否设定并尊重优先事项?
时间态度	1. 是否经常发现你做的事情会干扰自己的工作,仅仅是因为你讨厌对别人说"不"?(＊)
	2. 总的来说,你是否觉得在掌控自己的时间?
	3. 在工作时间,你花在个人私事上的时间是否比工作的时间多?(＊)
	4. 你认为你管理时间的方式还有改进的余地吗?(＊)
	5. 你有建设性地利用自己的时间吗?
	6. 你是否会继续做那些对完成工作没有任何价值的事情?(＊)
长期计划	1. 除了你目前正在做的事情之外,你通常让办公桌上没有任何其他东西吗?
	2. 你是否为整个季度制定一系列目标?
	3. 一项重要任务到期的前一天晚上,你通常还在努力吗?(＊)
	4. 当你有若干件事要做时,你认为最好在每一件事上做一点工作吗?

注:①＊表述反向计分。②由于该问卷本身是针对学生的,上述题项做出了适当的修订以适合组织员工。③该问卷采用五点测量尺度:1 = 总是,2 = 频繁地,3 = 有时,4 = 不频繁地,5 = 从不。

四、时间管理培训

为了提升人们的时间管理能力,需要执行系统的时间管理培训项目。McCay 于 1959 年正式提出了时间管理培训项目的概念,截至目前仍然被广泛使用。McCay 指出,时间管理培训是通过教人们如何制订日常的计划、如何确定任务的优先级以及如何处理意外的事务来加深人们对耗时活动的理解,改变人们的时间支出,从而达到提升日常工作效率的目的。最初的时间管理培训对象主要是针对管理者进行的。许多书籍和文章都是为了向管理者传达这些或类似的想法,承诺他们在使用更少时间的同时提高工作效率。随着时间管理培训项目不断地被组织广泛使用,目前时间管理培训的对象涉及各种人群,甚至包括学生。

虽然目前人们非常重视对于时间的管理,但对于时间管理本质内涵的理解还有所偏差。就如我们在讨论时间的概念时所论述的那样,从严格意义上来讲,时间本身是不能被管理的,因为它是一种看不见摸不着的事物。只有人们处理时间的方式能够被影响。时间管理更多强调的是人们监控和控制时间的方式。在这一点来看,更确切地说,时间管理是关于人们在一定时期内执行多项任务的自我管理。因此,可通过培训来提升人们的自我管理能力,从而让人们能够更有效地在特定的时间内处理多种不同的任务。

大量的学者对时间管理培训的内容和效果进行过研究。对于时间管理培训的内容最基础的建议是教给人们识别需求,根据重要性或优先性对需求进行排序,据此分配时间和资源。对时间管理培训的效果研究而言,大部分的研究关注了不同类型的指导对于感知到的压力和行为的影响。尽管先前的研究在方法上还存在很多缺陷,但这些研究均表明,培训能够改变一个人花费时间的方式。例如,Hanel(1982)检验了自我指导时间管理手册的影响效应,发现受试者和他们的同事在接受指导后报告了更多的时间管理行为;Hall 和 Hursch(1982)研究表明,参与者在读过一本时间管理手册之后,在高优先性任务上花费的时间有所增加;King、Winett 和 Lovett(1986)研究发现,参加时间管理培训的在职妻子获得了直接和长期的好处。还有一些研究表明,时间管理培训能够显著提升受训者的时间控制感,进而提升受训者的幸福感并降低受训者的压力感(Hafner & Stock,2010);时间管理培训在改善员工绩效方面也起着积极的作用(Eerde,2003)。

五、时间管理技能①

个体为了能够在有限的时间内尽可能地通过做不同的事情达成自身或组织的目标,需要具有较强的时间管理技能,尤其是对于领导而言,时间管理技能更是领导有效性的重要体现。基于管理实践以及现有的研究文献,为有效地管理时间,个体可从以下几个方面着手:

(一)增强时间观念

时间观念对于个体的时间管理能力和效果具有重要的影响。时间观念有时也被

---

① 本部分所论述的时间管理技能主要是针对工作场所中的员工而言的,在一定程度上也适用于工作之外的其他情境。

称为时间意识,指的是个体对于时间的理解和重视程度。对于理解时间内涵,意识到时间是稍纵即逝的、不可再生且无法追回的人来讲,他们可能会更加珍惜时间,做事情时以时间为基准。平时我们所说的按时到达、不要迟到、按时提交任务也是时间观念的重要体现。因此,为提升时间管理的有效性,个体首先要增强时间观念,培养自身的时间意识。

(二)确定目标与做事原则

时间管理的最终目的是更好地实现目标,可以是工作目标,也可以是对自身成长与发展有重要意义的其他目标。目标一旦确定,个体就有了明确的方向,知道自己应当做什么、做到什么程度以及什么时间做。有时在工作中也会出现很多与工作目标本身没有联系的一些事情,如饭局、临时的会议或其他娱乐活动。在面对这些事情时,个体应当坚持自己的原则,要学会拒绝一些确实没有必要的事情,要学会说"不"。在拒绝别人的时候,应当对事不对人,通过合理的方式去表达,尽可能地争取对方的理解。在决定一件与工作无关的事情要不要做时,最重要的一个原则也许就是自己内心真实的感受,如果去做这件事让自己体会不到任何快乐或者自己感觉非常难受,那就直接选择不做。

(三)根据重要性和紧迫性确定任务的优先性

在确定自己的目标之后,需要根据目标来制定所需完成的任务,一个目标可能需要多项任务来支撑,一项任务也可能有助于多个目标的达成。在确定完为实现目标所需要从事的一系列工作任务之后,要根据任务的重要程度和紧迫程度对任务进行分类,确定需要优先做的任务。这一过程常用的工具是"时间管理矩阵"。

时间管理矩阵指出,在每天的日常事务中,并不是所有的事务对于我们都是那么重要、那么紧迫,要根据重要性和紧迫性对事务进行分类。如图3-3所示。

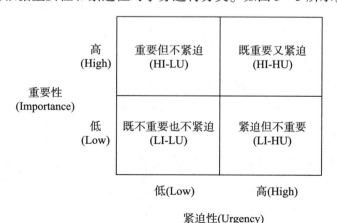

图3-3 时间管理矩阵

从时间管理矩阵中可以看出,所有的事务均可从重要性和紧迫性两个维度分为四大类。重要性意味着对个人和组织目标的实现有价值的事项;紧迫性是指需要立即去做的事项。从工作的角度来说,重要的事情不一定紧迫,紧迫的事情也不一定重要。如图 3-3 所示,右上角是指既重要又紧迫的事情,这种事情通常需要优先去做。由于这样的事情非常重要,其将给个体带来巨大的压力,如重大危机事件。为及时将紧迫又重要的事情做好,通常个体可借助别人的力量或者与别人一起完成,其原理在于将紧迫性事务的时间进行切割。例如,一个人完成一项紧迫又重要的书面报告需要四个小时,但是现在要求一个小时之内完成,对于该个体而言就可通过四个人有机地配合来一起完成该项任务。但是,如果此项紧迫又重要的事情只能由个体自己完成,该怎么办呢?一般情况下,这种情况需要个体把握该事情最重要的因素,在有限的时间内将最重要的因素做好,其他相对不太重要的因素就考虑少一些。

左上角是重要但不紧迫的事情,也就是说这一象限的事情非常重要,但是并没有具体的截止时间或者距离截止时间还很远。尤其是对于没有截止日期但重要的事情来说,人们一般会一直拖延,不会及时去处理这样的事情。对于有截止日期但还很遥远的事情,人们也习惯拖到最后才去做,这样是不对的。对于重要但不紧迫的事情,人们要给予更多的关注。做好这些事情的计划,早启动、早处理,切记不可将重要且不紧迫的事情变成重要又紧迫的事情。

右下角是紧迫但不重要的事情,人们通常会陷入这些事情当中,认为这么紧急的事情应当先做。但是,这种事情是不重要的,对于目标的实现或者自身的成长与发展是没有太大价值的。因此,尽可能不要把事情花在这样的事情上,少做这样的事情。

左下角是既不重要又不紧迫的事情,这样的事情尽量不做。

以某科研事业单位人力资源部张主任(男)为例,说明如何使用时间管理矩阵。张主任本周(周一到周五)的部分事务包括:

(1)人力资源信息系统瘫痪,需要解决(HI-HU)。

(2)代表主管人力资源部门的副所长周一开会(HI-HU)。

(3)给下属反馈上一季度的工作绩效表现(HI-LU)。

(4)买件衬衫(LI-LU)。

(5)去所在城市的高校拜访就业办的领导(HI-LU)。

(6)维修游戏电脑(LI-LU)。

(7)周二朋友来家探望(LI-HU)。

(8)周五之前完成中长期人力资源规划并报办公会审议(HI-LU)。

（9）周三出席科研部门首席专家的项目报告（HI－LU）。

（10）周五参加高级经济师考试（HI－LU）。

（11）年度健康体检（HI－LU）。

（12）处理劳动仲裁案（HI－HU）。

（13）准备下个月的新提拔中层干部试用期满考核方案（HI－LU）。

（14）周一劳务派遣公司来单位续签协议（LI－HU）。

（15）自驾车辆保养（LI－LU）。

（16）周四面试一位从外单位引进的高级工程师（HI－LU）。

（17）周五之前审核部门员工的下一季度绩效计划（HI－LU）。

（18）周二拜访离退休办的退休员工（LI－HU）。

（四）制订计划

计划是执行工作任务的重要指南。在对所需从事的工作任务有一个清晰的认识之后，为顺利地完成这些任务需要做出详细的工作计划。计划的制订不仅能够激励自己为完成计划采取行动，而且计划也是衡量自身目标完成情况的重要标尺。在制订计划时，要深入、全面地考虑各项任务的难易程度以及所需花费的时间，制订切实可行的时间安排。制订计划的过程中也需要与领导和同事多沟通，多听取他人的意见，这样才能对工作任务有较清晰的认识。尤其是领导在制订计划时，更应当多听取下属的意见。很多时候领导并不是直接从事基层的工作任务，尽管领导可能以前做过同样或类似的工作，但此一时彼一时，通过充分有效地与下属沟通不仅有利于计划的制订，而且能提升下属的工作积极性，构建良好的上下级关系。

（五）不拖延

拖延症是大多数员工多少都会存在的问题，但是，一般来讲，拖延症是一种极其不好的习惯，影响着计划的正常进行，不利于任务目标保质保量地实现。一方面，要求员工在任务启动时要迅速，计划制订之后，要立刻开始行动，不给自己找任何借口和理由延迟任务启动时间；另一方面，在计划执行的过程中按照预先确定的时间节点准时完成各个阶段的工作任务，可能在任务实际完成时间上会有所偏差，但从意识上不应将这种延后完成工作的偏差看作正常。总之，对于任何一项工作任务而言，员工都应当朝着在截止日期之前完成的方向努力。

（六）管理工作环境

工作环境管理是时间管理中"物理"方面的内容。根据情感事件理论可知，工作环境会带来一系列的工作事件，工作事件能够引起员工的情绪反应，进而影响员工的态度、行为和工作绩效。因此,塑造良好的工作环境非常重要。对于单个员工来讲,自己能够控制和改变的工作环境就是自己所属的办公区域,包括办公桌、办公空间等。尤其是员工的办公桌,要干净整洁,物品摆放要合理。在这一方面可采用7S管理,"7S"是指整理(Seiri)、整顿(Seiton)、清扫(Seiso)、清洁(Seiketsu)、素养(Shitsuke)、节约(Save)和安全(Safety)[①]。在办公桌上,避免放与工作任务不相关的物品或材料,将材料整齐、合理地排放,这样在寻找相关材料的时候也可节省很多时间。每个人也许在工作中都遇到过这样的情形,例如,需要某些材料的时候,一时间却找不到,这就体现出7S管理的重要性。

(七)提升阅读技能

由于在工作中员工经常会面对大量的文件资料,在阅读这些资料时,需要员工快速抓住文件资料的主要内容、准确把握文件资料的核心主旨和要求,快速对文件资料进行掌握,这必然要求员工具备高水平的阅读技能。阅读技能的培养在于平时,可采取针对性的训练进行提高。

(八)协调工作任务

对于领导而言,可通过协调、指挥下属来及时高效地完成工作任务。根据下属所承担的岗位职责以及下属的成熟度,对工作任务进行合理安排,能交给下属去做的事情尽量交给下属去做,必须由领导自己完成的事情自己来做,这样领导才能够腾出更多的时间从事必须由自己来完成的任务。在给下属分配工作任务时,要遵循权责对等的原则,适当给下属授权,同时还需给下属必要的指导和帮助。对于基层员工而言,也可根据实际情况向他人求助,与别人一起完成工作任务,从而达到有效管理时间的目的。

(九)节制欲望

节制欲望是更高层次的时间管理技能。人的欲望是无限的,大部分人想要的东西都很多,想要做的事情也很多,尽管工作中可能会有部分员工尽可能少做事。在面对日常生活和工作中的各种事项时,可能我们都想去做,想从做的过程中得到更多的回报。但是,时间和精力是有限的,我们所追求的所有目标不太可能都实现,所有的需求也不太可能都能得到满足。因此,节制欲望就显得特别重要。在面对事情进行抉择时,需要控制自己的欲望,去选择做那些对自己最重要的事情、自己最想追求的事情。在工作中,要着重去做与工作相关的事情,避免无关事情的干扰。

---

① 林新奇.国际人力资源管理实务[M].大连:东北财经大学出版社,2012.

第三节　执行力

执行力是成功实现目标的核心力量,优秀的员工通常都具有较高水平的执行力。在面对繁杂的工作任务时,高执行力的员工能够清晰地知道自己应当先做什么、后做什么,通常给自己制订具体的工作计划,并严格按照计划执行各项工作任务。相反,低执行力的员工拖延工作任务,推脱责任,在工作中经常感受到较高水平的工作压力。因此,员工要培养自身的执行力,以此提升绩效执行的效率和效果。鉴于执行力的重要性,此部分内容重点探讨执行力的概念、重要性以及提升执行力的途径。

一、执行力的概念及其动态性

执行力是指个体能够成功地执行某项任务的能力。执行力的核心要义在于执行。执行是解决一切问题最直接、最有效的方式。要想成功地执行一项任务,首先,要有明确、清晰和具体的目标,这是个体执行任务的基础,因为目标让个体知道自己去做什么,也就是说为个体指明了前进的方向。其次,要有具体的计划。计划是如何一步一步地完成目标的安排,具体的计划应当包含需要完成目标所需要的具体行动或动作以及完成每一个具体行动的时间节点。再次,要有一个让个体按照计划来实施行为的理由,也就是说有没有内在的或外在的因素激励着个体去完成计划中规定的各项行为,这是激发个体努力去完成任务的动力。最后,要有完成工作中各项任务的能力。具备完成任务所需要的能力是执行力的基本保障,如果个体不具备完成任务所需要的能力,清晰的目标、具体的计划以及执行任务的意愿三者也无法促使个体顺利地完成任务,从而有损个体的整体执行力。

执行力根据执行任务的主体和层次不同可以分为个体执行力、团队执行力和组织执行力。个体执行力是指一个人能够按照已有的规定保质保量完成任务的能力。个体执行力主要受到自身能力、意愿以及外部资源条件等方面的影响。前两个放在一起指的是个体的成熟度,也就是一个人愿意而且能够完成任务的能力,外部资源条件也可以看作个体实现任务的机会。个体的执行力与 AMO 模型相匹配,也就是说当个人有执行任务的能力、动机和机会(也就是外部的资源条件等)时,个体才能有效地达成目标,三个条件缺一不可。团队执行力是指团队成员一起保质保量完成任务的能力。团队执行力的影响因素比较复杂,不仅受到团队成员自身能力、意愿的影响,而且受到团队情境(充分的资源、有效的领导、信任的氛围和有效的绩效评价与薪酬奖励体系)、团队构成(角色分配、成员的多元化、团队规模等)和团队过程(共同的目的、具体的目标、团队功效、冲突水平和社会惰化水平等)的影响。组织执行力就是组织全体成员保质保量实现组织战略的能力。组织执行力的影响因素要比团队执行力的影响因素还要复杂,主要包括高层管理团队的管理水平、中层领导干部的能力、组织结构、组织制度、客户和供应商以及其他利益相关者等。

执行力具有较强的动态性特征。执行力的动态性具有两个方面的含义:一方面,同一个员工在执行不同的任务时以及同一个员工在不同的时间点执行同一项任务时,其所表现出的执行力是动态变化的,是不一致的。这种动态的变化性受到多方面因素的影响,如外部因素和员工的内在的情绪、工作投入和员工与领导之间的关系。员工在执行不同的任务时,其可用于该任务的内外部资源是不一样的,有些任务能够得到利益相关者的大力支持和赞同,有些任务得到的支持程度可能就没有那么强,这将使员工在不同的任务上表现出不同水平的执行力。先前的研究已经指出,个体的情绪在一天当中的不同时段有着动态的变化,一般来看,下午三点个体的情绪比较好,这个时间的员工执行力也可能会更强。除了情绪之外,研究也发现个体每天的工作投入、不同时间点的领导成员交换关系都是动态变化的,这些变化都可能影响员工执行工作任务的效率和效果,从而影响员工的执行力表现。总之,为有效地完成工作任务,熟练掌握执行力动态变化的规律是必须具备的能力。

另一方面,员工所执行的任务是动态变化的。每当员工制订好工作计划并打算按照计划行事时,很多外界的因素会导致员工制订的初始计划并不能满足当前工作的需要或者是临时的工作安排打乱了原来的时间表,这就要求员工在执行工作时,要根据具体情况适时调整工作计划,高效地执行工作任务。需要注意的是,员工要深刻理解工作任务的动态性,在面对工作调整时,不要把这种变化看成"朝令夕改""目标不明确"等现象,而是要把这种变化看作工作的重要"特征",采取积极的态度和行为来加以应对。员工需要思考的是,如何从变化的现象或工作当中,把握不变的规律,从而达到以不变应万变的工作思维。

二、执行力的重要性[①]

执行力对组织、领导和员工均具有重要的价值。首先,对组织来讲,执行力是高质量完成战略目标的保障。制定富有竞争力的战略是组织获得可持续发展的重要力量,但是

---

① 这里主要探讨领导的执行力的重要性。对于员工来讲,执行力也是非常重要的。

在战略制定以后，更重要的是战略的执行。只有战略能够落地，细分为具体的工作任务并得到有效的执行，战略目标才可能在最大程度上得以实现。这在一定程度上表明，战略目标实现的关键在于组织的执行力。由于领导是组织的重要代理人，组织目标的实现靠的是组织中的领导，组织的执行力进一步来说就是领导的执行力。如果组织各层级的领导都有较强的执行力，战略目标就会被逐步分解为具体可操作的行动，从而助力战略目标的实现；如果组织各层级的领导在执行力方面较弱，战略目标的实现也会受到很大阻碍，战略目标也就真正永远成为"未来的目标"。总之，执行力能够促进组织战略目标的实现，是组织可持续发展的重要行为保障。

其次，具有较强执行力的领导能够成为员工心目中的角色榜样，进而影响员工的执行力。社会学习理论指出，人们倾向于向重要他人（个体认为对自己来讲比较重要的人）学习，尤其是重要他人的积极行为。领导就是员工的重要他人之一，领导通过较强的执行力所取得的积极结果通常能够被员工容易地发现，并且执行力所带来的积极结果具有可持续性，这时员工就会把领导看作角色榜样，在后续的工作和生活中会有意识地模仿领导有关执行力的行为，从而员工的执行力也在模仿的过程中得到了锻炼和加强，最终员工的执行力水平得到提升。在实际工作场所中，我们也很容易发现领导的一言一行深深地影响着员工，在一位具有很强执行力的领导的带领下工作，员工会潜移默化地受到领导的影响，进而逐渐地增强了自身的执行力。

最后，领导所表现出的较高水平的执行力有助于降低领导所感知到的工作压力。工作压力的形成来源于多种因素，但是时间因素也许是造成工作压力的最明显的因素。我们经常会遇到没有时间或来不及去做一些事情的情况。这种时间的紧迫性可能是由于事情本身来得比较突然或难度较大，导致没有太多的时间让我们做出理性的反应。此外，更多时候，时间的紧迫性来源于没有做好时间方面的安排或者说没有做好时间管理，使该做的事情被拖拉，快到时间节点的时候，才意识到应该赶快把事情完成。究其根本原因在于执行力差，具有较强执行力的人，对需要完成的任务有较具体的目标和计划，能够把握事情的关键时间节点，控制整个事情的进展，保障所需要做的事情轻松并顺利地完成。对于领导而言，每天有很多事情要处理，但还是会经常感觉到很大的工作压力，这些压力有些是来源于工作本身的难度和棘手性，有些是由于执行力差造成的。大多数领导都能根据事情的轻重缓急来安排自己的时间，如果领导的执行力差，不能在时间节点保质保量地完成相应的工作，后面将会体验到更强烈的时间紧迫性，从而体验到更大的工作压力；如果领导的执行力较强，在相应的时间完成相应的事情，这将大大降低领导感知到的工作压力。

三、提升执行力的途径

由于本书主要探讨员工的绩效执行,因此,我们主要阐述如何提升员工的执行力。如果各层级的员工均具有较强的执行力,塑造具有较强执行力的工作团队或组织也是相对容易的。根据执行力的内涵,为提升员工的执行力,提出以下五个方面的建议:

第一,将绩效目标转变为可操作的行动计划。执行力的根本在于执行,执行的客体是可操作的、可实现的绩效目标。在员工完全知道和理解自己的绩效目标后,应当系统、全面地思考为实现各个绩效目标应当采取的具体行动,然后按照时间管理矩阵对行动进行分类,从而制订有效的行动计划,确定好先做什么、后做什么,甚至还要确定什么时间做、做到什么程度、怎么做以及在哪里做。一旦可操作、易实现、具有明确时间节点的行动计划被制订出来,这就为员工高效执行行动计划奠定了良好的基础。

第二,持续不断地学习,提升业务能力。由上述执行力的内涵可知,较强的执行力受到个体执行任务能力的影响。具有较强业务能力的员工能够积极主动地去执行工作任务,因为任务成功完成不仅能使自己获得较高水平的绩效、获得应有的奖励,而且也能体验到成就感。如果员工业务能力欠缺,其则可能不会主动去完成任务,而是选择回避这些自己不擅长的业务,导致任务被拖拉,责任被推脱。所以,员工通过持续不断地学习来提升业务技能有助于提升其执行力。学习一般可分为直接学习和间接学习,直接学习是指通过亲身经历和锻炼来提升知识、技能和能力的方式,间接学习是指通过他人的经验和经历来进行学习的方式。无论是直接学习还是间接学习,只要合理地使用均能达到提升业务能力的目的。

第三,了解自身需求,激发自己的内在动机。明晰自身的需要,并通过有效的方式满足需要以激发自己执行某项任务的内在动机是提升自身执行力的重要途径。只有员工知道自己为什么去执行该项任务,并且将自己完成该任务的"发动机"发动起来,才有助于促使员工在这项任务上表现出较高水平的执行力。一般情况下,自身短时间内想要得到满足的事项会驱使自己从事某些行为。但是,很多时候员工的自身需求与工作任务是不相匹配的,这就要求员工通过工作重塑行为,改变工作任务的特征。员工需要培养自己的工作重塑能力,通过关系塑造、任务塑造和认知塑造让当前的工作与自身的兴趣、爱好和特长相匹配,从而激发自身的内在动机。从 AMO 模型理论也可知道,动机可能是促进员工表现出较强执行力的积极因素。

第四,外部监督。无论是在工作中还是在生活中,我们经常会对自己做过的承诺付出更多的努力；如果告诉身边的人自己想做某项事情后，我们也会在这件事情上投入更多的时间和精力以证明自己具备完成这件事情的能力。这就是外部监督在起作用。一旦有人监督我们承诺要做的事情时，这种监督通常会对我们做这件事情的执行力产生积极的影响，因为都希望在他人面前表现出自己是信守承诺的人、是有能力做成这些事情的人、是一个具有恒心和毅力的人。为提升执行力，员工在确定好目标后，要告诉本部门的其他员工或者自己信得过的相关人员，在他们的监督下，自己为达成目标所表现出的执行力将会大大提升。值得注意的是，我们很少愿意将自己想要做的事情告诉他人，这就失去了外部监督的基础。因此，我们可通过最亲近的人进行监督，如家人、相互监督的同事或朋友。外部监督从成就目标理论（Achievement Goal Theory）视角来看，体现的是绩效目标（Performance Goal）。

第五，不断实践，身体力行。无论做什么事情，都亲自去做，不断训练，在实践中不断地总结经验，才能在未来越做越好。对于执行力而言更是这样。执行力是具体按照计划执行工作任务的能力，只有员工身体力行，将执行力体现在日常的工作和生活中，养成一种做事情的良好习惯，才有助于获得成功。塑造执行力可从日常生活中的小事做起，如每天我们都要做很多事情，有些事情我们很早就想做，只是出于自己的惰性心理或者说我们认为其并不是那么重要而拖延下去了。在以后的日子里，我们想到任何事情就立即去做，甚至不重要的事情，只要我们想做也要立刻去做，即使短时间内完不成的事情，我们也要有个好的开始，这样坚持21天或更长的时间，相信我们的执行力将会得到很大的提升。当自己具有较强的执行力的时候，再根据轻重缓急来决定需要优先做的事情。如果基本的执行力都不具备，那么即使清晰地知道事情的轻重缓急也是没有价值的，所以，我们应当先具备执行力再去管理时间。通过这样的实践训练和坚持，才有助于提升执行力。

第四节　DRAPS 卓越绩效模型

在第一章我们已经深入、全面地探讨了影响绩效的因素。为了在绩效执行过程中取得卓越的绩效表现，本书提出了 DRAPS 卓越绩效模型。该模型认为个体要想获得卓越的绩效水平离不开五个关键的要素，即驱动力（Driving force，D）、资源（Resource，R）、目标（Aim，A）、平台或机会（Platform，P）和优势（Strength，S）。这五个要素有着内在的联系，如图 3 – 4 所示。

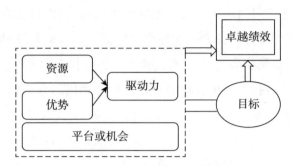

图3-4　DRAPS卓越绩效模型

具体来讲,为了实现卓越绩效,给员工设定高水平的绩效目标是关键。根据目标设定理论可知,高目标能够带来高绩效。这种高目标可以由员工自己设定,也可以由领导给员工设定,但领导给员工设定的高绩效目标需要被员工接受,不能被员工接受的目标很难使员工获得良好的绩效表现。在设定员工认可的高绩效目标后,员工需要平台或机会来执行这样的高绩效目标。平台或机会主要是指,领导要给员工提供完成目标的路径,也就是说领导者要给员工铺好路,让员工去走;领导者要给员工发挥才能的机会,为员工搭建展示自己的平台。有了目标、平台或机会,员工要有实现目标的驱动力,通过这种力量驱使员工向目标前进,换句话说,要激发出员工的动机(包括内在动机和外在动机)。

激发员工动机的方式主要有两个:给员工提供资源支持和让员工发挥自身优势。给员工提供资源支持不仅有助于激发员工的内在动机,也有助于激发员工的外在动机,领导者提供给员工的资源主要是指工作资源。根据工作要求资源模型可知,工作资源至少有三个方面的作用:第一,促进工作目标的实现;第二,缓解工作要求以及与工作要求相关的生理和心理成本;第三,促进个体的成长、学习和发展。具体的工作资源包括程序公平性、工作指导、建言氛围、奖励、任务重要性、技能多样性、工作自主性、反馈、任务完整性、职业发展的机会、参与决策和组织支持等。发挥员工优势不仅能够激发员工的内在动机,而且体现出员工具备执行该项绩效任务的才能。因此,通过目标、平台或机会、驱动力、资源和优势五个要素的有机结合,员工才可能取得卓越的绩效。

本章要点

(1)绩效执行的不同主体有不同的责任:员工的主要责任包括提升自身的综合素质、承诺完成目标、积极反馈工作信息、准确记录和收集绩效信息;领导的主要责任包括构建良好的上下级关系、观察并记录员工的绩效表现、调整目标或绩效计划、给予员工反馈、提供资源支持;人力资源部门的主要责任包括指定人力资源管理制度、提升人力资源管理强度。

（2）时间是物质运动的顺序性和持续性,是单维度的概念,是一种特殊的资源。

（3）时间具有物理属性、经济属性和管理属性。

（4）时间管理已经历了四个发展阶段:第一阶段强调时间管理的辅助记忆功能;第二阶段强调对从事的工作任务进行规划;第三阶段强调做事情的优先顺序,提升工作效率;第四阶段强调实现目标,提升幸福感。

（5）提升时间管理技能可从九个方面入手:①增强时间观念;②确定目标与做事原则;③根据重要性和紧迫性确定任务的优先性;④制订计划;⑤不拖延;⑥管理工作环境;⑦提升阅读技能;⑧协调工作任务;⑨节制欲望。

（6）执行力是指个体能够成功地执行某项任务的能力。执行力的核心要义在于执行。执行是解决一切问题最直接、最有效的方式。

（7）执行力对组织、领导和员工均具有重要的价值。首先,对组织来讲,执行力是高质量完成战略目标的保障。其次,具有较强执行力的领导能够成为员工心目中的角色榜样,进而影响员工的执行力。最后,领导所表现出的较高水平的执行力有助于降低领导所感知到的工作压力。

（8）提升执行力可从五个方面着手:①将绩效目标转变为可操作的行动计划;②持续不断地学习,提升业务能力;③了解自身需求,激发自己的内在动机;④外部监督;⑤不断实践,身体力行。

（9）DRAPS卓越绩效模型认为,个体要想获得卓越的绩效水平离不开五个关键的要素:驱动力（Driving force,D）、资源（Resource,R）、目标（Aim,A）、平台或机会（Platform,P）和优势（Strength,S）。

复习思考题

（1）不同主体的绩效执行责任是什么？

（2）什么是时间？时间有哪些特征？

（3）时间管理经历了哪些发展阶段？

（4）提升时间管理技能有哪些途径？

（5）执行力的价值体现在哪些方面？

（6）如何提升执行力？

（7）阐述 DRAPS 卓越绩效模型的内涵。

 案例分析

高效执行力的原力密码——从"要我做"到"我要做"

在拥抱变革、创新驱动发展的多变时代，企业更需要员工聚焦组织主航道，不折不扣地理解组织意图，驾驭执行艺术，激发实践智慧，超越组织目标。换言之，如何破译高效执行力的密码，是当前企业家面临的集体焦虑。

一、高效执行的本质：释放原力

从上述意义上说，高效执行力不是"做得对"（执行有方），甚至也不是"做得好"（执行有效），而是自觉自愿地去做好一件事，并从中体验到一种成长的乐趣。事实上，能够经得起考验、耐得住寂寞，始终追随内心的声音，不啻核外电子挣脱原子核束缚而付出的努力，但由此对撞出的能量却是原子弹当量级的，这就是核聚变过程。

换言之，超越任务本身（并非简单的为工作而工作）而自发产生掌握和精通工作的内在兴趣，驱动个体投入更多的时间和精力，去识别和运用那些能够带来成功的策略，并引导他们致力于获得新知识、新见解，进而形成较完备的认知结构和应对挑战性工作的深层次处理策略。这是一种人与工作高度融合的状态，充分体现了中国传统智慧所强调的"天人合一"境界。

美国经典科幻系列大片《星球大战》中有一个核心概念——原力，即原本存在之力，是指物体内自然流淌着的一种包藏宇宙之机而又普遍存在的影响力，只有那些训练有素的通灵战士才具有洞悉、发掘和释放原力的能力。

正如工作，不管是有趣的还是乏味的，都是由细分的任务要素构成的，尽管复杂程度不同、创新要求不同，但各自都有存在的理由和独特的价值，或者说，都蕴含着类似"原力"的影响力，是整个工作价值链不可或缺的组成成分。高效执行的人，不一定都是通晓战略或最智慧的人，但一定是积极融入工作并乐享其中的人，一定是工作因他而鲜活起来的人，一定是平凡但做出不平凡业绩的人，一定是在浮躁的社会中"锁定目标，专注重复"的具有匠心的人。

总之，高效执行的本质就是洞悉和释放工作中自然蕴含的原力，而提升执行力的关键,就在于激活员工的内在动机。现实中的执行力差往往只是现象,激励不力才是根本的问题。

二、内外激励协同:打开执行原力的密钥

有效的激励以正面肯定和传递认可为核心价值,通过满足员工的工作价值需求,促使员工发自内心地将个人目标与组织目标整合一体,做到勤勉做事、担当做事、激情做事,并从中体验一种由衷的获得感。简言之,有效的激励就是践行德鲁克的标准:让工作富有成效性、个人富有成就感,这正是提升执行力的核心要义。

通过有效的激励提升员工执行力,关键在于实现内外激励协同,推动个体从对工作的外在追求转化为内在的自我驱动。

内外激励协同并非内在激励与外在激励简单地按比例配置。以金钱为代表的外在激励具有双重属性:一是信息性,即通过提供工作标准信息和正面反馈机制,帮助员工明晰组织目标和实现方法,从而高效地执行任务;二是控制性,即通过利益杠杆调控员工行为,正所谓"食君之禄,忠君之事",它是一种更隐蔽、更高级的控制手段,限制了员工的工作自主性。

如果将"控制性"与"信息性"隐喻为跷跷板的两端,激励的魅力就在于找到使二者平衡的支点。有学者做了一个有趣的实验,他们征招两组志愿者参与一个有奖智力游戏。其中,为一组(实验组)提供了奖励性暗示,即完成某步骤即可获奖,而这一步骤是通往最终答案的重要环节。研究发现,实验组的大部分志愿者在完成这一步骤后,并没有因为可以得到奖金而停止探索步伐,因为他们发现这并非最优答案。最终结果显示,有暗示线索的实验组的成绩明显优于没有任何提示的控制组。

这说明,那些承载了能够帮助员工更好地完成任务信息的外在激励,对员工的内在激励产生促进作用,这就是内外激励协同的核心要义。反之,非协同的外在激励,会使员工感到内在动机被挟持,不得已去做事情。

资料来源:马君,薛颖.高效执行力的原力密码——从"要我做"到"我要做"[J].企业管理,2017 (7):49-51.

根据上述材料回答问题:

(1)什么是执行力? 执行力的作用有哪些?

(2)如何提升执行力?

第四章

绩效评价

学习目标

1. 熟悉绩效评价的内涵
2. 理解绩效评价与绩效管理之间的区别
3. 理解常见的绩效评价方法与操作流程
4. 理解绩效评价主体与360度评价法的内涵
5. 熟知潜在的绩效评价偏差与控制手段
6. 理解绩效评价主体培训的意义、内容与方法
7. 掌握基于优势的绩效评价理念与操作流程

第一节 绩效评价的概念

一、绩效评价的内涵

绩效评价(Performance Appraisal)指的是评价者(如主管领导)根据既定的绩效标准对员工在绩效周期内的绩效表现进行评估并给出最终评价等级的过程。绩效评价在绩效管理甚至在人力资源管理中都是最重要的活动。绩效评价是以组织目标为导向的,是评价各级员工目标达成情况的重要手段。传统的绩效评价是为了对员工进行岗位调整、薪酬分配和晋升以及决定员工的去留,现代的绩效评价还有个重要的目标——激励和开发员工。绩效评价可以是正式的也可以是非正式的,可以是口头的也可以是文档式的,可以是公开进行的也可以是私下进行的。但是,对于组织而言,通常会以正式的、公开式

的和文档式的形式实施绩效评价。

二、绩效评价与绩效管理的区别

绩效评价与绩效管理有很大的不同,主要体现在如表4-1所示四个方面。

表4-1　绩效评价与绩效管理之间的差异

差异维度	绩效评价	绩效管理
性质不同	静态	动态
目的不同	人力资源决策	员工与组织发展
时间关注点不同	过去的绩效表现	未来的绩效开发
范围不同	范围较窄,是绩效管理流程之一	范围较广,包含各种与绩效相关的管理活动

第一,性质不同。绩效评价是用于衡量员工、团队或组织某一时间段和某一时间点的绩效表现,是一种静态的概念,并且常被看作一种管理手段;而绩效管理则是对员工、团队或组织的绩效计划制订、绩效执行、绩效评级和绩效反馈等全过程的循环管理,是一个持续的过程,具有较强的动态性。

第二,目的不同。绩效评价的目的主要是为后续的人力资源管理决策提供依据,而绩效管理是为了开发组织的人财物力资源,促进员工与组织的共同成长与发展,从而打造组织的核心竞争优势,最终完成组织的战略和使命。

第三,时间关注点不同。绩效评价更多的是关注过去的绩效表现,通过不同的绩效评价工具对过去的绩效表现进行评估,是对绩效表现事后的评价。但是,绩效管理则强调未来的绩效表现,通过绩效的全过程管理(包括绩效表现前、绩效表现中和绩效表现后)培养和激发员工、团队和组织的潜能,以实现更远大的组织使命。

第四,范围不同。绩效评价是绩效管理过程中的一项活动,尽管绩效评价是绩效管理过程中的核心活动,但涉及的管理范围不如绩效管理广。简言之,绩效评价是绩效管理的一部分,绩效管理包含绩效评价。

第二节　绩效评价的基本方法

一、排序法

排序法(Rank Method)在第一次世界大战时期的美国军队中首次得到了使用,但是排序法的起源至少可追溯到1906年(Cattell,1906)。排序法没有量表,评价者只是根据下属的整体表现或有效性对所有下属从最好到最差进行排序。在进行排序时,通常采用的方式有,择优排序法(The Order of Merit Method)和配对比较法(Paired Comparison Method)两种。

（一）择优排序法

择优排序法首先被卡特尔(Cattell)在研究 200 个灰色阴影时使用,该方法在于当所有样本作为一个系列呈现给受试者时,让受试者对该系列的样本进行重新排序。现以一个团队的年终绩效考核为例,阐述择优排序法的使用步骤。该团队共有一个领导和五名下属;团队领导需要对五名下属这一年度的整体表现进行评价。团队领导首先在这五名下属中选择整体表现最好的,将其放在第一名;然后,从剩下的四名下属中选择整体表现最好的,将其排在第二名;以此类推,给所有的下属排出名次。与择优排序法相对应的是择差排序法,也就是说,每一次都将整体表现最差的下属选择出来,从最后一名开始向前排序。将择优排序和择差排序整合起来可产生交替排序法。同样采用上述团队的绩效考核为例来说明交替排序法的操作流程:首先,团队领导将对五名下属进行整体考虑,选择出年度表现最好的下属和年度表现最差的下属,分别排在第一名和最后一名;然后,将剩下的三名下属统筹考虑,选择出表现最好的和表现最差的下属,分别将其排在第二名和第四名;最后,剩下的一名下属排在第三名。

（二）配对比较法

配对比较法是将一个被评价者与其他所有的被评价者进行一一对比,从而形成每一个被评价者在所有被评价者中相对重要性的一种方法。最简单的配对评价方式如表 4－2所示。一个被评价者与另一个被评价者相比表现较好的话,标记 1 分;如果表现较差,标记 －1 分;自己与自己比较时记为 0 分。然后,对每一个被评价者以列为标准计算总分,通过总分的比较即可得到被评价者之间的相对排序。就表 4－2 中的配对比较评价而言,评价结果顺序为 E、C、A、D、B。

表 4－2　配对比较表

对比对象	被评价者姓名				
	A	B	C	D	E
A	0	−1	1	−1	1
B	1	0	1	1	1
C	−1	−1	0	−1	
D	1	−1	1	0	1
E	−1	−1	−1	−1	0
总计	0	−4	2	−2	4

在对被评价者进行评价时,如果能力、态度和工作业绩等多个方面需要考虑,可针对每一个方面进行配对比较,形成在各方面的排序,然后综合各个方面的排序结果形成最终的总排序。此外,也可对排序时考虑的各个要素赋予权重,用被评价者在每一要素上的排序数值乘以该要素的权重,从而可获得被评价者的综合排序。具体操作如表4-3所示。

表4-3 配对比较加权法

针对能力的对比评价						针对态度的对比评价						针对业绩的对比评价					
对比对象	被评价者姓名					对比对象	被评价者姓名					对比对象	被评价者姓名				
	A	B	C	D	E		A	B	C	D	E		A	B	C	D	E
A	0	-1	1	-1	1	A	0	-1	1	1	1	A	0	-1	1	-1	1
B	1	0	1	1	1	B	1	0	1	1	1	B	1	0	1	-1	1
C	-1	-1	0	-1	1	C	-1	-1	0	-1	1	C	-1	-1	0	-1	1
D	1	-1	1	0	1	D	-1	-1	1	0	1	D	1	1	1	0	1
E	-1	-1	-1	-1	0	E	-1	-1	-1	-1	0	E	-1	-1	-1	-1	0
总计	0	-4	2	-2	4	总计	-2	-4	2	0	4	总计	0	-2	2	-4	4

能力排序:E、C、A、D、B;态度排序:E、C、D、A、B;业绩排序:E、C、A、B、D。

如果能力占比30%、态度占比20%、业绩占比50%,那么将各方面排序的数值乘以权重即可得出每一位被评价者的总排序数值:

E = 1×0.3 + 1×0.2 + 1×0.5 = 1

C = 2×0.3 + 2×0.2 + 2×0.5 = 2

A = 3×0.3 + 4×0.2 + 3×0.5 = 3.2

D = 4×0.3 + 3×0.2 + 5×0.5 = 4.3

B = 5×0.3 + 5×0.2 + 4×0.5 = 4.5

从各个被评价者的总分中可得到新的排序 E、C、A、D、B,总分数值越小排名越靠前。

需要进一步说明的是,上述所描述的配对比较法只是呈现了被评价者的相对优劣,并不能更精细地说明一个被评价者比另一个被评价者优秀多少或者差多少。为了在比较过程中能够展现不同被评价者的差距程度,本书首次提出了"基准—比率"比较法。以对四个被评价者的总体绩效比较为例,阐释"基准—比率"比较法的操作。将四个被评价者分别命名为 A、B、C、D,采用 5 分的比例尺作为比较的定量数值,将 B 作为比较的基准。

B 与 A 的总体绩效比值为 5∶1,也就是说 B 的绩效要比 A 的绩效好 5 倍,公式为:

$$\frac{P_b}{P_a} = \frac{5}{1}$$

B 与 C 的总体绩效比值为 4∶5,也就是说 B 的绩效是 C 的绩效的 4/5,公式为:

$$\frac{P_b}{P_c} = \frac{4}{5}$$

B 与 D 的总体绩效比值为 5∶3,也就是说 D 的绩效是 B 的绩效的 3/5,公式为:

$$\frac{P_b}{P_d} = \frac{5}{3}$$

根据上述三个公式,我们可进一步得出:$\frac{P_a}{P_c} = \frac{4}{25}$,即 A 的绩效是 C 的绩效的 4/25,$\frac{P_a}{P_d} = \frac{1}{3}$,即 A 的绩效是 D 绩效的 1/3;$\frac{P_c}{P_d} = \frac{25}{12}$,即 C 的绩效比 D 的绩效好 25/12 倍。如果将 B 的绩效赋予 60 分,那么 A 为 12 分、C 为 75 分、D 为 36 分。因此,考核排序为 C、B、D、A。除了可以得出被评价者的排序外,我们还可从数值上比较他们之间的绩效差距,如 C 的绩效明显比 A 的绩效好得多。

二、强制分布法

(一)强制分布法的内涵

强制分布法(Forced Distribution Method)是指把评价结果分为若干等级,针对每个等级设定一个既定的比例,强制评价主体依据每一个等级的比例对员工进行评价,使全体员工的绩效结果与预先设定的不同等级的比例一致。例如,某公司将员工的评价结果分为四个等级:优秀、合格、基本合格和不合格,每个等级的分配比例分别为 20%、60%、15% 和 5%,全体员工的绩效评价结果要符合这个比例分布。强制分布法在 GE 公司得到了前 CEO 杰克·韦尔奇的推行,他将其称为活力曲线(Vitality Curve)(见图 4－1),也就是说,在每年的绩效考核中,每一个主管必须识别出所带领的团队中绩效表现前 20% 的和最后 10% 的员工。强制分布法的有效实施需要评价者比如主管具备很强的区分员工绩效的能力。先前的研究已经表明,公司成功的绩效评价与公司保留高绩效员工同时移除低绩效员工的能力有着直接的关系(Collins,2001)。实施强制分布法的主要目的在于奖励和惩罚,如奖金发放、加薪、减员。

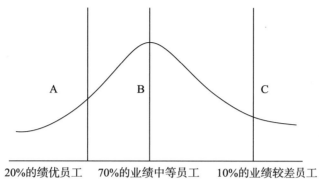

20%的绩优员工	70%的业绩中等员工	10%的业绩较差员工

图 4-1 活力曲线

（二）强制分布法的实施步骤

开发强制分布的绩效考核系统,需要遵循以下步骤:

首先,清晰地定义绩效判断的标准。可以让评价者依据员工的总体绩效表现做出评价,也可以依据员工开发、业务开发、沟通和长期计划等不同的绩效考核标准做出评价。

其次,确定绩效分类等级的数量,并且清晰地定义每个等级。一般来讲,绩效分类等级的数量为 4~11 个,常用的分类是 5 个等级,如优秀、良好、合格、基本合格和不合格。在对等级进行定义时需简明扼要、易于理解,让评价者能够很好地操作。例如,对于优秀等级而言,可以这样描述:全面、高质量、超预期地完成工作任务。

最后,确定每个等级的人数分布。通常情况下,绩效评价结果的分布应当符合正态分布,具体来讲,表现优秀和表现差的员工都是少数,大部分员工的表现都处于中间状态。

（三）强制分布法的优缺点

1. 优点

强制分布法的优点为:①仅要求评价者做出相对简单的比较判断。②预先设定好的分布有助于避免宽大效应和居中趋势偏差。③评价者能够直接地知道被评价者的评价等级或结果。④通过确保经理将员工区分为高、中、差的绩效者,帮助构建高绩效和精英式的组织文化以及比较和竞争的氛围。

2. 缺点

强制分布法的缺点为:①不能全面地反映员工的绩效水平。②容易引发劳动诉讼问题。③评价结果不能在群体间进行比较。④当使用多个考核标准时,评价者必须单独针对每一个标准将被评价者进行分类。⑤不能为绩效反馈和绩效改进提供具体的信息(Jacobs,2015)。⑥可能损害团队合作。⑦会营造一种攻击性的氛围。

（四）强制分布法适用性调查

一个组织在实施强制分布法之前，应当对组织是否适宜使用强制分布法做出评判。为此，Guralnik 等（2004）开发了一个"文化核查清单"（The Cultural Checklist）。文化核查清单包含七道与组织文化相关的题项，评价者采用十点量表进行评价，一个题项的点数越高，意味着评价者越认为该题项的描述与本组织的实际情况越符合。题项如下：

（1）我们的公司是在一个快速增长或快节奏的行业中运营。快速增长的公司拥有重视绩效和接受变化的文化。

（2）公司奖励制度高度以结果为导向。我们奖励人才和成就而不是资历、地位或传统。

（3）我们拥有以绩效为导向的员工队伍。员工从表现中获得满足感和自豪感，而不是达到最低标准；这里的员工努力实现最高水平的成就。

（4）公司的管理特点是果断的风格。这里的经理立即做出艰难的决定又提供诚实的反馈。

（5）这里的管理层和员工的关系很好。员工并不认为管理层的利益与他们的利益存在内在矛盾。

（6）在这里工作取得的成功并不严重依赖于团队合作和共同责任。个人成就和竞争不会对个人的工作目标产生反作用。

（7）管理层控制着员工的晋升、薪酬和解雇决定。管理层的职责并没有受到与工会达成协议的严格限制。

在完成以上评价之后，加总每一个题项的得分，平均得分为 7~70；平均分越高，越表明本组织适合实施强制分布绩效评价方法。不同的得分代表组织适合使用强制分布法的程度。

如果平均分为 50~70 分，说明本组织适合执行强制分布法，管理者和员工能够从该方法中获益，并且评价者评价和影响绩效的能力也会被提高。

如果平均分为 30~50 分，说明本组织可以采用强制分布法，但是会面临很大的挑战。这些挑战可能包括员工和管理者的反对、对公司文化和团队合作价值的困惑以及管理者与员工之间的关系压力。强制分布法能否取得成功在很大程度上取决于管理者解决这些挑战的能力。

如果平均分在 30 分以下，则说明本组织不适合执行强制分布法，除非高层管理者决定在组织中做出较大的变革。

三、图表评价量表

图表评价量表（Graphic Rating Scale，GRS）起源于 1920 年，Paterson 于 1922 年在

Journal of Personnel Research 发表的题为"The Scott Company Graphic Rating Scale"的文章首次介绍了 GRS,它是当时评价方法的最新进展。GRS 仅有的原创性特征是将在一条线上进行评价的方法和核查描述性术语的评价方法相结合,这两种方法先前均已存在。斯科特公司(Scott Company)和卡内基理工学院人事研究局在 1922 年已经使用了多个 GRS 开展评价活动。Freyd 于 1923 年在 *Journal of Educational Psychology* 上发表了一篇题目为"A Graphic Rating Scale for Teachers"的文章,通过其在卡内基理工学院使用 GRS 的一个量表详细地阐述了 GRS 的使用方法。

(一)GRS 使用方法

Freyd 指出,教师评价量表涉及教师的 17 个特征,即身姿与气度、衣着整洁、沉着镇静、社交性、体力、警觉性、幽默感、自我主张、机智、受欢迎、公正、耐心、接受批评、思考能力、语言流畅、语言清晰、教学兴趣,这些特征均是复杂人格的一部分,目前尚无法客观衡量。需要注意的是,这个量表与教学效率无关,它提供了一种测量心理特征的方法,这些心理特征被认为是获得成功教学的基础。该量表所包含的教师特征并不是全部的,如健康、不受家庭干扰等没有包括在内。确实,健康或不受家庭干扰等教师特征对于成功的教学也是非常重要的,但这些特征采用其他的方式进行测量,而不是使用 GRS。该教师评价量表为每一个特征提供了一个尺度。下面以前三个特征为例来说明 GRS 的基本结构,如图 4-2 所示。

教师评价尺度题项举例

1. 他/她的体态和气度给人们留下了怎样的印象?

| 令人钦佩,
令人印象
深刻 | 以良好的体
态和气度引
人注目 | 留下满意
的印象 | 没有什
么印象 | 引人反感 |

2. 他/她的着装是整洁的还是邋遢的?

| 邋遢 | 衣着略显
冷漠 | 衣着不
显眼 | 干净利落 | 特别讲究 |

3. 他/她是不自然的还是沉着镇静的?

| 非常不自
然和不安 | 经常感到尴
尬或心慌 | 有时不
自然或
不安 | 通常不会
被行为所
感动 | 总是很自
在,泰然
自若 |

图 4-2　GRS 使用举例

教师评价尺度使用说明：

（1）让这些评价代表你自己的判断。在评价过程中，请不要向任何人咨询。

（2）在根据特定的特征对一个人进行评价时，请忽略除该特征之外的所有其他特征。许多评价因为评价者受到其他人对这个人好的或不好的印象的影响而变得毫无价值。

（3）当你对评价的这个人的特征感到满意时，请在水平线上适当的点上画×。不必直接在描述性短语上方画×。这些短语仅代表连续范围内的不同程度，你可以在水平线上的任何点上画×。

（4）不要在点线上写任何东西。如果你有任何评论，请写在空白处或末尾。

（5）建议在开始评分之前观察整个空白区域，以了解空白的范围并区分不同题项。

通过在每条线上画"×"就能非常简单地对教师的特征进行评价，这种操作可以在很短的时间内完成，一般只需要五分钟或十分钟。教师图表评价尺度也为关于每一个特征的问题提供了答案。在评价线下面的描述性短语使每一个特征的不同程度更加具体，也就是说，评价等同于用简短的词语对一个人进行描述，这种评价能被数量化。

就 GRS 而言，在对每一个题项进行评价时，特征的两极均不是我们想要得到的结果。通常情况下，我们会用"整洁"来评价一个人，并会假定非常整洁代表着一种理解状态。但是，整洁可能会发展到不再是美德的地步，如整洁到极致就可能是"洁癖"，这普遍被认为是一种病态，很难被大多数人接受。在大部分的尺度中，中间的短语相对比较中性，这也可能经常代表在特征方面的不良情况。一个人在任何特征中的地位必须与他/她在其他特征中的地位一起解释，以便观察出有待提高或改善的方面。

另一个值得注意的点是，像上述例子中那样安排评价量表是为了使特征的理想极端值交替出现。例如，对于第一个评价要素而言，最左边的极值是更理想的；毫无疑问，对于第二个和第三个评价要素而言，最右边的极值是更理想的。这种安排是为了降低评价者在一个方向上进行评价的倾向，此倾向是一种偏差或错误。

如果使用 GRS 仅仅是为了形成对某一个体一般的定性描述，除了画×之外，并不需要其他的步骤。但是，如果想对评价者之间或被评价者之间进行比较，或者是对不同时期的同一个评价者或被评价者进行跨时间的比较，评价的定量化是非常有必要的。

需要强调的是，高分并不一定表明此人将成为一名成功的教师。我们会发现，在某个范围内，4 分或 5 分比 10 分（假如最高分为 10 分）更能说明一名教师的成功。最优的分数将根据所要求的教学地点和类型而有所不同，并且没有具有普遍有效性的一致标准。使用该量表的教学机构必须通过对其教师进行评价并对比最好的和最差的教师，以此来决定每个特征的最理想的分值。在使用像这样的量表对教师进行评价时,还可根据不同教学机构的具体情况,对每一个题项或特征分配一定的权重,通过加权计分来决定一个教师的评价结果。

（二）GRS的优点

根据上述针对教师的GRS使用案例,可总结出GRS具有以下六个方面的优点:

（1）量表评价的内容并不是可以直接定量测量的要素,如组织的利润、产量和产值,而是对目标实现具有重要影响且没有办法直接进行测量的个体特征,如能力、特质和态度。

（2）GRS是令人感兴趣的。从绩效考核的实践中可看出,GRS能够引起评价者的兴趣,这一点非常重要。如果评价者对这种评价方式不感兴趣或者缺乏动力,评价者在实施评价时可能不会反映被评价者的真实情况,甚至不会完整地填完量表的题项。

（3）通过偶尔的反向设置评价尺度,可使最预期的极值并不总是在评价表单的一侧。此外,通过承认最高的分数未必是一个特征最预期的分数,GRS能够有效地避免对一个人所有特征的判断都是高分或都是低分。

（4）评价者不必做出定量的判断。定量的解释是在评价者评价之后由专人来做出的。

（5）使用GRS对个体进行评价时,能够很快地完成,用时比较短。

（6）GRS的使用目的多元化,不仅可用于人员选拔或配置,而且可用于自我评价和改进方面。

四、行为观察量表

（一）行为观察量表的内涵

行为观察量表（Behavioral Observation Scales,BOS）是对各项评价指标给出一系列可观察到的重要行为,然后通过定量的评价方式判断员工在多大程度上表现出了这些行为的评价方法。将员工在每一个行为上的表现程度数值相加即可得到该员工的总得分,该总得分就是员工的考核结果。BOS是在关键事件技术（Critical Incidents Technique,CIT）基础上由Campbell等于1970年首次提出的绩效考核方式。

关键事件技术是由Flanagan于1949年提出的,该技术涉及创建一个行为核查清单（Behavioral Checklist）,其中包含被主管和下属视为模范（优秀）表现必不可少的工作行为以及表现令人不满意的行为。关键事件技术旨在收集有代表性的可观测的行为样本,以此作为获得有关工作的客观和定量数据的基础;这一技术的本质是通过参与者直接观察一项工作活动或者通过这项工作活动的主管构建该项工作活动的关键行为要求（Flanagan,1949）。Latham 和 Wexley(1977)指出,在绩效评价中管理者、股东和消费者一般都会关注与成本相关的指标,如利润、产品的数量和质量等,这些指标很可能是一个组织优秀的体现,但是这些指标并不足以评价单个员工的工作绩效,因为并没有让员工知道为什么这些指标是有效的或是无效的,进而,这将会使员工很少知道为了改善绩效他们必须做什么。

还有一些学者提出了基于特征和态度的绩效评价方式,但是这两种绩效评价方式经常在经理和下属之间产生误解和不一致性。经理很可能告诉员工需要表现出更多的主动性、成为一个好的聆听者,但是这种建议并不是非常有帮助的,因为它们并没有说明员工必须做什么才能使他们与众不同。为弥补基于特征、态度和结果的绩效评价方法所存在的问题,心理学家逐渐将注意力转移到了评价可观测的对于工作成功或失败具有重要影响的员工行为上,也就是 BOS 评价法,它直接测评了员工事实上的行为,并且这种测评方式与基于特征、态度和结果的测评方式相比很少受到员工不可控因素的影响。

（二）行为观察量表的开发程序

开发 BOS 一般通过使用关键事件技术来完成。实际上,关键事件技术是一种工作分析方法,旨在访谈那些知道既定工作的目的和目标、经常观察执行该功能和有能力决定是否工作要求被满意地执行的员工,以此获得有关既定工作的行为。

每一次的访谈都关注以下三个同样的问题:

第一,围绕这一特定事件的情况如何？换句话说就是,这一事件的背景是怎样的？

第二,这个人究竟做了什么有效或无效的事情？如果一个人被描述为具有攻击性、团队合作者、自我启动者等,那么问题将被问及该人实际做了什么导致观察者得出该结论的问题。简言之,可观测的行为是什么？

第三,此事件如何成为有效或无效行为示例的？这类似于以外交方式说:"那又怎样？说明这与工作绩效有什么关系。"

在提炼出多个事件之后,将这些事件进行分类。从本质来看,描述同一行为的事件归为一个事件群,然后命名为一个描述性的行为条目。相似的事件群集合在一起形成一个 BOS。例如,描述一个项目计划开发的两个事件可能形成一个行为条目,如"在执行项目之前提出一个项目计划"。这个条目与相似的条目一起可形成一个总体的行为量表,被称为"计划和时间安排"（Planning and Scheduling）。因此,相似的事件集合在一起形成一个行为条目,相似的行为条目集合在一起形成一个行为量表。BOS 的重点是评价员工的行为条目,也就是说把行为条目作为评价的题项。

一个组织的绩效评价工具可由一个或多个 BOS 组成。这些量既可以采用二分法的评价方式(选中和未选中;是和否;有和没有),也可以使用李克特类型的多点评价方式。与二分法相比,多点评价法可以更精确地评估个人参与特定行为的频率。例如,采用李克特五点法评价大学教师的一个行为条目:

积极地解答学生的问题

从不	很少	有时	经常	总是
1	2	3	4	5

在制定 BOS 时,关键任务是将对完成工作职责与工作任务有重要影响的事件转化为行为条目,然后把相似的行为条目集合成一个行为准则[①]。在转化的过程中,Campbell等(1973)采用的方式大都以主观的判断为主,虽然实证研究均已证实通过主观判断形成的 BOS 表现出了较高的信度和效度(Latham et al.,1975),但是为最大化 BOS 的质量,Latham 和 Wexley 于 1977 年提出了定量的方法以代替原来的主观判断的定性方法(Latham & Wexley,1977)。他们定量产生 BOS 的方法主要是探索性因子分析法,实证研究结果也发现通过探索性因子方法形成的 BOS 要比通过主观判断方法形成的 BOS 有更高的信度和效度。

需要强调的是,关键事件技术的实施需要满足以下五个条件:

第一,必须对工作活动及其产生的结果进行实际观察。

第二,观察者必须清晰地了解该项工作活动的目的和目标。除非满足这个条件,否则观察者将无法确定这项工作活动是成功还是失败。例如,如果一个工头(Foreman)的工作目标是与他手下的工人很好地相处,他可能被评为非常成功的工头。但是,如果这个工头的工作目标是生产材料,他可能被评为不令人满意的工头。

第三,必须清晰地定义观察者做出具体判断的根据。只有所有的观察者都遵循同一个准则,所获得的数据才能是客观的。所有的观察者必须按照相同的标准判断是否满意。例如,在定义判断标准或准则时,必须明确说明是否将轻微缺陷(Minor Imperfection)视为不合格,或者产品必须完全无法使用才能归类为不合格。

第四,观察者必须有能力对观察到的活动做出判断。例如,不仅能判断出观察到的行为是令人满意的还是令人不满意的,而且还能推断。

第五,所观察的情况能够被准确地报告。这里的主要问题是记忆和交流的问题。也就是说,能全面、客观、准确地记录所观察到的内容。

---

① 也可以被看作不同级别的指标,一级指标是行为准则,二级指标是行为条目,三级指标是行为事件。

为了使关键的要求能够精确地反映在所收集的数据中,观察者需要具备较强将观测的大量行为缩减到适当数量的能力。在整合来自各种具体行为的关键要求时,判断者应尽可能地一致同意每个特定行为都应归入已制定的总结说明下。为了最大限度地发挥关键事件的作用,关键要求的结构也应当能够提供工作活动的连贯画面。

以下是一些已被发现的能够有效构建关键要求的方式:

第一,当不能获得有关行为数据的充足记录时,通过得到杰出的或不满意的极端行为事件是非常有效的收集数据的方式。这个程序相当有效,因为仅使用了极端的行为。众所周知,极端的行为能够比一般特征行为被更好地识别出来。必须确保满足上面论述的五个条件,以便避免事件样本的偏差,这种偏差可能源于选择性记忆,也可能源于对事件类型的不充分的定义。

第二,在观察时,对事件进行评估和分类。在观察的时候,所有相关的细节都应当被记录下来,这时对行为样本进行评价会更简单。如果在事件发生时就对其进行评估和分类,在脑海中记下并稍后做记录,观察者对该材料的回想和记录的准确性将大大提高,所需的时间也会大大减少。

第三,准备一个完整的观察记录表,这个表包含几乎所有可能被观察到的事件类型。只需在适当的空间中进行统计发生的频数,就可以在这种表格上报告事件。

第四,此类数据的最终用途是将频数直接转换为用于预测和评估的统计估计。在可以对观察结果进行准确分类并且还可以获得足够的具有代表性的行为样本的情况下,可以对特定关键要求相对于其他要求的重要性获得相当准确、无偏见的估计。在关键要求是独立的情况下,能够通过常用的公式计算关键事件行为与关键要求的相关系数①。

五、强制选择评价量表

强制选择评价量表(Staugas & McQuitty,1950)(Forced – Choice Rating Scales)或者强制选择评价法最初是为了满足美国陆军选拔军官的需要而开发出来的。虽然当时使用的评价主要是为选拔军官提供依据,但是"当战争不需要150名将军来指挥地面部队时,4000名合适年龄中的2000名更胜一筹",换句话说,评价量表未能区分该组的前50%。为了改善军官评价系统,1945年7月,在副检察长办公室(Adjutant General's Office)开始了一项研究,这项研究产生了一种新的评价量表,该量表实际上是几种类型量表的组合,其中最新颖的是"强制选择"子量表。Sisson(1948)很好地描述了强制选择

---

① 类似于二级指标在一级指标内的比重。

评价量表独特的功能以及在陆军情境中的使用优势:

当前的评价方式最为创新性的特征是使用了强制选择评价法。评价者不是评价一个军官所拥有的每一个特征的程度,而是被要求从四个形容词或短语中进行选择,选择出最能体现军官特征的形容词或短语以及最不能形容军官特征的形容词或短语。换言之,它是客观的报告,大大降低了主观判断,并且由于四元组(四个评价元素)的构建方式,它降低了评价者通过选择明显好或明显坏的特征来产生任何期望结果的可能。因此,强制选择评价法减少了偏袒和个人偏差的影响。

这项评价技术和体现它的形式已经在 5 万名军官身上进行了试验,并且用它获得的结果已经与通过小组评价得出的独立效率标准进行了比较。相对于通常在等级顶部的堆积而言,强制选择评价方式产生了更好的评级结果分布,它较少受被评价军官级别的影响。最重要的是,它产生的评级是更有效的真实价值指标(Staugas & McQuitty,1950)。

Bittner(1948)使用强制选择评价法开发了一个量表用以评价一家大型工业工厂的主管,研究发现,这种类型评价量表的效果比特征评价量表、排序系统和由特征评价量表与绩效核查表相结合组成的系统的效果都要好。

开发强制选择评价量表需要遵循的六个主要步骤如下:

(一)获取有关工作绩效的叙述性数据

下面一段文字是一个叙述案例,该案例被用于开发教师的强制选择评价量表:

张三是一位真诚的职业教师。他与同事相处得很好,表现出了与管理人员和其他教师合作的强烈意愿。他不断努力在教学职业中获得新的、更好的经验。由于这种对自我成长的渴望,他帮助他人实现了重要的教育目标。

此段文字取自非终身制小学教师工作表现的叙述性描述集。此类数据是大多数学校系统记录的一部分,其为强制选择评价量表的基本数据提供了令人满意的来源。但是,如果没有这样的数据来源,可以通过请上级领导和管理人员用行为术语描述教师的表现来轻松地获得这些数据。

(二)分析初始数据并制定工作绩效特征列表

一旦获得这样的叙述性数据,我们就能够选择那些与所分析的特定工作绩效相关的描述。这些描述应当适用于所有的人,也应当是基于行为的描述。有一个普适性的广受认可的原则是,为了保持所获得的描述数据的情境内涵,要尽可能少地对这些描述数据进行编辑或再加工。如果可能的话,至少要获得 400 个这样的描述数据,以下是五个例子:①尝试了解失学儿童。②认识到必须给儿童机会使用他们所学的知识。③为了满足个人和团体的需要,要制订工作计划。④看到要做的事情并去做。⑤使用有组织的工作单元。

（三）获得管理人员（或领导）和同事对量表开发适用员工的工作胜任情况的排序。

如果该量表适用的员工人数比较少（如小于50人），可以对所有员工进行排序；如果该量表适用的员工人数比较多，可以随机选择部分员工作为研究对象。通常情况下，由管理人员或领导来进行排序，前提是管理人员或领导要熟悉每一个参与排序的员工。

每一个评价者获得一个根据胜任能力进行排序的员工名单，让他们选出最胜任该工作的员工，并在其名字前或后面标注数字"1"，依次对所有被排序的员工进行标注，最大的数字等于排序员工的总数量。例如，参与排序的员工共有50人，相对而言，被标注50的员工意味着最不胜任该岗位。需要注意的是，评价者要明白他们不是在"评价"教师，也不会给他们贴上"好"或"坏"的标签。评价者要认识到，所有员工都可能令人满意，并且一名员工也可能优于其他所有员工。这一步骤仅有的目的是通过这些员工的胜任力比较，为后续的强制选择评价量表开发做准备。

Highland和Berkshire（1951）建议同时使用管理者（或领导者）与同事两种排序方式，认为这两种评价方式有显著的相关性，换言之，同时使用这两种排序方式有助于提升排序结果的效度。

就上述案例所提到的教师而言，Tolle（1955）推荐单独并采用保密的形式由同事进行排序，这样做至少有两个好处：①有机会充分解释强制选择技术的基本原理和优势；②体现了教学人员的个人参与。

（四）使用被列出的工作绩效特征决定基本的指数

可以从上面的排序中选择"高标准"和"低标准"组，包括正在制定该量表的不同部门或学校中排名最高或最低的员工。然后将参与排序的员工名单与工作绩效特征列表单独制作成文件放在一起，并附有以下说明：

请描述排名最高的教师。标明在多大程度上以下的工作绩效特征描述了该员工。如果一个特征陈述一直或总是描述他/她，请在陈述前用数字"5"标记；如果该陈述几乎一直都在描述他/她，除了少数例外，请在陈述前用数字"4"标记；如果该陈述描述了他/她大约一半的时间，请在陈述前用数字"3"标记；如果该陈述有时描述他/她，只是偶尔，请在陈述前用数字"2"标记；如果该陈述几乎没有或者根本没有描述他/她，在陈述前用数字"1"标记。

请标记每一个工作绩效特征陈述：5代表总是，一直；4代表实际上总是，但也有例外；3代表一半的时间是这样；2代表偶尔；1代表从不是。

从上面的信息中，我们可以确定在多大程度上每一项工作绩效特征陈述能够区分"高标准"组和"低标准"组的员工。该特征（区分指数，Discriminant Index，DI）被定义为与高标准组和低标准组一起使用的每个陈述的响应均值之间的差异。Highland 和 Berkshire（1951）提出了一个公式计算这一区分指数，（D_H 的平均值 – D_L 的平均值）×（$p \times q / y$）。在公式中，D_H 的平均值是指"高标准"组的平均值，D_L 的平均值是指"低标准"组的平均值，p 为"高标准"组人数的比例，q 为"低标准"组人数的比例，y 为对应于 p 和 q 值的正态曲线的纵坐标。但是，Lanman 和 Remmers（1954）指出，p、q、y 在大多数的研究中都是常量，我们只需计算"D_H 的平均值 – D_L 的平均值"。

在使用后面的方法计算区分指数时，可能的最低均值是 1，最高均值是 5，这将会使区分指数在 0~4 进行变化。在具体的操作过程中，实际值明显小于这个范围，比如，在 Tolle（1955）的研究中，报告的区分指数介于 0.06~2.60。

在计算区分指数之后，我们还需确定另一个指数，即每个工作绩效特征陈述的"语义值"的指标。Highland 和 Berkshire 指出，可将其称为"工作绩效指数"（Job Performance Index，JPI）或绩效指数（Performance Index，PI）。工作绩效指数显著不同于区分指数。为了获得工作绩效指数，评价者被要求按照以下说明再次回应特征列表：

决定每个工作绩效特征陈述对小学教师的地位有多重要。指出每一个陈述作为资格的重要性。请标记每一个陈述：

5 代表这一陈述非常（最）重要；4 代表这一陈述很重要；3 代表这一陈述重要；2 代表这一陈述有一点点重要；1 代表这一陈述不重要。

将各个评价者在每一个特征陈述上的评分取平均数，即可得到该陈述的工作绩效指数。

（五）实验量表的开发和管理

当区分指数和工作绩效指数确定之后，我们就可提出评价量表表格。以下是来自四语句全积极量表的示例，其中包含用于说明的假设指数值：

——在大楼周围很有帮助（PI = 3.70，DI = 1.80）

——允许学生自我管理（PI = 3.7，DI = 1.50）

——使用父母的资源（PI = 3.7，DI = 1.20）

——不对孩子期望过高（PI = 3.7，DI = 1.50）

四语句组一般采用工作绩效指数相同而区分指数不同的特征陈述组成。这样做是为了使组内的工作绩效特征陈述不会被看起来比其他陈述更容易被接受。这种方法有助于降低评价偏差。必须记住，评估者在做出反应时并不知道区分指数值。

（六）最终评价量表和评分工具的开发

在使用实验量表进行评价之后，对陈述组进行项目分析，保留具有区分效力的陈述组。

对于最终计分的问题不同学者有不同的看法。一些学者采用加总区分指数的方式计分，其他人将高指数分数转换为 +1，将中间二分转换为 0，将低分转换为 −1，Tolle 建议使用项目分析结果。他的量表得出的分数范围可能为 −287 ~ +287，比该领域的其他人高出许多倍。假设每个新用户都可以通过将不同方法与他自己的验证标准进行比较来确定最有效的技术，这可能是合乎逻辑的。

六、行为锚定评价量表

（一）行为锚定评价量表的内涵

行为锚定评价量表（Behaviorally Anchored Rating Scales，BARS）是通过设定特定工作岗位的关键绩效维度，提炼能够反映相应维度的好和不好的关键行为进而构建一个锚定评分量表，以此作为评价员工行为的工具。BARS 最初是由 Smith 和 Kendall 于 1963 年提出的一种绩效评价方法，该方法是关键事件技术和评价量表的结合，具备了两者的优点，适用于大量员工执行相同任务的工作中或者是考核同一个岗位的不同员工。BARS 的目的在于，将好的和不好的绩效行为进行等级量化，从而形成一个具有较好信度和效度的多绩效维度的评价量表，该量表能够客观、公正地呈现员工的真实绩效行为表现。

（二）行为锚定评价量表设计步骤

Schwab 等（1975）指出，构建 BARS 一般需要遵循以下五个步骤：

第一，识别既定工作的绩效维度（Identify Performance Dimensions）。针对了解既定工作的人（主管或从事这一工作的员工）进行调查，以便识别和定义若干个绩效维度。

第二，识别重要事件（Identify Critical Incidents）。让一个参与者群体[1]（一般是评价者）描述与每一个绩效维度相关的重要事件，也就是那些对绩效维度有重要影响的或最能体现绩效维度内容的有效的或无效的行为。

第三，重新编译（Retranslation）。指导另一个参与者群体（一般是被评价者）重新编译已经识别的重要事件。告知他们各个绩效维度的定义和关键事件，让他们将每一个关键事件分配到最匹配的绩效维度中。保留那些分配结果最一致的事件。

---

[1] 这个群体与第一步识别和定义绩效维度的群体相一致。

第四,对事件量表化(Scaling Incidents)。让第二个参与者群体评价事件所描述的行为是如何有效地或无效地代表着某一绩效维度的。分配给事件的平均评级确定了事件代表某一绩效维度的程度。

第五,形成最终的工具(Final Instrument)。保留重新编译并在绩效有效性方面具有高评级者一致性的事件,以用作绩效维度的锚点。最终的 BARS 工具由一系列纵向排序的量表组成(每个维度一个量表),这些量表被保留的事件锚定。事件根据先前的评级高低进行排序。图 4-3 是评价特殊教育教师绩效的一个维度,即与学生的融洽程度。

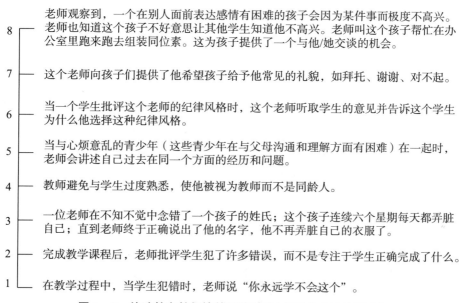

图 4-3 特殊教育教师绩效评价量表(与学生的融洽程度)

在实际操作过程中,第一步和第二步的顺序可能会颠倒。一些被调查者能够先识别绩效维度并定义绩效维度,然后提出与绩效维度相关的关键行为事件。但是,也有些被调查者可能会先提出与工作岗位相关的关键行为事件,然后将这些事件进行分类,从而形成绩效维度并对其进行定义,这种做法比较类似于探索性因子分析所做的事情或扎根理论法。

(三)行为锚定评价量表的优缺点

BARS 的优点主要体现在以下两个方面:

第一,量表的开发方面。BARS 最大的潜在优势与产生的绩效维度有关。提炼绩效维度时是以熟悉既定工作及工作要求的主管或员工为调查对象,这对于提取覆盖绩效各个方面的事件有很大的价值,有助于提升量表的内容效度。重新编译步骤也确保了工作维度和描述这些维度的行为事件的含义是非常具体的、不模糊的。实际上,重新编译这一步骤不仅剔除了不能清晰地被分配到一个维度的行为事件,而且还剔除了不能被清晰定义的维度。总的来说,重新编译步骤有助于提升绩效维度之间的区分效度。

第二,使用方面。由从事既定工作的员工和主管提供关键事件的做法能够增强评价者(一般指主管)对于量表的熟悉和接受程度,激发评价者认真客观评价被评价者的动机,同时还有助于提升被评价者对评价结果的接受度。重新编译步骤和保留那些达成一致意见的行为事件的做法有助于减少宽大(Leniency)和集中趋势误差。

BARS 的缺点在于一个 BARS 只能用于评价同一个工作内容的很多名员工,如果想要对组织内不同工作内容或岗位的员工使用 BARS 进行考核,需要针对不同的岗位开发出不同的 BARS,这将会导致开发和实施成本非常高。对于非常复杂的工作岗位来讲,特别是工作行为与工作结果之间的关系不太清楚的工作,管理者容易关注对工作结果的考核而不是对行为事件的考核。

第三节　绩效评价主体与 360 度评价法

一、360 度评价法的内涵

绩效评价主体是指对员工进行绩效评价的人,其是影响绩效评价结果有效性的重要因素。大多数的组织都是按照职位等级的顺序由上级对下级进行评价的,把上级主管作为重要的绩效评价主体。但这种做法经常受到批评,因为仅采用上级单一主体的评价结果决定员工的绩效水平,其有效性在很大程度上受上级与员工之间关系的质量、上级对下级的了解程度以及与上级相关的其他因素的影响,评价结果的可信度较低。

为解决单一评价主体所带来的评价结果失真现象,学者们提倡采用 360 度评价法。360 度评价法是指从两个或两个以上的评价主体获得被评价者绩效信息的方法,该方法包含的评价主体有上级、下级、自己、自己部门的同事、其他部门的同事和顾客等。换句话说,让两个或两个以上的评价主体对员工的绩效进行评价。在绩效管理实践中,360度评价法主要用于针对领导者的评价,通常选用组织内部的同事、下级和上级等作为评价主体。

利益相关者理论为 360 度评价法提供了重要的理论基础。利益相关者理论是一个组织经营管理的宏观理论,它将利益相关者界定为与组织的生产经营活动有利害关系的群体或个人,包括供应商、社区、工会、顾客、行业协会和政府等。将利益相关者理论运用在 360 度评价法中意味着在对员工进行绩效评价时,要充分考虑与该员工的工作内容有密切关系的所有主体。例如,对招聘岗位的普通员工进行考核时,可选用的考核主体有员工、上级领导、本部门同事以及其他有用人需求的部门的同事。

360 度评价法与组织强调员工参与的管理哲学相一致。尤其是让员工参与到其领导的评价中,不仅对领导是一种监督和督促,而且还可以提升员工的组织承诺、组织公平感知和工作幸福感。良好的员工参与体系,还可以激发员工向领导更多地建言,这些建议对于改善领导成员之间的关系、提升员工的工作满意度、促进部门或领导工作创新等具有重要的积极作用。

二、360 度评价法的优缺点

(一)360 度评价法的优点

第一,由于工作绩效是个多维度的概念,除了上级直接对下属进行评价之外,也采用其他相关主体进行评价,这样能够更好地评价绩效的不同维度。

第二,尽管不同的评价者有同样的机会观察到员工绩效,但他们对于绩效水平的感知和评价结果可能有所差异,多个评价主体共同评价有助于提升评价结果的客观性和准确性。

第三,360 度评价法的主要目的并不仅仅是为加薪、晋升或其他行政管理决策提供依据,而是更专注于促进员工的发展和成长。来自不同主体的绩效评价结果反馈,对员工的工作表现提供了更加全面的信息,这有助于形成更加完整的"员工自我画像",帮助员工识别自身的优势和不足,促进员工的全面发展。

第四,除了直接主管外,其他评价主体基本上都是匿名进行评价的,在很大程度上能够激励评价主体提供更加真实的、对员工有益的评价结果。

第五,360 度评价法能够激发员工从只关心主管的评价拓展到也关心同事和下属以及其他主体的评价,这也会使员工关注那些经常被忽视的重要的绩效维度,最终提升管理效能。

(二)360 度评价法的缺点

第一,采用 360 度评价法需要耗费大量的时间和金钱,成本较高。

第二,不同的主体所做出的评价可能是不同的,要么太积极,要么太消极,受到人际关系质量的影响较大。诚实的评价有时是比较伤人的,很容易造成被评价者与评价者之间的关系紧张。

第三,评价主体可能并不完全了解被评价者的工作情况,容易产生晕轮效应。

三、360 度评价法的拓展

大多数学者认为,360 度评价法在实施的过程中要采用同一个绩效评价量表从不同的评价主体获得评价信息,通过不同的权重设计计算被评价者的总绩效成绩,这样能够避免单一评价主体的系统偏差,同时也有助于将不同来源的信息进行比较,为被评价者的全方面发展提供有针对性的建议。但是,本书认为仅仅这样操作 360 度评价法,在很大程度上限制了 360 度评价法的使用价值。在使用 360 度评价法时,不一定要采用统一的测量工具,可以针对不同的评价主体采用不同的测量工具对一个员工进行评价,以此获得更全面的绩效评价结果。绩效评价的维度是多方面的,如销售岗位的考核,不仅包括销售量、销售收入这些可用客观数据进行测量的绩效维度,还包括工作态度和客户满意度这样的主观评价指标。对于工作态度的考核可通过上级和同事采用同一个态度量表进行评价,而对于客户满意度的评价则需要使用另一个客户满意度量表让客户进行评价。也就是说,针对不同的绩效维度进行评价时,可采用最了解这一维度的相关主体或者与该维度有紧密利益关系的主体进行。

第四节　潜在的绩效评价偏差与控制

绩效评价偏差在整个绩效评价的过程中无处不在,严重影响着绩效评价结果的信度和效度。从本质上看,绩效评价偏差就是绩效评价结果与员工真实绩效表现之间的差距。绩效评价结果与真实绩效表现的差距越大,绩效评价偏差就越大;反之,则越小。为尽可能地提升绩效评价的质量,深入了解绩效评价偏差的来源至关重要。从绩效评价所涉及的内容来看,绩效评价偏差的主要根源在于组织绩效评价氛围、绩效评价工具和绩效评价主体。

一、组织绩效评价氛围

组织中的氛围是关于人们在组织中所看到的和所体验到的事情的第一手描述,包括员工对于组织实践、政策、流程、仪式和奖励等方面的感知。尽管早期的研究表明,氛围是由组织的规模、层级结构和控制跨度等客观特征决定的,但是最近的研究认为,氛围主要是通过员工对于组织的主观理解和个体感知而发挥作用的。

组织的绩效评价氛围是组织内的员工对于绩效评价工作的感知,有积极和消极之分。积极的绩效评价氛围意味着员工接受、支持和鼓励绩效评价,有助于保障绩效评价工作的顺利执行。而消极的绩效评价氛围则体现在员工对于绩效评价工作的厌恶,对绩效评价结果的质疑和抗拒;评价主体在对员工进行绩效评价时,也会采取不认真的态度,致使评价结果并不能真实地反映员工的绩效表现。由此可见,塑造积极的绩效评价氛围是避免绩效评价偏差的重要途径。绩效评价氛围主要受到高层管理者对于绩效评价的重视程度、绩效评价的目的和公平性的影响。

具体而言,为塑造积极的绩效评价氛围,首先,高层管理者要表现出对于绩效评价工作的重视。这种重视程度可通过多种方式进行体现,例如,在大小会议上不断地强调绩效评价的重要性,在绩效评价体系构建方面提供大量的资金支持,增加绩效评价方面的管理人才,高层领导带头抓绩效考核工作。当高层管理者传递出非常重视绩效评价工作的信号时,组织内各层级的员工就会在很大程度上认真对待绩效考核。

其次,绩效评价的目的会影响绩效评价氛围的塑造。传统的绩效评价的目的一般都是聚焦于将绩效评价结果作为行政管理决策的依据,如薪酬分配、岗位晋升、培训、劳动关系等,但这些目的更多的是激发员工的外在动机,外在动机的不确定性、递减性和暂时性意味着员工并不太可能持续地在工作上表现出积极性、主动性和创造性。随着绩效评价工作的不断成熟与发展,组织的绩效评价逐渐向绩效管理转变,由强调这些行政管理的目的向强调员工与组织的共同成长与发展的目的转变。新时期绩效评价的目的更强调通过绩效评价帮助员工识别自身的优势和不足,将员工配置在能够发挥其优势的工作上,以此为员工提供展示自己的平台和机会,促进员工的成长与进步,从而实现组织的可持续发展。当员工感知到组织的绩效评价工作是为员工的成长与发展进行服务时,绩效评价工作才更可能会激发员工的内在动机,提升员工对于绩效评价工作的参与度和接受度,进而提升绩效评价的有效性,最终塑造出积极的绩效评价氛围。重要的是,绩效评价工作本身要实现以员工成长与发展为核心的目的,最起码要使员工感知绩效评价工作是在往这个方向上努力的。如果打着服务员工的旗号,但绩效评价工作并不能切实让员工得到成长与发展,员工对绩效评价的积极感知就会不断降低,不利于塑造积极的绩效评价氛围。

最后,绩效评价的公平性对绩效评价氛围的塑造会产生显著的影响,绩效评价越公平,越可能塑造积极的绩效评价氛围。根据公平理论可知,绩效评价的公平性包括互动公平、过程公平和结果公平三个方面。绩效评价的互动公平主要体现于:在制定绩效评价方案时,是否要求员工参与;在选择绩效评价主体时,是否考虑员工的自我评价;在绩效评价过程中,是否与员工进行充分的沟通,是否全面理解员工的真实想法和表现。通常情况下,让员工参与绩效评价方案的制定、考虑员工的自我评价,并且在充分了解员工真实工作表现的基础上,对员工做出评价更有利于塑造积极的绩效评价氛围。绩效评价的过程公平包含的内容有:是否按照已规定的绩效评价制度执行、绩效评价的过程是否公开透明、是否尽可能地避免人为操作,等等。绩效评价的结果公平主要是指员工能否凭借自己的绩效结果得到应有的奖励或回报。为最大限度地营造积极的绩效评价氛围,组织应当充分发挥绩效评价公平性的作用。

二、绩效评价工具

绩效评价工具的信度和效度也是造成绩效评价偏差的重要原因。

(一)绩效评价工具的信度

1. 信度及分类

信度是指绩效评价结果的可靠性、一致性和稳定性,也就是说,绩效评价结果在多大程度上是可信的。绩效评价工具的信度越低,绩效评价的偏差将会越大。信度一般可分为空间信度和时间信度两大类。空间信度是指不同的评价主体采用同一绩效评价方法对同一个被评价主体进行评价时,评价结果一致性的程度。从理论上讲,具有较高空间信度的绩效评价方法无论评价主体是谁,得到的绩效评价结果基本上是一致的;如果不同的评价主体对被评价者的绩效评价结果差异比较大,则说明该绩效评价方法的空间信度比较低。时间信度是指在其他条件不变时,同一个评价主体在不同的时间点使用同一个评价方法对同一个被评价者进行评价时,所得出的评价结果的一致性程度。同样地,当同一个评价主体使用同一个评价方法在不同的时间点对同一个评价者进行评价所得出的评价结果一致性程度较高,则说明该评价方法的时间信度比较好;反之则相反。

2. 绩效评价量表信度分析方法

常见的绩效评价量表信度分析方法有两种:重测信度法和内部一致性信度法。

(1)重测信度法。在其他条件保持不变的情况下,用同一个绩效评价量表,对同一批被评价者进行不同时间点的评价,然后计算两次评价结果的相关系数,相关系数的显著性及其大小表明了该绩效评价量表重测信度的高低。相关系数越高,重测信度越高。

(2)内部一致性信度法。内部一致性信度考查的是量表中的题项在多大程度上考查了同一内容,一般是通过折半信度法和科尔巴赫系数法两种方式进行衡量。折半信度法是衡量使用同一个绩效评价量表对一组员工进行评价,然后将所得的样本随机分为相等数量的两组,通过计算两组样本的相关系数决定绩效评价量表的折半信度。相关系数越高,折半信度越高。克朗巴赫系数可能会随着量表所包含的题项不断增强而变大。

无论是重测信度还是内部一致性信度,其数值均介于 0 到 1,绩效评价量表信度值的大小体现着该量表的可信程度。一般标准如表 4 - 4 所示。

表 4 - 4　量表信度的判定标准

信度值的范围	信度水平
小于或等于 0.3	信度非常差
大于 0.3 且小于或等于 0.4	信度较差
大于 0.4 且小于或等于 0.5	信度差
大于 0.5 且小于或等于 0.7	信度一般
大于 0.7 且小于或等于 0.9	信度较好
大于 0.9	信度非常好

（二）绩效评价工具的效度

1. 效度

绩效评价工具的效度是指绩效评价工具能够识别出员工真实绩效表现的程度。尤其是对于量表式绩效评价工具而言,如何确保评价量表的效度是绩效评价量表开发者需要重点考虑的问题。量表的效度越高,绩效评价的偏差一般越小。

2. 量表的效度常见指标

量表的效度指标常见的有建构效度、聚合效度、区分效度和校标效度。

（1）建构效度。建构效度是指绩效评价量表能够全面地反映工作内容的程度,有时也称为内容效度,这是相对于工作岗位的职责而言的。评价量表所涵盖的工作职责越全面,评价量表的建构效度水平越高。衡量绩效评价量表建构效度高低的指标是所有题项解释的总方差变异量。探索性因子分析可用于计算该数值。

（2）聚合效度。聚合效度是指绩效评价量表中不同的题项测量同一维度内容的程度。聚合效度主要是针对反映性指标而言的。反映性指标指的是同一个绩效维度可以用不同的事件、行为、能力或结果来表示,例如,评价一名领导是否基于下属优势的领导时,采用的题项有:①我的领导会提供一些机会让我了解我擅长什么;②我的领导与我讨论过如何才能提升我的优势;③我的领导鼓励我进一步开发我的潜力;④我的领导给我很大的自主权让我根据我的特长开展工作;⑤我的领导善于使用我的特长;⑥我的领导知道我擅长什么;⑦我的领导让我的工作任务与我的优势相匹配;⑧我的领导让我与其他具有互补优势的同事一起工作。这些指标均是反映领导者是否以员工的优势为焦点。与反映性指标相对应的形成性指标,也就是说,每一个指标都是所表示维度的重要组成部分。例如,优势型领导包括领导聚焦下属的优势和领导自身的优势两个方面的内容,基于下属优势的领导作为一个指标而言就是优势型领导的形成性指标。形成性指标通常与构建效度有密切的关系。判断量表的聚合效度一般采用组合信度(Composite Reliability,CR)和平均方差提取(Average Variance Extracted,AVE)值相结合的方式,当CR 大于 0.7 且 AVE 大于 0.5 时,认为该量表具有较好的聚合信度。

(3)区分效度。区分效度是指在绩效评价量表中测量不同绩效维度的不同题项之间的差异程度,换句话说,测量不同维度的题项能否将不同的维度区分开来。可采用验证性因子分析法检验不同绩效维度的区分效度。比如,Ding 等(2020)在开发优势型领导量表时,对优势型领导与谦卑型领导、真实型领导、变革型领导和领导成员交换之间的区分程度进行了检验,验证性因子分析结果显示 $\chi^2/df = 2.93$(小于 3),CFI = 0.96(大于 0.9),TLI = 0.95(大于0.9),SRMR = 0.04(小于 0.08),因此,优势型领导显著区别于谦卑型领导、真实型领导、变革型领导和领导成员交换。

(4)校标效度。校标效度指的是绩效评价量表能够预测与其密切相关的其他概念或变量的程度。这与"好理论"的融贯性特征比较相似。一个好的理论应当具有较强的融贯性,也就是说,一个理论不仅要具有内在的逻辑性,而且还要与其他已经成熟的被大家广泛接受的理论相符合。针对评价量表的校标效度来讲,具有较高水平校标效度的量表也应当与其相关的量表显著相关,更进一步讲,应当对相关的变量具有预测作用。以Ding 等(2021)开发的优势型人力资源系统量表为例,他们在验证优势型人力资源系统量表的校标效度时,通过结构方程模型检验了优势型人力资源系统对员工任务绩效和创新行为的预测作用,研究表明,优势型人力资源系统确实能够显著预测员工的任务绩效和创新行为,甚至在控制高绩效工作系统和高承诺工作系统的情况下,这种预测作用仍然显著。因此,他们开发的优势型人力资源系统量表具有较好的校标效度。

总之,为了尽可能地降低绩效评价偏差,提升绩效评价量表的信度和效度是重要的途径。

三、绩效评价主体

在绩效评价过程中,无论评价主体是谁,评价结果均可能存在一定的偏差。造成这种偏差的原因主要在于,评价主体针对某一个体进行绩效评价时,是以对这个人的知觉为基础的。知觉是组织行为学领域重要的概念,指的是个体为了对自己所在的环境赋予意义而组织和解释他们感觉印象的过程(孙健敏等,1997)。通常情况下,个体对于各种人、事、物的知觉与这些人、事、物的真实情况存在一定的差距,主要是因为人们对于人、事、物的感知、认识或理解能力是有限的,而且人们在对人、事、物进行评价判断时也通常会受到知觉环境以及人、事、物自身特征的影响。总之,绩效评价主体知觉上的偏差是导致绩效评价偏差的重要原因。

通过大量的绩效评价实践观察和研究,学者们总结出了评价主体在绩效评价中经常出现的偏差与基本的控制方法:

(一) 似我效应

似我效应是指评价主体在对被评价者进行评价时,通常会将自己的特征、兴趣、能力、努力程度与被评价者进行对比,被评价者与自身的特点越相似,评价主体越可能根据自己的真实绩效表现对被评价者做出绩效评价。当被评价者与评价主体相似时,如果评价者是一个努力程度比较高、绩效水平比较好的员工,他非常可能会通过似我效应想当然地认为被评价者也是一个非常努力且绩效表现好的员工,这在一定程度上可能无形中夸大了被评价者的绩效结果。为控制这一方面的偏差,要求评价主体时刻提醒自己,尽可能地避免将自身的表现嫁接到被评价者身上,尤其是当评价主体认为被评价者与自己非常相似时。

(二) 刻板印象

刻板印象是指评价者在对某一员工进行评价的时候,根据该员工所在的群体而形成对这一员工的最终判断的现象。刻板印象的特点是,评价者会将员工归类于某一群体,进而根据对这一群体的印象形成对该群体员工的评价。这样的群体有多种类别,如某个部门、某一领导的下属、校友、老乡和兴趣社团。如果被评价者与评价者所在的是同一个群体,绩效评价结果的偏差将可能更大,人们往往会在潜意识中认同自己所在的群体,在绩效评价时,处于这一群体的被评价者的绩效可能会被人为地提高。克服刻板印象的方式就是让评价者意识到每一个群体的员工只是因某一个方面而被集合在一起,实际上,员工之间是存在差异的。尽管群体氛围或环境能够使群体成员的态度或行为不断趋同,但是每个人天生的才能有着本质的区别,这将决定每个人的绩效表现也会有所差异。

(三) 晕轮效应

晕轮效应指的是评价者根据被评价者的某一个特征而形成对被评价者的总体评价的现象。1939 年,Bingham 就已识别出评价过程中的晕轮效应(Bingham,1939)。评价者实施评价的过程从本质上来看是一个信息获取和加工的过程。评价者最容易获取的信息是被评价者比较突出的信息,如表现特别好的行为和表现特别不好的行为,这样的信息倾向于主导评价者的信息加工过程,从而使评价者基于这些信息形成对被评价者的最终评价结果。在绩效评价中经常会出现晕轮效应,例如,评价者了解到某一名员工在一次项目中表现出高水平的问题解决能力,在对该员工进行综合评价时,评价者通常会认为这名员工的总体绩效像他/她的问题解决能力一样好。为在更大程度上避免评价者的晕轮效应,重要的是评价者需要对被评价者有充分和全面的了解,以评价者所了解到的事实为依据形成对被评价者的综合判断。

(四)对比效应

评价者在进行绩效评价时,通常会将一个员工与另一个员工进行对比,尤其在比较评价法当中更是如此。比较评价法的本质就是通过不同员工之间的对比,对每一个员工做出判断。对比效应所引起的偏差体现在比较评价法的缺点上。对比评价法强调的是通过员工之间的对比形成被评价者之间的相对优劣,有着一定程度的强制选择的含义。但是,由于不同的员工所从事的工作内容可能并不完全一致,这将会增加比较标准或原则的难度,况且不同的工作内容之间可能并不具有可比性。对比效应中有句著名的有关表演的说法,那就是"千万不要在孩子和动物之后进行表演",因为人们很容易被孩子和动物的表演吸引,当成年人在他们后面进行表演时,观众会无意识地将其表演与孩子和动物的表现进行比较,比较的结果往往是令成年演员失望,并且还不容易将观众的注意力收回来。另外,对比效应不仅会发生在被评价者群体之间,还会发生在被评价者与评价者、被评价者群体外的员工以及评价者熟悉的本组织之外的员工之间。如果评价者所选择的标杆对象的绩效水平比较高,被评价者绩效水平将会偏低;如果评价者所选择的标杆对象的绩效表现很差,也会导致被评价者的绩效水平偏高。控制对比效应产生绩效评价偏差的方法是,尽最大可能将考核内容和考核指标具体化、明确化,并要求评价者严格按照考核所设定的要求进行评价。

(五)近因效应或首因效应

近因效应主要是指评价者根据被评价者的近期表现而对被评价者进行评价的现象。近因效应的发生主要是因为人们的记忆是有限的,对所看到和经历的事情会随着时间的推移而不断地被遗忘,当评价者进行绩效评价时,能够想到的被评价者的绩效表现通常是近期的。与近因效应比较类似的是首因效应,即评价者会根据首次对被评价者的绩效印象对其进行评价。为避免近因效应或首因效应,要求在绩效考核周期内详细对被评价者的绩效表现进行记录,以此作为绩效评价的基础。

(六)宽大效应或严格效应

宽大效应是指评价者在进行绩效评价时,会因为各种原因,例如,害怕被评价者知道自己打低分会对自己进行报复、虽然被评价者表现不好但确实很努力、被评价者面临晋升的需要、被评价者家庭发生变故需要资金支持、夸大被评价者绩效表现的现象。Bass(1956)针对造成宽大效应的原因进行过系统研究,并提出宽大效应来源的八个因素:第一,评价者很可能认为如果他们给被评价者很低的绩效分数,则会反映出他们自己的无能;第二,评价者可能认为绩效表现差的员工已经被组织开除了;第三,评价者可能会认为贬低的评价会让被评价者知道,这将损害评价者与被评价者之间的关系;第四,评价者可能会为了获得下属的晋升而对下属进行宽大的评价,从而通过获得"影响楼上"(Influence Upstairs)的上级声誉来直接增加对下属的控制;第五,评价者可能是计划好的,要给被评价者比实际绩效表现要好的绩效评价结果;第六,评价者可能觉得要想赢得别人对自己的认可有必要先认可别人;第七,每个评价者都可能在"与我交往者有功,故我有功"的基础上进行操作;第八,评价者很可能做出夸大的评价是因为组织的文化更强调对他人的认同而不是不认同他人。

与宽大效应相对应的是严格效应,也就是评价者在对被评价者进行评价时从严处理,使被评价者的绩效评价结果偏低的现象。严格效应的出现有多种原因,例如,评价者与被评价者之间的关系不太好、评价者想凭借绩效评价结果"敲打"被评价者。为降低夸大效应或严格效应的发生程度,最常用的方法是采用匿名评价方式以及提升评价者实施公平评价的能力。

(七)居中效应

由于评价者对被评价者的实际工作表现不熟悉或评价者不愿承担绩效评价结果所带来的负面影响,将被评价者的考核结果放在中间位置的现象。从一定程度上讲,大量的员工评价结果数据放在一起,如果符合正态分布,则体现了绩效评价的有效性。进一步来讲,正常情况下,大部分员工的绩效评价结果应当处于中间位置,表现特别好和表现特别差的员工应当是少数。但是,当评价者没有真实客观地反映被评价者的绩效表现,而是出于其他的原因故意将被评价者放于中等绩效水平时,居中效应就产生了。为尽可能地避免居中效应,在绩效考核实施之前,应对评价者进行培训,以消除评价者的后顾之忧;让最了解被评价者工作内容和工作表现的员工作为评价主体。

(八)俄罗斯套娃效应

俄罗斯套娃是一种玩具,大娃套小娃,小娃套更小的娃。俄罗斯套娃效应指的是,评价者在对被评价者进行绩效评价时,故意将被评价者的绩效表现放置在低于自己绩效表现以下水平的现象。造成俄罗斯套娃效应的原因主要在于,被评价者与评价者之间存在利益之争,或者是评价者自身心胸狭隘,见不得同事比自己好,再或者是对同事具有很强的嫉妒心。对于领导而言,在对下属进行评价时,要极力避免产生俄罗斯套娃效应。领导者要清楚地认识到,下属的优异成绩与领导者有效的领导是分不开的,下属所做出的成绩实际上也是领导的成绩。领导者应当心胸宽广,营造一种渴望下属成才的领导氛围。尤其是在绩效评价中,要以事实为依据,以培养、激励员工和创造公平的绩效评价氛围为原则,实施客观公正的绩效评价,绝不压制下属的客观绩效评价结果等级。控制俄罗斯套娃效应的主要手段是加强评价主体的素质培训,提升评价主体的认知和格局。

(九)溢出效应

溢出效应指的是当评价主体对被评价者实施绩效评价时,被评价者先前绩效周期的评价结果对于当前绩效评价的影响现象。例如,评价者可能做出一个假设,即如果一个员工在过去表现出优异的绩效水平,那么在当前绩效周期内也应当是高绩效者。基于此假设,评价者做出对于被评价者的绩效评价。相反地,如果评价者认为一个员工在过去的绩效表现比较差,根据溢出效应,也会认为员工在当前绩效周期内的绩效水平也是差的。为了避免溢出效应,评价者在评价过程中要时刻提醒自己,任何一名员工的过去的绩效表现并不代表现在,因为员工的态度、能力、知识和技能等在不断地变化,工作岗位、岗位特征、领导成员交换关系、组织氛围和政策制度也可能发生变化,这些变化对员工的绩效表现有着重要的影响。

(十)归因偏差

归因偏差又称自我服务偏见。一方面,人们常常将自己的失败归因于外部原因,如外部条件、环境或机会;将自己的成功归因于内部原因,如能力、技能、特质。另一方面,人们常常将他人的失败归因于其内部原因,将他人的成功归因于外部原因。归因偏差会使评价者认为员工的高绩效表现出是由于外部因素带来的,从而给员工低于实际绩效水平的评价结果。

第五节　评价主体培训

通过以上潜在绩效评价偏差的分析可以看出,对评价主体实施系统的培训是降低评价主体偏差的重要渠道。Levine 和 Butler(1952)在 *Journal of Applied Psychology* 中,提供了第一个描述评价主体培训的项目。有关评价主体培训的研究主要有两个方向:一是怎样对评价主体进行培训;二是如何决定培训项目是否有效。相比较而言,关于确定评价主体培训内容的研究要比决定培训是否有效的研究更为重要。但是,大量的研究表明,培训评价主体"什么不能做"(如避免评价者偏差)对于提升绩效评价的精确性是无用的;对评价者进行培训时,采用一致性的概念说明什么代表好的绩效、什么代表差的绩效以及什么行为和能力构成了绩效,有助于提升绩效评价的精确性,降低绩效评价偏差(DeNisi & Murphy,2017)。

一、培训评价主体的意义

培训绩效评价主体有四个方面的意义:

第一,对评价主体进行培训能够使评价主体更全面、准确和深入地理解绩效评价的目的、功能和原则以及绩效评价内容的构成,进而提升绩效评价在执行过程中的质量,降低绩效评价偏差。

第二,对评价主体进行培训可以让评价者清晰地认识到绩效评价偏差所带来的消极影响和造成绩效评价偏差的原因。特别是对于评价者认知偏差而言,当评价者知道并理解这些偏差时,他们将更可能在绩效评价中有意识地避免这些偏差。

第三,对评价主体进行培训有助于在评价者之间就绩效评价的标准达成趋同意见。尽管评价者面临的被评价者和评价工具是一样的或类似的,但由于评价者认知、能力、态度、价值观、情感和动机方面的差异,他们可能依据不同的评价标准对被评价者做出评价。对评价主体进行培训时,可以培养评价者的评价标准意识,通过统一的引导,有助于使评价者主观判断标准的趋同化。

第四,对评价主体进行培训有助于丰富评价主体所掌握的绩效评价操作的具体方法,提升评价主体的判断和决策能力,从而达到较低绩效评价偏差的目的。

二、培训评价主体的内容

对评价主体进行培训要聚焦于以下五个方面的内容:

(一)绩效评价的目的与意义

任何管理职能或任何方面的管理都是具有一定目的和意义的。过去绩效评价的目的主要在于衡量员工绩效的完成情况,以此作为行政决策的依据。很多时候,领导者在评价自己的下属时,往往会夸大下属的绩效,以便体现领导者的领导有效性或者是为了留住自己的下属。但是,现代绩效评价的目的和意义已经发生了很大的转变,组织实施绩效评价工作的另一个重要的目的是促进员工的成长与发展,绩效评价能够有效地识别员工的优势和不足,为后续更好地发挥员工的优势以及进一步开发员工的优势提供重要的依据;而且,充分了解员工的不足有助于领导者在工作安排时有意回避员工的不足,或者以团队互补的形式弥补员工的不足,确保工作任务能够顺利完成。因此,加强绩效评价的目的与意义的培训,让评价主体深入、全面地理解绩效评价的目的和意义,有助于促使评价主体客观地对被评价者进行评价,降低评价偏差。

（二）绩效评价的内容和标准

评价主体需要准确理解绩效评价的内容和标准。在绩效评价实践中,不管绩效评价的内容多么全面,使用的绩效评价工具多么先进,只要评价主体不理解为什么考核这些内容、为什么选用这些指标、为什么采用这种评价工具,评价主体就很难在评价过程中真实反映被评价者的表现。在对评价主体进行培训时,要充分说明绩效评价的维度和指标是如何一步一步地通过科学的方法或手段制定出来的,要解释这些维度和指标的具体含义,要阐明使用该种绩效评价工具的原因以及评价工作自身的优缺点。

（三）详解常见的绩效评价偏差

从前文的论述中我们可以知道,绩效评价偏差来源于多方面,但是作为评价主体而言,他们最能够直接控制的偏差是一些他们自身经常表现的评价偏差,如晕轮效应、对比效应、宽大或严格效应、刻板印象。让评价主体全面了解他们可能存在的偏差,并深入理解造成这些偏差的原因以及掌握有效的控制手段,能够显著降低评价主体在绩效评价过程中出现这些偏差的概率。Latham 等（1975）针对一个大型公司中 60 名经理的研究表明,对评价者实施似我效应、晕轮效应和对比效应偏差培训,能够显著避免经理在评价过程中表现这些偏差。

（四）提升评价主体的观察能力和判断能力

尤其是当组织采用行为观察法进行绩效评价时,评价主体（如上级主管）对于下属行为的观察质量将决定评价结果的有效性。强化评价主体的观察意识,提升其观察能力,不仅有助于驱动评价主体抛弃以自己的主观臆断为依据形成员工评价结果的错误想法,而且能让评价主体更全面、更高效地观察员工的行为,从而做出更加准确、客观的评价。此外,也要通过评价主体培训项目提升评价主体的判断能力。评价主体在对员工进行评价时,需要获取很多有关员工的工作信息,这些信息并不是对做出有效的绩效评价都有帮助,因此,评价主体需要具有较强的判断能力,高质量地对所获得的信息进行加工,从而做出正确的决策。

（五）增强评价者对绩效评价工作的重视

绩效评价对于组织管理以及员工和组织的可持续发展具有重要的意义。在对评价主体进行培训时,要向评价主体深度讲解绩效评价的重要性。不认为绩效评价在组织管理中是一项重要工作的评价主体通常也不会端正对于绩效评价的态度,更不会认真对待绩效评价工作,在对员工进行评价时,也不会通过评价系统切实反映员工真实的绩效表现,这将会在很大程度上损害绩效评价的功能,达不到绩效评价的目的。一旦评价主体意识到评价工作的重要意义,他们将会重视绩效评价工作,进而有助于降低评价主体方面的绩效评价偏差。

三、培训评价主体的方法

(一)研讨班(Workshop)法

开设研讨班是常用的培训评价主体的一种方法。这一方法在 Latham 等(1975)"给经理进行培训能否最小化评价偏差"的文章中得以充分地体现。该方法的一般执行步骤如下:首先,在研讨班中,播放被一个经理评价的假设岗位候选人的录像带。录像带的开发与 Wexley 等(1972)讨论的程序一致。其次,受训者对录像带中经理做出的关于候选人的评价做出评价,并且对候选人也做出自己的评价,这两种评价均采用九点量表。最后,针对每一个受训者对经理评价的评价和自己对候选人的评价的原因展开群体讨论。通过这种方式,受训者有机会观察到录像带中的经理所犯的错误,有机会积极参与发现在多大程度上自己也犯了这样的错误,有机会接收到关于自己的行为观察知识,而且也有机会练习如何减少任何一个正在犯的偏差。

就研讨班的具体运用程序而言,我们以似我效应为例进行阐述。如前文所述,似我效应是指被评价者与评价者之间的特征越相似,评价者越可能依据自身的情况形成对被评价者的评价,两者相似程度越高,似我效应就越大。首先,向受训者提供了一份有关信贷员职位的工作描述和一份工作要求清单(类似于工作说明书)。其次,让受训者观看一盘录像带,其中经理和一名低于平均水平的候选人在态度和传记特点上有很强的相似性。经理从该候选人那里获得的与工作相关的信息相对较少。在录像带的最后,经理的一位同事要求经理对候选人进行评价。此时,暂停播放录像带。让受训者给出两个评价:①如何评价候选人;②如何评价经理对候选人做出的评价。再次,让受训者讨论他们对似我偏差的评价,提出避免似我偏差的办法。最后,向受训者展示录像带的剩下部分。录像带显示经理向他的同事赞美候选人的优点,从而犯了似我的错误。

从理论上讲,录像带中所播放的内容与实际工作越相似,培训的效果会越好。而且,在整个研讨过程中,受训者积极主动参与的程度越高,培训的效果也会越好。

(二)小组讨论(Group Discussion)法

小组讨论法在 Latham 等(1975)的研究中也得到了具体的运用。小组讨论的形式要求培训师首先向受训者详细讲解评价偏差的定义,在 Latham 等的研究中,涉及的偏差是似我效应、晕轮效应、对比效应和首因效应。针对三种情况给出每一种偏差的示例:绩效评价、选拔面试和失业情况。然后,将受训者按照 3 ~ 4 人分为一组,并且让受训者提出他们可以记住的在三种情况下经历过的个人例子。这些例子随后在所有小组一起讨论期间进行分享。受训者再一次回到各自的小组,提出每一个评价问题的解决办法。这些解决办法在整体的小组会议期间也被分享给不同的小组。需要指出的是,通过小组讨论产生的这些解决办法与研讨班产生的解决的办法是一样的。从本质来看,研讨班法和小组讨论法的主要区别在于所使用的消除评价偏差的方法不同,研讨班法是通过观看录像带,对录像带里涉及的内容进行评价,经过讨论提出避免评价偏差的方法;小组讨论法是通过针对每一种偏差提出个人案例,经过全体受训者的案例分享,分组讨论出避免评价偏差的方法。

（三）参照性框架培训（Frame of Reference Training）法

参照性框架培训是通过让评价主体全面熟悉各种被评价的绩效维度以改善评价精确度的培训方法,其总体目标是通过开发一个通用的参照性框架培养员工的评价技能,以使评价者能够在每一个绩效维度上为每一名员工提供精确的评价。

1. 参照性框架培训项目

参照性框架培训项目一般需要遵循以下流程:首先,对被评价者从事的工作描述和职责进行讨论。其次,通过回顾每一个绩效维度的定义并讨论高水平绩效、中等水平绩效和低水平绩效的案例,让评价者熟知被评价的绩效维度。再次,让评价者使用在正式的绩效管理系统中所用的绩效评价表格对虚构的员工进行评分,这位虚构的员工情况通过书面的描述或录像带的实践场景形式呈现出来。最后,培训师告知受训者关于每一个维度的正确评价以及做出这样评价的原因;此外,也针对正确的评价和受训者提供的评价之间的差异进行讨论。

2. 参照性框架培训项目的正式步骤

一般来讲,参照性框架培训项目包括以下几个正式的步骤:

(1)告知评价者他们将会根据三个独立的绩效维度对三名员工进行绩效评价。

(2)给每位评价者一份绩效评价表,并指示他们在培训师大声朗读每个维度和评价尺度的定义时阅读它。

(3)培训师讨论各种员工行为,这些行为说明了表格中包含的每个评价尺度的各种绩效水平。这样做的目的是在评价者之间建立一个共同的绩效理论即参照性框架,以至于评价者将会一致认可恰当的绩效维度和不同行为的有效性水平。

(4)向受训者播放实践场景的录像带,里面包含了与被评价的绩效维度相关的行为;然后让受训者使用由培训师提供的绩效评价表对录像带里的员工进行绩效评价。

(5)每一个受训者提供的评价结果均与组内的其他成员进行分享并展开讨论。培训师旨在识别受训者使用哪一个行为做出了他们的评价结果,并且澄清在评价结果之间的不一致性或差异。

(6)培训师给受训者提供反馈,解释为什么员工应当在每一个维度上得到某一特定的绩效评价结果,并且展示在目标(正确的)评价结果和受训者提供的评价结果之间的差异。

以加拿大军队为例说明参照性框架培训是如何使用的。首先,在培训项目中包含了一节关于军队绩效管理系统重要性的内容。其次,告诉评价者他们将要对四名下属进行绩效评价。给评价者将要使用的绩效评价表格和有关评价表格中每一个评价尺度的信息。培训师阅读每一个评价维度和评价尺度,鼓励受训者提问题;同时,培训师针对与每一个绩效水平相关的行为给出例子。经过这些操作,培训师确保受训者形成一个共同的参照性框架,这个框架指的是什么行为构成了不同的绩效水平。再次,给受训者播放一个士兵的录像带,要求受训者使用刚才解释的绩效评价表格对这个士兵做出绩效评价。又次,在组内对评价结果进行讨论,主要焦点在于录像带中的行为和在每种情况下最合适的评价结果。将这个过程重复若干次。最后,给受训者三个要评价的行为样本,这三个样本分别由假设的三个士兵展示出来。在受训者做出评价之后,将会接收到关于他们针对每一名士兵的评价结果是否正确的反馈(Noonan & Sulsky,2001)。

参照性框架培训受到了学者们的广泛关注,大量的实验室研究已经证实参照性框架培训能够显著改善员工绩效评价的精确度,并且参照性框架培训在管理实践中也得到了成功的应用,如加拿大武装部门成功地将参照性框架培训应用在绩效评价和人员选拔中。

第六节　基于优势的绩效评价①

一、基于优势的绩效评价内涵

基于优势的绩效评价(Strengths – Based Performance Appraisal)旨在识别、重视和开发员工的优势,关注员工如何使用他们独特的优势为组织做出贡献。这并不是说问题型

---

① 本节内容是在"Bouskila – Yam O. ,Kluger A. N. Strength – based performance appraisal and goal setting[J]. Human Resource Management Review,2011,21(2):137 – 147"的基础上撰写的。

的绩效评价①不再重要,或者仅仅经理是积极的,而是说更多的努力要放在发现员工的优势上,给员工提供最大的机会让员工依据自身的优势去完成工作中的各项任务。在一些情况中,"补短板"对于实现可以接受的绩效水平来说还是有必要的,但在其他情况下,更为明智的做法是接受每位员工都有自己的特长,通过不同的员工进行优势互补,进而实现最优化的绩效水平。

人力资源经理经常主导他们组织的绩效评价,希望通过绩效评价给组织带来各种各样的好处(如绩效的提升、创造上下级沟通的机会、人事的决策数据)。但是,这些好处未必一定能够获得,甚至绩效评价可能是破坏性的。为了克服绩效评价潜在的负面因素,Bouskila-Yam 和 Kluger 提出了一种新的绩效评价方式,即基于优势的绩效评价,该绩效评价方法运用了六个工具和原则:①前馈面谈;②反省最好的自我;③快乐研究;④优势开发;⑤3∶1 原则;⑥双赢原则。

(一)前馈面谈

前馈面谈(Feedforward Interview,FFI)是欣赏式面谈(Appreciative Interview)在理论上的发展成果,欣赏式面谈是欣赏式质询(Appreciative Inquiry)理论和方法的构成要素。欣赏式质询的基本思想是聚焦组织做得好的方面,而不是专注于弥补组织做得不好的方面。欣赏式质询的第一个阶段包括欣赏式面谈,其被看作欣赏式质询过程的重要构成部分。更重要的是,欣赏式面谈是欣赏式质询取得成功必不可少的程序,它也是区分欣赏式质询和其他组织变革方式的核心要素。欣赏式面谈的目的是将员工体验的积极方面纳入重点。欣赏式面谈包括两个重要步骤:①引出具体的成功故事,这个故事是员工在过去工作中的经历,并且该成功故事能够让员工感受到最好的自我;②根据这一故事探索让员工感受到自己最好的条件。Kluger 和 Nir 在欣赏式面谈基础上提出了 FFI,并将其作为一种工具运用在人力资源管理活动中。

FFI 是一个具有多重目的的谈话形式,旨在提升员工绩效,改善主管和下属之间的协作。也就是说,FFI 解决了当前绩效评价的重大缺陷,FFI 是构建积极的关系,不是摧毁积极的关系,是为绩效改进提供支持的。FFI 有助于激发积极的情感,培养良好的纽带关系,为共享信息建立一种心理安全感。FFI 通常被用于五个组织活动中:绩效反馈、工作选拔面试、职业规划会议、客户满意度调查和基于优势的战略开发。

执行 FFI 需要遵循以下三个步骤:

第一步,引出一个成功的故事。在这之前,面谈者应先向被面谈者表达以下信息:

---

① 问题型的绩效评价意味着,绩效评价的目的是识别员工的不足,通过绩效改进措施弥补员工的不足,进而提升员工的未来绩效水平。

"我确信在工作中你有积极的感受,也有消极的感受。今天,我将仅仅关注你工作体验的积极方面。"然后,问被面谈者四个问题:①能告诉我一个关于你在工作中有最好体验的故事吗?在这件事情中,你感到很幸福并且很顺利,甚至在还不知道这件事情的成功结果之前你就对这件事情很满意。②你是否乐意再次体验类似的过程?③这个故事的巅峰时刻是什么?那一刻你是怎么想的?④那一刻你的感受如何(包括你的情绪和生理反应)?

第二步,发现你的个人成功密码。问被面谈者三个问题:①这个成功的故事需要什么条件,例如,你做了什么?你需要什么样的能力和优势?②其他人做了什么促使了这件事情的成功?③组织提供了什么条件使这件事情成功?

第三步,前馈问题。向被面谈者陈述以下内容:"你刚刚描述的条件似乎是你取得成功的个人密码(在故事中插入关键成就,如工作中的快乐、最佳表现或杰出的领导力)。"然后,增加一个问题:"如果是这样,请考虑你当前的行动、优先事项和近期(如下个季度)的计划,并考虑它们在多大程度上包含所有这些条件。"

在绩效评价之前成功使用 FFI,能够减少人们对绩效评价以及来自不同主体反馈的反抗。一个实验研究表明,与控制组相比,前馈提升了被面谈者的积极情绪和学习的感知。

(二)反省最好的自我(Reflected Best Self,RBS)

RBS 是以基于优势的方法为依据的,它表明真正的优秀是独特性的函数,即优秀(Excellence)= f(个体优势(Personal Strengths))。当人们理解他们独特的才能或优势并在工作中使用这些才能或优势时,他们的表现会比较好。在组织中,大部分个体的成长过程是基于短板模式。根据短板模式,一个人的弱点是其进步的最大机会。但是,Roberts 等(2005)认为,短板模式可能会降低个体表现出最好自我的机会。与短板模式相反,基于优势的个体开发认为获得卓越的成就并不是弱点改进的函数,而是构建个体优势的函数。根据基于优势的方法,弱点不应当被忽视,而是通过发现具备某一优势的其他人进行优势互补或弥补不足达到对于绩效而言可以接受的程度。

基于这个导向,Roberts 等(2005)提出了执行 RBS 的工具。在使用这一工具之前,有一些注意事项:首先,要明白这个工具不是为了打击你的自我,而是为了帮助你制订更有效的行动计划(如果没有这样的计划,你将继续原地踏步)。其次,如果你没有真诚地关注 RBS 练习所产生的经验教训,你可能会忽略它们。如果你因时间压力和工作要求而有太多的负担,你可能只是将信息归档,然后忘记它。为了有效地执行 RBS,需要个体对此做出承诺,并勤奋练习,在工作或生活中贯彻实施。让教练指导你完成 RBS 甚至可能会收到更好的效果。最后,在一年中与传统绩效评估不同的时间进行 RBS 训练很重要,这样来自传统机制的负面反馈就不会干扰训练的效果。

如果 RBS 练习使用得当,它可以帮助你挖掘未被认识和未被探索的潜力领域。有了一个建设性的、系统的流程来收集和分析关于你的最好的数据,可以在工作中提高你的绩效表现。具体来讲,为识别出最好的自己,需要执行以下四个步骤:

第一步,确定受访者并寻求反馈。进行 RBS 的第一项任务就是从不同的人那里收集有关你的反馈信息。这些人可以是你的家庭成员、过去或现在的同事、老师、朋友和亲戚等,要求这些人对你有较深入、全面的了解,至少在某一方面要对自己有所了解。一般情况下,要至少从三个来源选择 10 人作为受访者。让受访者提供有关你的优势和不足①的信息,并举出具体的例子说明你使用这一优势时,对他人(包括团队和组织)所带来的好处。

第二步,整理反馈信息。在这一步,重点的工作是对收集到的反馈信息进行整理和分析,提炼反馈信息的共同主题,并通过自己真实的和可观察到的行为为提炼出的优势信息提供证据或案例,然后将这些分析资料输入一个表格中记录下来(见表 4 - 5)。来自不同主体的反馈信息,对于你的优势描述可能有所差异甚至可能相互冲突,这时需要做的工作是尽可能地找到不同主体反馈的共同点。

表 4 - 5 反馈信息分析表

共同主题	举例	可能的解释
道德、价值观和勇气	当上级和同事跨越道德行为的界限时,我坚持自己的正确立场	当我选择更难的正确的事情而不是更容易的错误的事情时,我处于最佳状态。当我能够教别人时,我会感到更加满足。我在专业上很勇敢
	我愿捍卫我的信仰和立场。我能够勇敢地面对那些乱扔垃圾或在工作场合对孩子大喊大叫的人	
好奇心和毅力	为了获得 MBA 学历,我放弃了部队里的一个有前途的职业	我喜欢迎接新的挑战。尽管有障碍,我敢于冒险并坚持不懈
	我通过一种创新方法调查并解决了一个安全漏洞	
团队构建能力	在高中时,我组建了一个学生团队,帮助提高了学校的学术水平	我在与他人密切合作时有着更快的成长
	我很灵活,愿意向他人学习	

---

① 为了避免只询问自己的优势所带来的他人的抵触心理。

第三步,构建自我画像。这一步是为了撰写一个有关你自己的描述,用以概括和提炼上一步分析出来的与你相关的信息。这个描述应该将反馈中的主题与你的自我观察结合起来,将你的最佳状态组合在一起。自画像并不是一个完整的心理和认知档案。相反,它应该是一个富有洞察力的图像,你可以使用它来提醒你以前的贡献并作为未来行动的指南。自画像本身不应该是一组要点,而应该是一篇以“当我处于最佳状态时,我……”开头的散文作品。写出两到四段叙述的过程巩固了你意识中最好的自我形象。叙事形式还可以帮助你在生活中与以前似乎脱节或不相关的主题之间建立联系。创作自画像需要时间并需要仔细考虑,但在此过程结束时,应该以焕然一新的心态看待自己。下面一段文字是一个自我画像的例子:

我坚持我的价值观并能够让其他人理解为什么这样做很重要。我选择做更难的正确的事情,而不是容易的甚至错误的事情。我喜欢树立榜样。当我处于学习模式并对项目充满好奇和热情时,我可以沉迷而不知疲倦地工作。我喜欢接受别人可能害怕或认为太困难的事情。在当前方法不起作用时,我能够设置限制并找到替代方案。我并不总是认为我是对的或最了解的,这能赢得他人的尊重。我试图赋予他人权力并给予他人信任。我对待差异或不同的看法有宽容和开放的心态。

第四步,重新设计工作。在识别出你的优势后,下一步就是重新设计你的工作以使其与你的优势相匹配。在实际工作中,这需要优势型领导推动这一任务。但是,并不是每一个员工都能做自己擅长的事情的。因此,员工要具备较强的工作重塑能力,通过自己的工作重塑行为使工作与自身优势相匹配。

(三)快乐研究

多年来,快乐生产率关系理论深受组织实践者和研究者的青睐。这个理论的吸引力带来大量有关快乐、希望、乐观、韧性、幸福感与生命中各个方面(包括婚姻、友谊、收入、工作绩效和健康)成功之间关系的研究。元分析(Meta-analytical)结果表明,与不快乐的人相比,快乐的人更健康、更善于交际并且更能够表现创新性的行为。这一因果关系方向是双向的,快乐生产率关系不仅表明快乐能够带来成功,而且成功也能够使人更加快乐。虽然积极的心境或快乐并不能解决所有的绩效问题(有许多任务消极的心境能够使人们表现得更好),至少积极的心境能够让人们更具有创造性、更加开放,表现出较少的工作回避行为,获得更高水平的收入,表现出更多的组织公民行为。例如,积极情感与各种工作结果之间有中等程度的相关性,面板数据研究的相关数据值为0.29,实验研究结果表明积极情感与创造力的相关系数为0.30。与这些实证发现相一致的是,积极心境和绩效之间的关系也能够被拓展构建理论进行解释。根据拓展构建理论,积极情绪发送出繁荣(Flourishing)的信号,这使得人们在快乐的行为上进行更多的投资,进而拓展了个人的积极思想行为池。因此,基于优势的绩效评价强调产生积极的心境。但是,从一定程度上来讲,又不能忽视它可能产生消极情绪的问题。

(四)优势开发

一些旨在增加幸福感和降低抑郁的实证研究发现,执行两周的优势开发训练能够显著提升快乐水平并减少抑郁水平,这种积极的作用在六个月之后仍然有效。这个优势开发训练分为两个步骤:首先,写下三个每天发生的好的事情以及为什么它们发生;其次,每天发现一种新的方法去使用标签优势。这些积极的结果很大部分发生在一周的实验干预之后仍主动地坚持这种优势开发训练的个体中。

(五)3∶1 原则

首先,这一原则的理论基础在于,积极的体验有助于增加个人接受消极但有用的反馈意愿。自我调节理论与有关反馈信号有效性的研究也为这一原则提供了解释。具体来讲,快乐的人并不是仅仅体验积极的情绪。事实上,快乐的人倾向于有一个积极和消极情绪的平均比率3∶1(2.9∶1)。一个被用在这个比率的数学理论表明,随着比率大于11∶1,这个系统将会崩溃。少量的消极情绪似乎支持人们的繁荣。

其次,研究也表明第一次暴露自己在积极心境的人更有能力且更有意愿了解自己的消极方面。一个类似的观点也被有关自我控制和自我损耗的相关研究证实,其表明为了表现出一个相反的行为,我们需要发现一种方式先补充资源以应对相反行为对于资源的消耗。这就为3∶1的原则提供了证据支持。

最后,根据调节焦点理论可知,积极的反馈似乎有能力提升绩效,根据抑制调节焦点理论,消极的反馈似乎降低了绩效。Van – Dijk 和 Kluger(2004)研究发现,第一,一些任务(如要求创新的任务)可被感知为促进任务,而另外一些任务(需要警惕和关注细节的任务)可被感知为抑制性任务。第二,像期望的那样,与消极的反馈相比,积极的反馈增加了从事促进任务员工自我报告的动机和真实绩效。但是,与积极的反馈相比,消极的反馈增加了从事抑制性工作员工的动机和绩效。这就意味着3∶1的原则不应当被盲目地应用,而是大量的积极干预应当导向促进性行为,如创造力、主动性、创造新产品和市场等,而消极反馈应当导向抑制性行为,如服从安全规则、准时、有序。

在使用3∶1的原则时,应当为抑制性行为执行消极的反馈。这与最近欣赏式质询和积极心理学中的技术相违背。这样做有助于达到一种平衡,不仅考虑了积极反馈可能带来的消极影响,而且还考虑了忽视消极的绩效方面所带来的危险。

(六)双赢的方式

在谈判领域的一些模型表明,在冲突中的人们有两个独立的考虑焦点:自己和他人。仅仅考虑自己利益的谈判者很可能寻求"赢—输"的解决方案,而仅仅考虑他人利益的谈判者很可能采取"输—赢"的解决方案。谈判领域更可能推荐努力寻求一种双赢的解决方案,展现出对于双方的关心。这一原则运用在基于优势的绩效评价中有两种方式:第一,将双赢的原则嵌入 FFI 中,因为在寻找故事时,过程和结果都要有益于讲故事的人;第二,双赢的原则被嵌入目标设定的过程中,具体来讲,经理被指导为他们的下属设定目标,下属主动地完成他们的商业目标(公司和上级的利益),经理以能够促进下属幸福感的方式使下属的优势以某种方式得以表达和使用。例如,一个下属是工程师,也表明他喜欢将公司中混乱的程序变得有序,他下半年的目标是创建一个由市场和产品设计人员构成的交叉功能式团队,他负责产品以至于能协调当前导致错误沟通的混乱流程。如果这个活动被认为是解决商业的需要,他将是双赢的目标设定,因为工程师喜欢使用的优势和商业的需要均能够被实现。

二、执行基于优势的绩效评价的步骤

为了顺利地执行基于优势的绩效评价,需要做的首要工作就是获得高层管理者的支持。通常情况下,在组织中引入基于优势的绩效评价是一种重要的组织管理变革。对于绩效评价而言,其变革的主要推动者虽说是人力资源管理部门,但为顺利实现人力资源管理方面的变革,仍需要获得来自高层管理者的支持。当人力资源管理部门与高层管理者达成一致意见后,需要遵循以下六个步骤实施基于优势的绩效评价:

第一步,召开第一次上下级会议,该会议由两部分构成。第一部分:上级使用 FFI 方法与下属面谈,主要关注下属在工作场所中甚至是以前的工作场所中最好的"充满生机"(Full of Life)的体验。在面谈之后,让下属写下能够让他们表现出最好的自己需要的条件。第二部分:上级提供一个有关下属的 RBS 反馈,换言之,让上级告诉下属一个有关工作方面的成功故事,这个故事是上级欣赏的并且有深刻印象的。具体来讲,上级回想一个有关下属工作的成功事件,包括细节,如"发生了什么""给上级留下了什么印象";接着,对下属说:"我将告诉你一件事,在这个事件中我非常欣赏你以及你的工作,我愿意让你听到这个事,不是为了贬低你的贡献,而是让你享受这件事。"此外,上级要强调这个故事中最重要的是什么。

第二步,填写网络问卷。下属首先填写问卷,从在 FFI 中发现的促进下属表现出最好自我的条件开始。当这些条件被提出之后,上级得到来自系统的提醒并且回答上级版本的问卷。让上级简要地记录在第一次会议(包括 FFI 和 RBS)所讨论的故事。上级和下属的问卷均是聚焦能够让下属在工作中体验到繁荣(Thnchng)的条件。上级和下属一起评价为促进前述故事成功所需每一个条件的重要程度,目前这一条件存在的情况。跟随 FFI 相关的问题,加上与 12 个(或者其他数字)想要的组织价值观相关的问题(如在商业中的勇气)构成两个被上级和下属评价的量表:"在多大程度上每一个价值观(Valne)被体现在 FFI 中和 RBS 的故事中?"和"在多大程度上每一个价值观在目前被体现在你的工作中?"下属和上级都被要求评价在故事中表现出的优势与在工作中表现出的优势之间的不一致性。要求上级和下属思考存在于故事中而在当前工作中不存在的优势,并让他们表明在当前工作中重新获得这些优势的方法。也让他们思考在故事中被强调的优势,以及想出在工作中运用这些优势的新颖的方式。此外,让他们思考在未来工作中必须避免的一个行为。

基于优势的绩效评价问卷

说明:本问卷适用于上级和下属。下属首先确定 FFI 中发现的促进其表现出最好自我的条件。一旦下属将这个信息发到网络,上级就能收到带有下属回答的问卷。问卷中的大多数问题对于上级和下属都是相同的。上级特有的问题在下面会进行标注。

第一部分　前馈面谈问卷

(1)在下面的第一列中,描述促成你成功的故事的条件。

(2)使用从 5~10 的等级对每个条件对故事成功的贡献进行评分,其中 10 表示"关键和重大贡献",5 表示"重要但不关键的贡献"。

(3)使用从 0~10 的等级对每个条件当前存在于你的工作中的程度进行评分,其中 10 表示"条件完全存在",0 表示"条件当前不存在"。

促成故事成功的自身条件和外部条件	对我的故事的贡献						当前存在于我的工作中的程度									
1.	5	6	7	8	9	10	1	2	3	4	5	6	7	8	9	10
2.																
3.																
……																

圈出你发现"对我的故事的贡献"和"当前存在于我的工作中的程度"之间有最大差距的条件。你能做些什么来缩小这个差距?

回答以下问题：

（1）什么会阻止你缩小差距？

（2）你会怎样克服这个障碍？

（3）根据（2），应当做什么能够找回有助于你成为最好自我的条件？

第二部分 优势评价

请根据在会议中产生的两个故事（一个是自己提出的，另一个是上级提出的），用两种方式评价下面的优势：在多大程度上这个优势在你的工作中得到体现（从"1 = 不相关"到"7 = 极其相关"），在多大程度上这个优势体现在你的故事中（从"1 = 不相关"到"5 = 非常相关"）。该部分的布局与上面的表格相似。

（1）提出原创想法以推广他所涉及的领域；

（2）愿意接受别人的想法；

（3）对不断变化的现实或复杂的情况表现出开放的态度；

（4）敢于发起变革并迎接挑战，同时承担可计算的风险；

（5）克服困难和障碍，在他负责的领域执行任务；

（6）用他的人格力量招募他人做事；

（7）在意识到需要帮助时积极帮助他人；

（8）关注他人的需求和愿望，促进双赢；

（9）公开、真诚地与他人沟通；

（10）自然而真诚地赞美他人；

（11）提供反馈，帮助他人发挥自己最大的潜能；

（12）从错误中学习并应用所学，以免重复错误；

（13）预测行为结果并采取相应行动。

第三部分 总结

回答以下问题：

（1）为自己和组织的利益，如何以一种新的方式表达你最大的优势？

（2）写出你将来应该避免或小心的一种行为。（上级：写一个需要改进的地方）

（3）写出任何其他评论。

第四部分 明年的目标设定

写下你明年的目标（在表格中）。对于每个目标，说明将使用什么衡量标准来评估其成就、截止日期以及该目标占总努力的百分比。

第三步,基于优势的评价讨论和目标一致性。在这个步骤中,上级接收到来自网络系统的完整报告,准备给下属开第二次会议。在这个会议中,上级与下属一起进行讨论以便拓宽在工作场所中下属的优势。为了准备这个会议,可以为上级和下属提供另一轮有关优势的培训,处理如何开发优势以及怎样设定双赢的目标。具体而言,一方面建议上级至少发现三种方式增加下属的优势:①RBS 是一种非常重要的增加下属优势的方式;②出现一种或多种方式将现有优势还用在新的任务中;③改正下属对自身优势的错误认知。例如,如果下属认为他没有展现出创造力,但上级看到他确实经常表现出这一能力,这时上级应当告诉下属,他所表现出的创造力水平远比他感觉到的要高。另一方面在上级看到下属夸大优势时,无论多么罕见和次要,建议上级通过回忆一个该优势被表达的例子来支持这些说法。例如,可以告诉一个高估了管理技能的下属:"我看到你组织了一个告别派对。我想与你一起考虑我们如何将这项技能扩展到其他的活动中。"此外,上级可以使用 3∶1 原则,在讨论至少三个优势之后,指出一个不足之处。通过这种方式,能够保持聚焦优势但又不忽视阻碍目标实现的问题。

第四步,根据通过网络问卷收集到的全面信息,建立其积极核心(Positive Core)的组织图。这个图的主要目的是突出组织的优势以及需要改进的领域。在组织中构建集体效能感是与提升个体优势相似的过程。这涉及三个方面:①用一种新的方式扩大组织优势的使用;②识别那些还没有被组织中大部分成员认识到的现存的优势;③恢复当前未使用的优势。这个组织图首先被呈现给高层管理团队,然后再呈现给所有的下属和上级,以此作为下一步骤的一部分。

第五步,举办"前馈派对"(Feedforward Party),这是一种庆祝组织中最好故事的活动。在这一步中,人力资源部门邀请很多上级、下属以及他们的配偶出席一个晚宴。在这之前,人力资源部门经理让基于优势的绩效评价参与者发送他们最感人的故事。派对期间,在庆祝所有关于组织的积极方面分享来自 FFI 和 RBS 的故事。

第六步,发生在数月(如六个月)之后进行跟踪讨论。上级将与下属进行后续的讨论,以便评估目标执行的状况以及在多大程度上下属的优势能够在工作中被使用。

三、基于优势的绩效评价的效果

尽管基于优势的绩效评价是一个非常新的绩效评价方法,甚至还没有组织真正地完成系统的基于优势的绩效评价方案,但在执行此方法的过程中,员工和组织已经获得了初步的益处。例如,员工认为基于优势的绩效评价提升了他们与上级在一起的时间质量并且更容易接收到积极的评价;基于优势的绩效评价让员工更专注于自身优势,能够使他们从目标设定中受益,使他们从经验中学习,让员工做他们擅长做的工作任务。

对于组织而言,基于优势的绩效评价增加了授权水平,提升了员工动机和工作绩效,为设定期望和目标打下了扎实的基础,改善了组织沟通且能够更好地理解员工的需求。此外,基于优势的绩效评价有助于塑造积极的组织文化,改善组织的协作效率。

Van Woerkom 和 Kroon(2020)的一项实证研究表明,基于优势的绩效评价能够显著地提升员工感知到的主管支持,进而增加员工进行绩效改进的动机;此外,当绩效评级得分相对低的时候,基于优势的绩效评价的积极影响作用更强。这一研究的重要启示之一在于,实施基于优势的绩效评价对于促进绩效评价结果不好的员工进行绩效改进具有重要的积极作用。

本章要点

(1)绩效评价指的是评价者(如主管领导)根据既定的绩效标准和评价工具对员工在绩效周期内的绩效表现进行评估并给出最终评价等级的过程。

(2)绩效评价与绩效管理有着显著的不同。在性质方面,绩效评价是静态的,而绩效管理是动态的;在目的方面,绩效评价主要用于人力资源决策,而绩效管理则用于员工与组织发展;在时间关注点方面,绩效评价主要关注过去的绩效,而绩效管理则关注未来的绩效;在范围方面,绩效评价范围较窄,属于绩效管理的一部分。

(3)排序法主要包括择优排序法和配对比较法。

(4)强制分布法是指把评价结果分为若干等级,针对每个等级设定一个既定的比例,强制评价主体依据每个等级的比例对员工进行评价,使全体员工的绩效结果与预先设定的不同等级的比例相一致。

(5)实施强制分布法需要遵循三个步骤:首先,清晰地定义绩效判断的标准;其次,确定绩效分类等级的数量,并且清晰地定义每一个等级;最后,确定每个等级的人数分布。

(6)图表评价量表主要用于个体特质的评价。

(7)行为观察量表是向各项评价指标给出一系列可观察到的重要行为,然后通过定量的评价方式判断员工在多大程度上表现出了这些行为的评价方法。

(8)关键事件技术旨在收集有代表性的可观测的行为样本,以此作为获得有关工作的客观和定量数据的基础;这一技术的本质是通过参与者直接观察一项工作活动或者通过这项工作活动的主管构建该项工作活动的关键行为要求。

(9)强制选择评价量表是指通过开发多个四元组,让评价者根据被评价者的具体表现针对四元组涉及的描述进行强制选择,从而形成被评价者最终评价结果的方法。

(10)行为锚定评价量表是通过设定特定工作岗位的关键绩效维度,提炼能够反映相应维度好的和不好的关键行为进而构建一个锚定评分量表,以此作为评价员工行为的工具。

(11)绩效评价主体是指对员工进行绩效评价的人,其是影响绩效评价结果有效性的重要因素。

(12)360度评价法是指从两个或两个以上的评价主体获得被评价者绩效信息的方法,该方法包含的评价主体有上级、下级、自己、自己部门的同事、其他部门的同事和顾客等。换句话说,让两个或两个以上的评价主体对员工的绩效进行评价。

(13)绩效评价偏差的主要根源在于组织绩效评价氛围、绩效评价工具和绩效评价主体。

(14)绩效评价工具具有信度和效度特征。

(15)绩效评价主体经常出现的评价偏差包括似我效应、刻板印象、晕轮效应、对比效应、近因效应或首因效应、宽大效应或严格效应、居中效应、俄罗斯套娃效应、溢出效应和归因偏差。

(16)绩效评价主体培训有多方面的意义。

(17)绩效评价主体培训的内容主要有五个方面:①绩效评价的目的与意义;②绩效评价的内容和标准;③详解常见的绩效评价偏差;④提升评价主体的观察能力和判断能力;⑤增强评价者对绩效评价工作的重视。

(18)绩效评价主体培训的常见方法有三个:研讨班法、小组讨论法和参照性框架培训法。

(19)基于优势的绩效评价有六个工具和原则:①基于探索性询问的前馈;②反省最好的自我;③快乐研究;④开发优势;⑤3∶1原则;⑥双赢原则。

(20)执行基于优势的绩效评价有六大步骤:①召开第一次上下级会议,该会议由两个部分构成;②填写网络问卷;③基于优势的评价讨论和一致性的目标;④根据通过网络问卷收集到的全面信息,建立其积极核心的组织图;⑤举办"前馈派对";⑥在数月(如六个月)之后进行跟踪讨论。

📖 复习思考题

(1)什么是绩效评价?绩效评价与绩效管理之间的关系如何?

（2）举例说明常见的绩效评价方法及其优缺点。

（3）什么是360度评价法？

（4）阐述绩效评价偏差的来源与具体表现。

（5）阐述绩效评价主体培训的意义、内容与方法。

（6）什么是基于优势的绩效评价？阐述执行基于优势的绩效评价的具体步骤。

案例分析

绩效评价的争议

2015年，工业和组织心理学会在美国费城举办了一场关于绩效评价利弊的学术会议，绩效评价的反对者和支持者就此问题展开了激烈的讨论。

一、绩效评价无用论

绩效评价的反对者认为绩效评价对组织的发展是没有价值的（Adler et al. ,2016）[1]，原因如下：

1. 令人失望的干预

在组织中改善绩效评价的干预主要包括两个方面：一是提升评价量表的信度和效度；二是对评价者进行培训。对于前者而言，有关绩效评价的评述表明，基于行为的评价量表在内容效度和使用者的接受度方面有一定的优势，但并没有大量的研究证实这些量表的开发和使用让组织中的绩效评价更可信、更有效或更有用。对于后者而言，实施评价者培训干预基本上是以评价者缺乏精确评价绩效的知识或工具为假设前提的。大量的研究指出，并没有证据说明评价者缺乏精确评价的能力，而且，绩效评价不成功的可能原因与评价者的动机和目标有关，而不是与评价者执行评价工作的能力有关。

2. 当多个评价者评价同一个绩效时，评价结果之间没有一致性

为了改善绩效评价的有效性，通过从多个评价主体收集绩效信息，用以取代单一评价者的判断。但是，事实证明评价者对被评价者的评价并不会达成一致意见，尤其是当

---

① 本部分的内容主要是对文章"Adler S. ,Campion M. ,Colquitt A. ,Grubb A. ,Murphy K. ,Ollander – Krane R. ,Pulakos E. D. Getting rid of performance ratings：Genius or folly? A debate[J]. Industrial and Organizational Psychology,2016,9（2）:219 – 252"的翻译。

评价者与被评价者之间的关系差异较大时这种不一致性更明显,甚至在同一层级的评价者对同一个被评价者也表现出不同的意见。从理论上来说,可以通过改善评价量表或者对评价者进行培训避免一些类型的评价者内部不一致性,但在实践中,这是很难做到的,原因在于选择多个评价主体时,评价者通常来自不同的组织层级或者组织外部(如客户),这些评价者有不一样的立场和角色,甚至有时这些立场和角色存在冲突。

3. 没有充足的标准评价绩效评价的有效性

如上文所述,如果多个评价者对同一个被评价者进行评价,评价者的内部一致性提供了一个标准,但是这一标准很难达到。另一个更为普遍使用的评价绩效评价有效性的标准为是否存在一个或多个评价主体偏差,如晕轮效应、似我效应、首因效应、宽大或严格效应,也就是说,对评价主体偏差进行测量。需要指出的是,测量评价主体偏差这一标准存在严重的缺陷,原因在于两个方面:一是不同的评价主体偏差测量的结果不一定一致;二是即便通过评价主体偏差测量能够确定评价者所犯的偏差类型,但由于不知道被评价者理论上的真实绩效评价结果,导致没有办法决定哪个评价者的评价结果是正确的。

4. 绩效评价的目的冲突

在组织中,绩效评价有多重目的,例如,为晋升、加薪、评价员工的能力、员工发展和员工关系合法性提供依据。这些目的通常具有冲突性。1965 年,Meyer 等就已经指出,使用绩效评价同时达到做出奖励决策和提供有用的反馈两个目的是不太现实的,应当针对奖励和反馈构建不同的评价机制以达到不同的绩效评价目的。Murphy 和 Cleveland(1995)也表明,使用绩效评价来强调人与人在薪酬、晋升和认可之间的差异与使用绩效评价来强调人与人在优势和劣势之间的差异从根本上说是不一样的。Cleveland 等(1989)调查发现,大多数的组织想通过绩效评价达到多个相互冲突的目的,这恰恰是一些学者对组织中的绩效评价持有不满意态度的一个原因。甚至当使用绩效评价的目的没有潜在的冲突时,一种评价使用目的(如决定晋升)的特殊动力也会限制为达到其他使用目的的评价过程。

5. 绩效评价与绩效管理的基础假设受到质疑

绩效评价与绩效管理有三个基本假设:①员工想要被评价。管理者假定员工想要知道他们在组织中的绩效表现处于什么位置,换言之,员工想要一些形式的评价或者相对的比较。这是说得通的,人们确实会将自己与他人进行比较,其理论基础是社会比较理论、公平理论和博弈论。但是,这并不是说人们想被第三方将自己与他人进行比较。事实上,人们通常会认为自己在平均水平以上,因此,大部分的人会认为自己能够从绩效评价和对比中受益。尽管员工可能会说他们想要被评价,但他们的行为表明并非如此。Barankay(2011)的调查表明,75%的人会说想知道自己的绩效评价等级或绩效排名,但是,当给他们机会在有绩效评价的工作与没有绩效评价的工作中进行选择时,大部分人选择了没有绩效评价的工作。②绩效评价能够激励员工,具体而言,绩效评价结果不好的员工能够被激励去改进绩效表现,绩效评价结果优秀的员工将会被激励继续保持。这个假设源自劳动经济学理论和锦标赛理论。研究表明,这个假设并不总是正确的。一些研究确实发现绩效评价能够有效地激发员工的动机并改善将来的绩效表现,但也有研究表明,绩效评价会损害员工的动机和未来的绩效表现,尤其是在协作性的工作环境中和当评价与不同的奖励进行挂钩时,绩效评价的负面作用会更加明显。总之,绩效评价带来的消极影响似乎比积极影响大。③如果员工接收到关于他们绩效的反馈,他们将会被激励和授权去做出积极的改变,并且组织也会提供支持和激励促进员工的这种改变。但是,这一假设是站不住脚的,至少对于绩效评价而言。有证据表明员工不喜欢接收绩效反馈(Cleveland et al.,2007),因为他们接收到的绩效反馈信息通常是不一致且不可靠的(Murphy et al.,2001)。尽管反馈是合情合理且精确的,反馈的影响效应也存在不一致性,有时能改善随后的绩效表现,有时则使随后的绩效表现更差,还有时对随后的绩效没有太大的影响(Kluger & DeNisi,1996)。精确的反馈需要精确的绩效评价,但并没有太好的理由能够说明组织中的绩效评价是精确的。尽管绩效反馈信息是精确的,也没有充分的理由说明员工能够接受它。

6. 绩效评价研究与实践之间的脱节

从学术角度来看,学者们已经对绩效评价开展了大量的研究,但这些研究成果对绩效评价实践的影响并不大(Ilgen et al.,1993),部分原因是研究者所感兴趣的话题与实践者需要解决的问题之间存在脱节。例如,在20世纪八九十年代,大部分绩效评价的学术文章主要关心绩效评价中的认知过程(包括注意力分配、认可度、与绩效相关的信息提取)。对于心理学家来说,这些研究问题是重要且有趣的,但其并不是组织绩效评价实践者所关注的重要问题。这将会导致研究者所得出的研究成果并不会被实践者关注和使用,甚至研究者所探讨的问题能够为绩效评价管理实践提供思路和建议,实践者也不会使用与绩效评价相关的研究成果(Murphy & Cleveland,1995)。对于绩效评价研究不能解决实践中的绩效评价问题的一个潜在原因是,绩效评价实践所存在的问题比想象中的更难解决。绩效评价的缺点并不表明评价者无法有效评价工作绩效,而是表明评价者和更多的组织不想解决这个问题。例如,组织似乎没有采取任何措施来奖励绩效评价做得好的评价者或惩罚绩效评价不好或者不认真的评价者。制度理论也可能为绩效评价学术研究成果很难转化为实践提供了一种解释。具体而言,绩效管理和评价实践已经嵌入组织当中,已经在组织当中被制度化,并且组织会因为它们是一种标准而去复制这种实践。组织也可能为了获得"合法性"(Legitimacy)而模仿和复制这些实践(Pfeffer,2007)。

二、绩效评价的有用论

尽管存在多种原因说明绩效评价存在各种缺陷和问题,以至于让一些学者认为应当摒弃绩效评价,但放弃绩效评价这并不是解决组织实际管理问题的最优方法,甚至可以说是一种对组织有重大消极影响的做法。Mercer(2013)的调查发现,超过90%的公司在某种程度上把工资与绩效相关联,82%的公司将员工个体的绩效与薪酬联系在一起。如果没有绩效评价,组织如何设计并执行基于绩效的奖励系统? 此外,组织经常根据员工绩效表现做出晋升、培训以及与雇佣相关的人事决策。如果没有绩效评价,还有什么有效的方式能够为组织人事决策提供关键的依据呢? 我们需要认识到,组织的目标是获得高水平的组织绩效,这个目标的实现一定离不开组织中员工良好的绩效表现。更进一步讲,评价员工的绩效表现就自然成为衡量和实现组织成功的一个不可缺少的因素。绩效评价的支持者认为,在组织中应当实施绩效评价的具体原因有六个方面:

1. 绩效评价始终存在于组织管理中

无论称为评价、标准还是称为判断,领导者和员工一直在做关于绩效方面的评价。为了更好地评价员工绩效,学者和实践者已经提出了大量的方法,如不同点数的评价量表、基于胜任力的方法、基于生产的方法、基于目标的方法、基于任务的方法、基于行为的方法。无论绩效评价以什么样的形式开展,做出关于奖励和未来角色的决策要以绩效评价等级为依据。对于那些培育"发展性文化"(Development Culture)并且认为需要抛弃绩效评价的组织而言,应当意识到,人们仍需要对其职业发展在哪个阶段做出判断。发展性对话(Development Conservations)开始于有关员工现在所处的位置,将要走向何处以及为达到未来的目标所需要的行动描述。确定"员工现在所处的位置"实际上就是在一些评价量表上进行的一种判断。可能评价或被评价会使一些人感到不舒服,但基于控制理论的行为变革科学告诉我们,一些不舒适、关于现在和未来状态之间差距的反馈有助于激发行为改变和提高(Carver et al.,2000)。事实上,在具有真诚的发展性文化的组织中,详细的绩效评价等级反馈并不会带来太大的消极影响,更多的是能够激励员工尤其是高潜力员工和新生代员工管理他们的发展以及主动地寻求关于成长和改进方面的反馈。

2. "绩效太难以被测量"不是丢弃绩效评价的理由

绩效评价领域的许多人认为绩效太难以测量了,因此他们建议放弃绩效评价。许多工业和组织心理学家花费了他们的一生去研究测量问题,并提出了一系列完善的心理测量准则和工具以便评价和改善测量的信度和效度。不可否认,工作绩效是一个复杂的构念,在不同的组织情境和不同的角色中,有关工作绩效的定义也有所不同,而且当评价工作绩效时,工作绩效量表的心理测量特征变化很大,大部分的量表表现出了低度或中等程度的信度和效度。但是,在测量方面面临的挑战并不是放弃绩效评价的理由。放弃改善不同绩效测量的努力不是简单的工业和组织心理学或实践者的选择。大部分劳动力中的许多角色,包括政府和其他组织,事实上并没有放弃评价,尽管评价存在各种问题,而是由法律或法规(如公务员绩效原则要求)或传统做法(如教师评估)强制要求必须执行绩效评价。因此,持续地研究能够有效评价个体绩效的方式是重要的。

3. 绩效评价有许多优点

尽管绩效评价仍不完美,也有证据支持了它的信度和效度。例如,元分析研究表明,绩效评价至少具有中等程度的信度和效度(Viswesvaran et al.,1996)。如果可以将情况相似的评价者的评分汇总在一起,则更有可能获得可靠的评价。尽管对于绩效评价存在争议,在工业和组织心理学领域也有一致的认识,即绩效评价如果做得好,它也能够解释一定程度的真实工作绩效的变异。差异化的绩效评价也有重要的优点,具体而言,差异化的绩效评价实施基于绩效的薪酬系统,体现了组织对个人贡献和价值的认可,这能够吸引出色的绩效者。例如,Cadsby 等(2007)研究发现,出色的绩效者始终选择以绩效薪酬体系而非固定薪酬体系而著称的组织,而且,差异化的绩效评价有助于促使绩效差的员工离开组织。例如,Trevor 等(1997)指出,高薪酬增长与低绩效者的高流动相关,与高绩效者的低流动相关。

4. 人为的权衡使组织不恰当地放弃评价

如果评价绩效差异和以绩效为基础进行奖励的好处是如此清楚的话,为什么还有组织会放弃努力测量个体的绩效差异呢?Adler 等(2012)认为,这是源于一系列错误的二分选择:

第一,量化或人性化(Humanization)。有一种观点认为,对个人工作表现的质量进行评级(将个人的绩效用数字代表)或许使该人失去人性。这确实是一种风险。我们经常听到员工说"他是 2 分"或"她是 4 分",而不是准确且恰当地表明"她去年的表现是 4 分,它超出了既定的目标和期望"。量化可能是非人性化的,但并非必须如此。管理者需要学习和应用有效的绩效管理语言;事实上,当反馈侧重于绩效以及与员工合作提高绩效的方法而不是将绩效标记为员工的内在品质时,反馈最有助于绩效改进。评级标签被滥用的事实并不是避免评级的理由。绩效评价领域有大量关于如何改进对绩效评价反应的研究文献。

第二，差水平的绩效管理与不进行绩效评价。在许多组织中，绩效管理没有得到很好的实施。如前文所述，绩效评价的反对者指出，为了满足多个组织目标，评估表经常被过度设计。在许多情况下，管理人员既没有经过挑选，也没有经过充分培训来管理绩效。评价指南常常是令人困惑的、很难理解的，并且在评价者之间以及评价者内部、被评价者之间的应用是不一致的。组织有时要求评价结果要符合分布曲线，这可能有助于减少宽大效应，但并不一定代表真实的绩效分布。所有这些缺陷都可以解决，并且在许多组织中正在得到解决。没有理由通过消除管理责任的核心领域来增加糟糕的绩效管理实践。

第三，评分与谈话。长期以来，管理者和员工之间积极、持续、建设性的反馈、绩效战略和辅导对话的价值得到了认可。然而，没有理由相信消除系统的、有情境限制的和记录在案的绩效评价会导致这些对话的频率或质量的增加。没有证据表明管理者不进行更频繁、更吸引人和更有影响力的对话的唯一原因是他们太忙于填写评估表。绩效评价的反对者认为，持续被评为能力最差的员工能够成长为人才（Rock et al.，2014）。似乎在没有评价的负担和没有结构化反馈工具的"抓手"的情况下，管理者以某种方式克服这一弱点并始终如一地进行积极的和有影响力的对话似乎是幼稚的。事实上，确保高质量的持续绩效对话发生的一个重要机制是通过设定目标以及评价和奖励有效地管理自己下属的绩效的管理者。

第四，反馈与激励。提供破坏性的反馈确实会损害员工的动机。提供差水平的沟通反馈是领导者绩效差的一个方面。有效的反馈具有激励作用。研究表明，反馈可以刺激制定更有效的绩效策略。Brockner（1988）指出，人们在行为可塑性方面存在差异；尽管一些人很难内在化反馈，但当提供反馈时，还有一些人展现出了有意义的行为改变。此外，绩效评价的反对者喜欢引用 Dweck 的"思维"观点来支持消除评价，但是，该研究表明，实际上问题并不是绩效反馈本身，关键是对反馈的解释。有着学习思维的人能从绩效反馈中获益，只是他们建设性地利用这些反馈来提高技能并最终提高绩效表现。有效的绩效管理需要具体的、可操作的反馈的建设性沟通，而不是避免反馈。

换句话说，如果组织应用科学有效的绩效管理实践，组织可以拥有一切。这些绩效管理实践包括：组织定量化个体的绩效差异，并把员工看作绩效管理的合作者；组织设计行政上简单但有影响力的绩效管理实践，并培训管理人员应用这些实践来推动更好的个人和集体绩效；组织学会有效地评价绩效，并根据这些评价，以授权、激励和鼓舞人心的方式让员工参与频繁、建设性的对话，以提高绩效和员工敬业度。

5. 绩效评级的替代方案可能更糟糕

Adler 等（2016）提出了一些不进行绩效评级时可能的结果，并为这些结果提供了答案：

第一，如果不进行绩效评级，绩效测量会更加精确吗？这似乎是不可能的，因为唯一的测量标准是叙述性数据，这些数据本质上不太可靠。

第二，基于贡献的管理会得到改善吗？除了叙述性评论外，没有贡献的测量，很难想象如何改进基于贡献的管理，如加薪和晋升。

第三，会更加激励员工努力工作吗？评级的反对者认为，取消评级确实会更有动力，但这仍然是一个未经检验的假设。确实，大多数员工不喜欢被评级，但获得更高的评级（并避免低评级）是非常具有激励性的。

第四，诉讼会更容易辩护吗？如果没有任何的绩效测量，根据绩效为人力资源决策辩护可能会更加困难。但是，有时会利用绩效评级中存在的多样性差异来试图确立歧视主张。此外，如果组织没有一致且公平地使用绩效评级来确定人力资源决策，这可能会造成更多的责任而不是防御。所以，这个问题的答案可能是不确定的。

第五，如何做出薪酬决策？①全面增加薪酬在激发更高绩效方面几乎没有价值。②基于司龄加薪同样起不到太大的作用。③生活水平的提高是分配加薪的最不理想的方式，因为它们意味着组织在某种程度上需要加薪以跟上生活成本的步伐，而与个人绩效无关。④只有在工作或职责发生变化时，组织才能提供加薪。这种情况并不少见，尤其是在小型组织中，但由于更高级别工作的数量有限，因此它对于提高绩效并不那么有用。⑤管理层可以使用基于仅叙述性绩效评估的主观判断。这将保持与绩效的联系，但可能难以证明员工获得较小的加薪是合理的。

第六，如何做出晋升决策？我们可以依赖选拔工具而不是过去的绩效。但是，在公司类似的岗位上，过去的绩效通常被认为是晋升以后绩效的优秀预测者，并且员工强烈期望过去的绩效成为晋升中考虑的因素。我们可以只使用资历，就像大多数工会合同所要求的那样。这可能被一些员工认为是公平的，尤其是在对管理信任度低的环境中，但这并不能确保最高绩效或最熟练的人得到晋升。我们可以依赖继任管理系统，它指的是关于晋升潜力的管理规划讨论，但这些结果通常不会与员工共享，因此不能用于激励绩效或确保公平感知的目的。我们可以使用晋升委员会来阅读叙述性评估并推荐是否晋升。这在某些环境中很常见，尤其是在公共部门，并且有很多优点，例如考虑广泛的投入、多个决策者和一致的流程，但是这需要花费大量的时间，时间成本较高。最后，为了完成这个非常详尽的清单，我们可以根据仅有的叙述性评估定性地考虑过去的表现。同样，这将保持与绩效的联系，但如果没有任何绩效指标，可能很难向没有任何晋升的员工证明合理性。

6.关键的问题在于如何改善绩效评价

从以上的分析可得出一个基本的结论:放弃绩效评价是不可取的。那么,关键的问题是如何才能改善绩效评价。根据不同的情境和文化,评价量表和预期等级分布的很多选择可以改善绩效评价。正式的使用"校准"会议是一种方式,这是指管理人员之间的会议,目的是证明和比较拟议的员工绩效评级,以确保其在各个业务部门之间的准确性和可比性。另一种方式是构建胜任力模型,它涉及(部分)在每个评级级别为重要的工作能力明确建立绩效期望的行为描述。还有就是使用360度反馈作为绩效管理的输入。简化认知需求并通过简化流程和表格以减少管理人员的动机障碍也可能会有所帮助。

根据上述材料回答问题:

(1)为什么学者在绩效评价方面会存在争议? 争议的焦点是什么?

(2)你认为如何才能做好绩效评价工作?

第五章

绩效反馈

学习目标

1. 掌握绩效反馈的概念
2. 理解绩效反馈的特征
3. 了解绩效反馈的作用
4. 理解并熟练应用沟通模型
5. 掌握基于优势的绩效反馈
6. 熟悉绩效反馈的实施步骤

第一节　绩效反馈的概念

作为绩效管理的重要过程之一,绩效反馈对于员工的工作态度、动机和未来的绩效改进等有重要的影响。积极的、建设性的绩效反馈能够改善领导成员之间的关系,激发员工的积极性、主动性和创造性,提升员工的工作投入、组织承诺和敬业度,有助于员工绩效改进。而消极的、破坏性的绩效反馈则会损害员工的态度、动机以及领导成员之间的关系,甚至未来的工作努力程度。有关绩效反馈的定义,学者们提出了不同的定义:

Prue 和 Fairbank(1981)认为,绩效反馈指的是给员工有关他们过去绩效表现质量或数量方面的信息。

Sulzer - Azaroff 和 Mayer(1991)将绩效反馈定义为,在一个特定的表现后,给员工传回来的信息。

Brache 和 Rummler(1995)认为,绩效反馈是指告诉员工他们在做什么以及做得如何的信息。

Alvero 等(2001)把绩效反馈看作允许员工调整其绩效表现的信息。

Aguinis 等(2012)将绩效反馈定义为关于员工过去行为与既定员工行为和结果标准相关的信息。

综合现有对于绩效反馈的理解,可提炼出绩效反馈的一些关键要素,包括反馈者、被反馈者(员工个体或团队)、反馈信息(过去的绩效表现)。但是,绩效反馈作为管理活动的一个具体方面,也具有情境性,以上定义都没有体现这一点。另外,上述定义也没有体现绩效反馈的方式和目的,尤其是目的,应当包含在绩效反馈的定义中,因为一切为传递有效的绩效反馈所实施的活动的最终目的均应当是促进或改善员工未来的绩效。因此,本书综合前人关于绩效反馈的理解,将绩效反馈定义为:在一定的情境下,将员工过去绩效表现的相关信息采用恰当的方式传递给员工并被员工理解,以期达到促进或改善员工未来绩效的过程。

为理解这一定义,需要进一步把握以下两个方面的内容:

第一,在不同的情境下,需要采用不同的方式实施反馈,即需要采用合适的反馈方式。例如,在强调和谐和协作的文化或氛围的组织中,对于团队或部分的反馈更应当采用公开性的反馈;在协作关系比较弱的组织中,更适于采用单独性的反馈方式。对于积极信息的反馈采用公开性的反馈效果可能会更好,对于消极信息的反馈,隐私性的反馈方式所取得的效果可能会更好。进一步来讲,不同的反馈方式适用于反馈不同的内容。不同的情境指的是组织所有权性质、组织规模、组织文化、工作特征和员工特征等。反馈方式包括反馈的媒介、频率和内容等。

第二,尽管绩效反馈的最终目的是改善员工未来的绩效,但是绩效反馈与绩效改进之间并不存在直接的关系。无论是积极的反馈还是消极的反馈,绩效反馈可能会直接影响员工的工作态度、情感和动机等,进而影响员工未来在工作中的行为表现,以此决定员工最终的绩效水平。例如,Anseel 和 Lievens(2009)研究发现,反馈接受度在反馈与绩效结果之间起到显著的中介作用;类似的研究也指出,反馈特征(如参与反馈的机会、目标设定和改善绩效的方式建议)能够通过被反馈者的积极反应(感知的反馈精确性、感知的反馈有用性和对于反馈的满意度)提升后续的绩效(Jawahar,2010)。

绩效反馈可以单独进行,也可以与其他相关的管理活动配合使用。研究表明,当绩效反馈与行为结果和目标设定程序相结合时,绩效反馈的积极影响效应会更强,绩效反馈影响效应的一致性也会得到提高。行为结果主要包括表达、休假、午餐补助和金钱奖励等;目标设定在这里是指,除了给予员工有关绩效信息的反馈外,还给员工设定未来的绩效目标。

组织实施绩效反馈通常基于三个方面的假设:第一,员工想要得到关于他们绩效的反馈;第二,反馈者能够给员工有用的反馈;第三,及时、精确的反馈能够带来员工行为的积极变化。这三个假设是否成立或在多大程度上成立,在此我们不做讨论。

第二节 绩效反馈的特征与作用

一、绩效反馈的特征

为充分理解绩效反馈的内涵与作用,我们需要全面把握绩效反馈的六个特征。

(一)反馈信息来源

反馈信息来源描述的是提供给被反馈者的信息从何而来。从单一的来源来看,主要有主管、下属、同事、研究者、自己、消费者、专家(如作为消防疏散培训的一部分,消防安全专家向组织的工作人员提供反馈)和客观被记录的指标,每一个主体均可提供有关被反馈者的绩效信息。从多主体来源角度来看,绩效反馈信息可以是单一主体之间的各种组合,可以是两个主体以及更多主体之间的组合。例如,两个信息来源的反馈可以从主管和被反馈者两类主体获得反馈信息,也可以从主管和同事两类主体获得反馈信息;三个信息来源的反馈可以从主管、自己和客户三个主体获得。

(二)反馈隐私

反馈隐私指的是反馈信息的提供范围。有三类反馈隐私:第一,公开的反馈信息,换言之,不仅被反馈者能够获得反馈信息,组织中的其他成员也能够获得被反馈者的信息。第二,隐私性反馈,即反馈信息仅提供给被反馈者。第三,公开反馈与隐私性反馈相结合。一部分适宜公开的信息通过公开的形式进行反馈,不适宜公开的信息采用保密的形式进行反馈。

(三)反馈对象

反馈对象指的是将信息提供给谁,即被反馈者。在一个组织中,反馈对象可分为三类:一是员工个体,包括普通员工、基层领导、中层领导和高层领导;二是团队或部门;三是同时对单个员工和团队或部门进行反馈。

(四)反馈内容

反馈内容是指提供给被反馈者的信息类型。主要有八类:员工的当前绩效与先前绩效的比较、团队的当前绩效与先前绩效的比较、员工绩效与员工绩效标准的比较、团队绩效与团队绩效标准的比较、员工绩效与团队绩效的比较、员工绩效与团队绩效和团队绩效标准的比较、员工绩效与团队绩效标准的比较、团队绩效与员工绩效标准的比较。

（五）反馈机制或媒介

反馈机制指的是将反馈信息传递给被反馈者所采用的手段或方式。常用的方式有：口头、书面、机械式（如录像带）和呈现个体（或团队）绩效的图表。在采用这些方式传递反馈信息时，可以选用一种实施反馈，也可以选用这四种方式的任意组合。在管理实践中，口头和书面的方式比较常见。

（六）反馈频率

反馈频率主要是指将信息反馈给被反馈者的频繁程度。根据具体的反馈实践，从时间间隔角度来看，可分为6类时间间隔：每天进行反馈，即在24小时之内给予一次或多次反馈；每周进行反馈，即少于每天一次且每周至少一次；每月进行反馈，即少于每周一次且每月至少一次；每天和每周相结合进行反馈，也就是说不仅每天进行一次或多次反馈，而且每周还会进行总体的反馈；每月和每周进行反馈，也就是说不仅每周进行一次或多次反馈，而且每月也会进行总体的反馈；还可以每季度或每年度进行反馈，但这种方式不太常用，基本上季度、半年度或年度考核后，会进行一次反馈（Balcazar et al.，1985）。研究表明，来自主管的每天的反馈能产生一致性的影响（Sleiman et al.，2020）。但在这种一致性的影响效应中存在一些差异。例如，Balcazar 等（1985）研究表明，无论是公开或隐私性的反馈，还是两者相结合的反馈，均能产生一致性的影响效应；Alvero 等（2001）则指出，与单独执行公开或隐私性反馈相比，公开和隐私性相结合的反馈方式，产生了更高程度的一致性影响效应。

在此，需要进一步说明的是，绩效反馈可分为正式的绩效反馈和非正式的绩效反馈。前述所讲的反馈频率主要是指正式的绩效反馈。工作中还存在大量的非正式的绩效反馈，也就是没有遵循系统的绩效反馈流程，针对此时此刻面临的问题对员工进行即时的反馈，这种反馈方式时时刻刻贯穿于工作中的各种场景。

二、绩效反馈的作用

对于绩效反馈的作用至今仍未达成一致意见。从行为视角来看，一些学者认为反馈是个前因变量，能起到强化员工行为的作用；还有些学者指出，反馈具有多方面的作用，既有强化作用也有惩罚作用，也可能起到判别（Discriminative）的作用以及塑造受规则支配的行为的作用。根据现有的绩效反馈研究结论可看出，绩效反馈的对绩效的影响效应最受到学者和实践者的关注。绩效反馈与绩效（主要是指在绩效反馈之后的未来绩效）

之间的关系比较复杂,不同的研究得出的结论有所差异,主要表现为四类:一致性的影响(积极或消极)、混合式的影响(积极和消极)、无影响和不知道有怎样的影响。

总体来说,抛开单独从行为视角来看绩效反馈的作用,执行绩效反馈可以起到四个方面的作用或达成四个方面的目的:

(一)改善员工绩效

绩效反馈的首要作用是改善员工的绩效,具体而言,让高绩效者维持高绩效水平并不断追求卓越,激发低绩效者付出更多努力不断提升绩效水平。有效的或积极的绩效反馈向员工传递了有关其过去绩效表现的真实信息,帮助员工分析其表现好的方面和表现不好的方面。通过表现好的方面,精确挖掘员工所具有的优势,通过表现不好的方面,识别员工可能存在的不足。在后续的工作中,通过配套的管理方式使员工能够扬长避短,不断持续改善工作绩效。

(二)促进员工成长与发展

员工的成长与发展是组织获得可持续发展的重要基础,因为员工的知识、技能和能力的提升使员工更能胜任工作任务,每一位员工工作任务的达成是组织绩效甚至是组织战略顺利实现的重要支撑。从人力资源架构的视角来看,组织获得核心竞争优势的关键在于人力资源所表现出的独特性和价值性(Lepak & Snell,1999),其主要体现在员工所具有的知识、技能和能力等方面。绩效反馈所提供的信息让员工能够获得有关其优势和不足的知识,这有助于激发员工的学习动机,从而使员工通过持续性的学习行为不断提升自身的综合能力和素质,最终实现员工的成长与发展。

(三)构建良好的领导成员交换关系

一般来讲,对员工进行绩效反馈的主体是员工的直接上级主管。主管与员工之间的沟通、交流与互动是构建两者之间关系的重要因素。当主管为员工提供真诚的、积极的和有效的绩效反馈时,员工感受更多的是主管对自己的关心、重视、支持和指导,这些积极的感受将会促使员工认为自己是主管的"圈内人",从而在工作中付出更多的时间和精力,以便取得高水平的工作绩效,为自己的内部人身份提供足够的理由。主管与员工之间的这种互动有助于构建两者之间的积极关系或社会交换关系[①]。

(四)塑造组织氛围或文化

组织内部员工之间的沟通是塑造组织氛围的重要途径。绩效反馈给员工所传递的

---

① 领导成员交换关系有两种具体的形式:一是社会交换关系,即基于情感连接的交换;二是经济交换关系,即员工通过实现高绩效获得来自主管的物质或经济奖励,员工与主管双方是通过这样的交换而形成关系的。

信息,尤其是绩效反馈的信息来源、隐私性和内容,对氛围的塑造能力相对会更强。如果绩效反馈的信息来自多个主体,将对员工进行单独的反馈,且反馈的内容不在员工之间进行比较,这在一定程度上说明,组织在进一步强化或塑造协作的氛围。当绩效反馈的信息仅来自主管时,组织更强调上下服从的等级化的组织氛围;对员工进行公开化的反馈或反馈内容包含了员工之间的比较,这将可能塑造竞争性的氛围。

第三节　沟通模型

沟通是解决一切问题最有效的方式,绩效反馈的过程实际上就是绩效沟通的过程。沟通的本质是意义的传递与理解。有效的沟通是指信息发送者能够准确地传递信息,并且能够被信息接收者精确地理解。

沟通具有以下四个主要功能(斯蒂芬,1997):

其一,控制功能。通过沟通能够控制他人的情绪和行为。例如:当同事因工作不顺利而陷入消极情绪时,可通过与其沟通,调节他的情绪使其开心、快乐;通过沟通能够改变他人的思想,从而控制他人的行为。

其二,激励功能。通过鼓励性沟通或对员工良好的表现进行表扬,有助于激发员工的内在动机,提升员工在工作中的投入水平。

其三,情绪表达功能。沟通是人们表达情绪的重要渠道。情绪的表达可以通过肢体语言表达,也可以通过书面表达。此外,情绪表达还可通过语言的沟通来实现。在沟通的过程中,我们能从语言、表情、语音和语调等信息中察觉并体验对方的情绪。

其四,信息传递功能。沟通最重要的功能是传递信息。没有信息内容的沟通是不存在的,沟通一旦发生,将承载一定的信息,通过信息的传递将沟通主体连接起来。沟通的整个过程如图 5 - 1 所示。

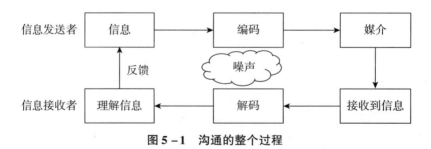

图 5 - 1　沟通的整个过程

从图 5 - 1 中可以看出,沟通有两个重要的主体即信息发送者和信息接收者。信息发送者首先将要传递的信息进行编码,也就是在大脑中对信息进行加工。其次,根据信息的特征和想要达到的目的选择合适的媒介进行信息传递,如邮件、面谈、传话等。当信息通过媒介传递出去后,信息接收者将会接收到信息代码,信息接收者根据自身的经历、学识、生活背景和价值观等对接收到的信息代码进行解码,从而形成对于信息的理解。在理解信息之后,信息接收者将会给信息发送者反馈,信息发送者根据反馈的信息来判断自己想要表达的信息是否被信息接收者理解。在整个沟通的过程中,很多因素将会影响沟通的效果,其中普遍存在的影响因素是外界环境的噪声。例如,在噪声大的环境中,信息发送者的声音可能会被掩盖,导致信息接收者接收不到任何信息。此外,沟通媒介是影响沟通效果的重要因素。沟通媒介的选择要和沟通的目的、信息发送者的表达能力等因素相匹配。例如,一个特别不擅长表达的人要表达对恩人的感谢,此时就可选择写信的形式来表达,而不是通过语言进行表达。信息接收者的背景也是信息发送者进行有效沟通时所要考虑的重要因素。当从事化学研究的专家向人文社科类的专家介绍自己的研究成果时,化学家就不应当用太多的专有名词,而应当使用通俗易懂的比喻来进行沟通,否则人文社科类的专家理解不了化学家所想要表达的信息。

第四节　基于优势的绩效反馈

基于优势的绩效反馈是一种新兴的绩效反馈模式,它以优势管理思想为基础。优势管理思想的基本假设有三个:一是每位员工都有天生的优势;二是员工的优势是员工成长与发展或取得成功最关键的因素;三是与弥补不足相比,在工作中发挥优势更能使员工获得卓越的绩效。大量的实证研究表明,使用员工优势不仅能够显著地促进员工的工作投入、幸福感、工作满意度、组织公民行为、工作重塑行为、创新行为和任务绩效,还能够降低员工所体验到的工作压力。将优势管理思想运用到绩效反馈中,有助于提升绩效反馈的有效性。Aguinis 等(2012)针对如何进行基于优势的绩效反馈提出了以下九个具体建议:

其一,聚焦员工的优势。基于优势的绩效反馈的核心观点是聚焦员工优势,对员工使用优势所表现出的积极行为和获得的有益的结果提供积极的反馈,并且让员工通过持续地使用他们的优势保持或改善他们的工作行为和结果。

其二,基于优势的绩效反馈,并不是完全不顾员工的劣势,而是专注于员工可以通过学习和培训获得的知识和技能,不是专注于员工天生的不可改变的才能①。因为知识和

---

① 根据 Clifton 等的观点,优势是才能、知识和技能的综合。

技能都能通过学习而获得和提高,但才能一般是固定的、内在的、不可改变的。

其三,管理者应当依据优势管理思想,管理员工的才能劣势。管理者可以采用Buckingham 和 Clifton(2001)的五个建议:①帮助员工改善一些他们想要改善的才能,但是员工不可能从本质上改善他们缺乏的才能。②管理者和员工都应当设计一个支持系统,对员工的才能劣势进行支持。③管理者应当鼓励员工看到他们的才能优势可以弥补他们的才能劣势。例如,一个员工拥有责任才能但是缺乏社交才能,管理者就要帮助员工意识到社交是一种重要的责任,负责任的员工才能得到他人的尊重和认可。④让员工很容易地与具有他们所缺乏相应优势的员工进行合作。⑤避免让员工做一些劣势的任务,也就是说要对在某一方面有劣势的员工重新设计工作。

其四,提供反馈的人需要对个体的知识、技能和才能非常熟悉,而且还要熟悉他们的工作要求。这一点非常重要,因为如果反馈不合适,反馈者的信任将会丢失,例如,一位不熟悉工作团队每天在做什么以及不熟悉工作要求和工作情境的区域经理,在参观当地的办公室时依据小道消息或第三方消息提供反馈是不合适的。

其五,当进行反馈时要选择合适的场合。尤其是反馈应当在私下的场合进行,而不是在公共场合进行,因为在同事面前接受消极的反馈对员工是有害的。尽管大部分人在公共场合去接受基于优势的反馈并不会有太大的问题,管理者也应当考虑到某些员工对在公众场合接受到的认可和表达会感到不舒服。

其六,用巧妙的方法进行反馈。①在基于优势的反馈和基于劣势的反馈之间有个最优化的比例,也就是说,管理者应当给予至少三个积极的反馈,然后再给予一个消极的反馈。②通过问员工什么在起作用,让员工对未来感受到更多的希望,当给予消极的反馈时,从而会降低员工的防御心理和行为。③管理者也可以让员工参与反馈的流程,当员工在反馈的流程中充当主动的角色,将会提升员工对反馈的满意度。

其七,反馈应当是具体的和精确的。反馈应当以某一具体的工作行为和结果为基础,以及明确是在什么样的情形下看到的,避免做出一般性的陈述,如"这工作做得好""你今天很努力"。缺乏具体性不利于信息的有效传达,反而导致失败的反馈。除了具体性之外,反馈也应当精确,要依据具体的证据进行反馈。

其八,进行反馈时,管理者应当把员工的行为和结果与其他各层次或水平上的重要结果联系起来。具体来讲,提供反馈的人应该解释,员工表现出的行为和已获得的结果不仅对员工的考核和奖励有重要的影响,而且对员工所在的团队、部门甚至企业均有重要的影响。如果员工的行为和结果被认为与其他重要的结果没有联系,很可能给员工留有这样一个印象:通过使用他们的优势所产生的行为和结果并不是那么重要。类似地,员工也可能认为他们的消极行为和结果对于团队、部门和组织也不是那么有害的。

其九,追踪反馈。这里涉及通过开发计划给员工提供一个具体的方向,而且过一段时间还要检查员工改善的进度。通过这样的努力,员工将会认识到反馈是应当被重视的,是有价值和意义的。

第五节　绩效反馈的实施步骤

在绩效考核①结束以后,一般会对每一位员工采用不同的形式进行一次正式的绩效反馈。为有效地传递绩效反馈的信息并顺利达到绩效反馈的目的,可参照以下步骤:

一、确定绩效反馈的目的

无论任何管理活动,需要做的首要工作都是确定该管理活动的目的,因为目的决定着执行该活动的方式。目的不明确的活动,执行效果一般不佳。通过绩效反馈可以实现多重目的,从大的方面来讲,如改善员工绩效、塑造和谐的氛围。不同的目的,意味着需要采用不同的绩效反馈形式。例如,如果实施绩效反馈是为了改善员工绩效,绩效反馈的内容要更倾向于聚焦员工的工作职责与能力,就能力与完成工作职责的要求之间的差距进行反馈与讨论,以便为后续的绩效改进提供针对性的方案;如果实施绩效反馈是为了塑造和谐的工作氛围,在进行公开式的反馈时应当以表扬为主,在进行单独的绩效反馈时,也应当避免将不同员工进行对比。

二、制订绩效反馈计划

在确定了绩效反馈的目的后,就需要制订完整的绩效反馈执行计划。计划能给管理者一个清晰的活动框架,告诉管理者先做什么、后做什么,在每个时间阶段或时间节点应该完成什么。绩效反馈计划中应当明确以下内容:

（一）反馈者

确定由谁来进行反馈,是一个人还是多人。

（二）被反馈者

是一对一反馈、一对多反馈、多对一反馈还是多对多反馈,确定被反馈者人员。

---

① 可以在每一次短期、中期和长期的考核后,实施绩效反馈。

（三）反馈内容

涉及被反馈者的绩效表现、关键绩效事件、与自己上一绩效周期的绩效进行对比、是否与其他人进行对比、是否与团队或部门绩效进行对比，等等。

（四）反馈的方式

是口头反馈还是书面反馈或其他方式，是公开反馈还是单独进行反馈。

（五）反馈时间

一方面，在什么时间进行反馈。根据情绪理论可知，下午三点是员工积极情绪较高和消极情绪较低的时刻；周五的积极情绪较高且消极情绪较低。可以选择这些时间点进行反馈。另一方面，反馈控制在多长时间，一般来讲，反馈时间应不超过 1 小时。

（六）反馈地点

可根据反馈的目的和反馈的内容来确定反馈的地点。

（七）需要准备的资料、表格等

在绩效反馈计划中还需要包括各种相关的材料或表格。在准备资料和表格时，要明确说明准备什么材料和表格，在什么时间节点上要准备好，并按照反馈时使用的顺序排好。需要反馈者和被反馈者签字的地方要做好标记，以免忘记。

三、了解被反馈者的信息

了解被反馈者的信息非常重要。反馈者应当对被反馈者的工作岗位、岗位职责、工作岗位要求、重点工作任务、绩效考核标准以及被反馈者的知识、能力、技能、在本绩效周期内的实际工作表现等进行全面、精确和系统的了解，对被反馈者相关的信息了解得越全面、越深入、越准确，反馈的信度和效度将越高。

四、反馈面谈

反馈面谈是指由反馈者向被反馈者面对面口头发送反馈信息的过程。首先，在进行正式的反馈前，可以先进行寒暄，调节一下紧张的气氛。其次，向被反馈者详细说明执行绩效反馈的目的及意义。再次，就被反馈者在工作期间的良好表现进行阐述，表示夸奖，并与被反馈者一起讨论表现优异的原因，以期在后续的工作中继续保持。就被反馈者在工作期间表现欠佳的事情进行阐述，此时尽可能不要先对表现欠佳的事情进行定位，只是将这件事情先说出来，让被反馈者进行阐述其表现和达到的结果。在双方都认为这件事情确实做得不好之后，经过进一步的沟通找出做得不好的原因，尤其是关于被反馈者自身的原因,要确切识别是能力问题、技能问题、知识问题还是态度问题。针对不同的问题,与被反馈者一起探讨具体的解决方案并达成一致意见。最后,要向被反馈者明确表示其绩效评价结果,并获得被反馈者的确认。如果有需要让被反馈者签字的资料,也可在此阶段完成。在这一阶段,反馈者要端正心态,控制好情绪,充分发挥聆听的技巧。

五、制定绩效改进方案与追踪

在绩效反馈面谈后,要根据绩效面谈的结论,为被反馈者制定正式的绩效改进方案。绩效改进方案应当包括需要改进的具体内容、方法、时间节点、考核方式和标准要求等,并且该方案需要得到被反馈者的认可。在绩效改进的过程中,有必要进行督促,不断追踪被反馈者绩效改进的实际情况。通过绩效改进过程,能够促进被反馈者的成长与发展,进而提升其解决工作问题的能力以及工作绩效表现。

六、反馈复盘与效果检验

反馈复盘主要是为了对整个反馈过程进行评价,以识别出做得比较好的方面和做得不好的方面。绩效反馈做得好与坏可根据被反馈者在反馈面谈过程中的反应和反馈效果来判断。好的方面继续保持和优化,不好的方面要进行改正。就反馈效果而言,主要看是否达到了反馈的目的。

本章要点

(1)绩效反馈是指在一定的情境下,将员工过去绩效表现的相关信息采用恰当的方式传递给员工并被员工理解,以期达到促进或改善员工未来绩效的过程。

(2)组织实施绩效反馈的三个假设前提:第一,员工想要得到关于他们绩效的反馈;第二,反馈者能够给员工有用的反馈;第三,及时、精确的反馈能够带来员工行为的积极变化。

(3)绩效反馈的特征体现在六个方面:反馈信息来源、反馈隐私、反馈对象、反馈内容、反馈机制或媒介、反馈频率。

(4)绩效反馈具有四个方面的作用:第一,改善员工绩效;第二,促进员工成长与发展;第三,构建良好的领导成员交换关系;第四,塑造组织氛围或文化。

(5)有效的沟通是指准确地传递信息发送者所要传递的信息并能够被信息接收者精确地理解。

（6）沟通具有控制功能、激励功能、情绪表达功能和信息传递功能。

（7）基于优势的绩效反馈需要遵循九个原则：第一，聚焦员工的优势；第二，基于优势的绩效反馈，并不是完全不顾员工的劣势，而是专注于员工可以通过学习和培训获得的知识和技能，不是专注于员工天生的不可改变的才能；第三，管理者应当依据优势管理思想，管理员工的才能劣势；第四，提供反馈的人需要对个体的知识、技能和才能非常熟悉，而且还要熟悉他们的工作需求；第五，当进行反馈时要选择合适的场合；第六，用巧妙的方法进行反馈；第七，反馈应当是具体的和精确的；第八，管理者进行反馈时，应当把员工的行为和结果与其他各种层次或水平上的重要结果联系起来；第九，追踪反馈。

（8）绩效反馈的六个步骤：①确定绩效反馈的目的；②制订绩效反馈计划；③了解被反馈者的信息；④反馈面谈；⑤制定绩效改进方案与追踪；⑥反馈复盘与效果检验。

 # 复习思考题

（1）什么是绩效反馈？绩效反馈的前提假设是什么？

（2）绩效反馈有哪些特征和作用？

（3）阐述沟通模型。

（4）什么是基于优势的绩效反馈？

（5）如何实施一项有效的绩效反馈？

案例分析

走出负面绩效反馈的误区

从"绩效主义毁了索尼"到微软取消业绩排位，关于绩效管理的争议不曾停歇。绩效管理是管理者和员工为了实现组织愿景而共同参与绩效计划、绩效监控、绩效评价、绩效反馈等环节的完整过程，而绩效反馈作为其中的重要一环却往往不了了之，这一点在负面反馈上表现得尤为明显。

负面绩效反馈即管理者通过和员工的交流互动来指出员工的不佳表现，它是一个反映问题的过程，终极目标是使员工个人和组织整体的绩效得到改进和提升。如果负面绩效反馈没有做好,不仅影响管理者透过问题看本质,反思员工绩效差错背后的组织层面根源;而且员工也会缺少灯塔指引,迷失方向。反思组织日常管理中负面绩效反馈的误区,变革领导者的管理方式,是各类组织目前亟待解决的"痛点"。负面绩效反馈误区的表现:

1. 刻意回避

在很多社交软件(如微信、微博)上,当用户评价一个内容的时候,只能"点赞"而不能"差评"。Facebook前任首席技术官、"点赞"按键的创始人布雷特·泰勒是这样解释的:"点赞"按键之所以存在,是因为用户既想承认某人的言行,又不想过多表态,这可能不是出于真的喜欢,而是以此替代"哦""嗯"等语气词。"差评"按键的效果则完全不同,尤其是在中国这种顾忌人情面子的社交情境中,"差评"的否定性意义会导致不容小觑的负面后果。

例如,某企业家经营一家蓬勃发展的公司,他总能轻松应对,经营中的巨大财务风险,然而如何向同事提出负面绩效反馈却令他辗转反侧。负面绩效反馈中的强烈情绪体验往往使领导者招架不住,他们不仅需要处理自身内疚、恐惧等不适情绪,还需要应对下级失落、愤怒等即时表现。很多管理者缺乏这方面的情商,只好采取刻意回避或拖延战术,直到问题如滚雪球般越积越多。

员工往往愿意接受积极正面的评价,而回避得到消极负面的评价。基于这一点,很多管理者通常不愿意把较差的考评结果摆到台面上来公开讨论,刻意回避与员工的直接交锋,因为负面信息反馈往往会触发员工沮丧失落的负面能量和不以为然的抵触情绪,甚至还会浇灭员工的工作热情。并且受困于国人"报喜不报忧"的传统心态,领导者只做好人,怕做坏人,对员工的绩效表现报喜不报忧,只讲优点长处,不讲缺点问题。这样的态度只会误导员工沉迷于不切实际的美好幻想中。

回避负面反馈会给员工个人和组织整体带来严重后果。世界知名的电池和便携式照明设备生产商美国劲量(Energizer)公司人事资源主管纳拉·格林菲尔德表示,开展负面反馈有助于翻开企业发展的崭新一页,而回避问题会使企业裹足不前。不仅领导者的信誉度大打折扣,而且员工可能以牙还牙,通过糟糕业绩来回应组织的不作为。例如,某个部门经理通过小道消息得知将被调离长期任职的部门。对此他感到焦虑和愤懑,开始消极怠工。如果他直接从上级口中而非通过坊间流言得知此事,至少他会感觉受到尊重,并会保持一定的敬业度。

2. 简单粗暴

当员工绩效表现不佳时,某些管理者会选择对其严加指责,他们对待下属求全责备,甚至进行人身攻击,简单粗暴地斥责、恐吓和处罚绩效考核不佳者,使得下级人人自危,惶惶不可终日。在这些领导者看来,似乎只有这样的硬派作风才能起到杀一儆百的作用,才能表现绩效标准的严肃性,才能树立管理者不可撼动的家长式权威。实则不然,这会大大挫伤员工的积极性和创造性,使其滋生敌意和对抗情绪,带来极其恶劣的后果。管理者的简单粗暴,会让员工产生受害者心态,无法接受管理者的逆耳忠言,非但解决不了绩效问题,反而加剧问题恶化。

此外,对于员工不佳绩效的处理办法——"末位淘汰制"如今备受诟病。末位淘汰制又称活力曲线,由美国通用电气公司前首席执行官杰克·韦尔奇提出,顾名思义就是淘汰绩效评级排在末位的员工,不给其反思、提升改进的机会。这样简单粗暴的淘汰考核排名制,让工作由内在乐趣变成无形压力,让员工变成一味追求高速运转的"机器人"。作为一种残酷的强势管理,淘汰制无疑会打消员工的工作热情,增添员工的心理压力,使其职业安全感和忠诚度大大降低。它只注重短期效果,却轻视了员工的潜力发挥和长远发展,与人性化管理方式背道而驰。

3. 笼统模糊

例如,管理者向某位员工反馈其频繁迟到问题时可以这样说:"你怎么那么偷懒,从不准时,难道一点时间概念都没有吗?"也可以这样说:"我注意到在上周的五个工作日内你有三天迟到,你最近是不是遇到什么特殊情况?但你要知道这种行为是不被允许的,今后必须注意!"前一种反馈,管理者没有运用具体数据来支持说话内容,并且轻易给员工贴标签,有针对个人的倾向,易使员工产生抵触情绪;后一种反馈,管理者让员工知晓其迟到的具体次数,明确指出无法接受此类行为,并提出改进意见。针对同样的绩效问题,不同的反馈方式会带来截然不同的沟通效果,有效反馈离不开以数为据,用数据说话。

互联网时代是一个以大数据为基石的信息时代,组织管理越来越需要大数据及其背后的隐藏信息。但现实的负面绩效反馈毫无数据说服力,互联网时代的大数据思维并未根植于负面绩效反馈中。缺乏数据支撑的信息会严重削弱领导者的公信力,员工也无所适从,不知如何着手改进,达不到绩效反馈的预期目标。更有甚者,某些组织的绩效管理系统实为一个"黑箱",与考核相关的数据被视为组织机密而被人为掩盖,违背大数据时代信息公开透明的内核,员工对绩效管理产生抵触心理也就无可厚非了。

资料来源:张昊民,王琰.走出负面绩效反馈的误区[J].企业管理,2017(6):45-47.

根据上述材料回答问题:

(1)如何避免材料中提到的负面绩效反馈误区?

(2)如何执行有效的绩效反馈?

第六章
绩效申诉与绩效结果应用

学习目标

1. 理解绩效申诉的内涵与作用
2. 掌握绩效申诉的流程
3. 理解绩效结果的应用

第一节　绩效申诉的内涵与作用

绩效申诉是指当员工对自己的绩效评价结果不认可时,可通过正式的申诉渠道要求对绩效评价结果进行重新审定的过程。从前述内容可知,在绩效反馈中需要员工认可绩效评价结果或等级。员工不认可这一评价结果时,即可通过正式绩效申诉程序来维护自身的权益。

绩效申诉的内容主要体现在三个方面:一是绩效评价效度的问题,也称判断性问题,例如,评价者可能没有准确反映其真实绩效表现。二是绩效评价流程的合法性问题,即绩效评价的过程是否遵循了绩效评价的政策制度。三是管理过程问题,即员工可能会认为领导没有明确告知他绩效评价的内容,致使其不知道自己应当具体做什么;在执行工作中,领导没有及时帮助自己排除困难和干扰因素,即使在请求领导帮助后仍是这样;领导与其他员工具有亲密的关系,而与自己的关系并不友好;领导故意在工作中给自己使绊子;等等。无论是哪一种绩效申诉内容,都应当有合理的申诉渠道,给员工公平、公正和合理的解释与结果。

绩效申诉不仅有助于矫正具有偏差的绩效评价结果,而且有助于促进员工对于绩效管理体系公平性的感知,提升员工的组织承诺、心理契约和工作投入等。对于一个完善的绩效管理体系而言,必须要有制度化的绩效申诉流程或操作方案。

第二节　绩效申诉流程

绩效申诉的基本流程如下:

第一步:由员工亲自提出绩效申诉需求,详细阐述所申诉的事件及其理由。要求员工严格按照绩效申诉制度所涉及的业务范围进行申诉,并标注其所申诉的内容属于哪一类。一般来讲,员工需要上交一个绩效申诉表格,如表6-1所示。

表6-1　绩效申诉申请表

申诉人		部门		岗位		直接上级	
申诉事件:							
申诉理由: 申诉人签字:　　　　日期:							
受理人意见: 受理人签字:　　　　日期:							
申诉调查情况: 调查人签字:　　　　日期:							
申诉处理意见: 人力资源部门负责人:　　　　日期:							

第二步:在接收到员工的绩效申诉申请表后,申诉受理人(一般指人力资源部门的人员)就是否符合申诉业务范围做出受理还是不受理的决定。

第三步:负责申诉的部门针对申诉的事件和内容开展深入的调查,在此过程中要求申请人所在部门提供有关申请人的相关绩效考核信息。

第四步:根据具体的调查信息做出处理意见,明确指出是否支持申请人所申诉的事项和要求,并做出处理结果。在该步骤中一般要与申请人所在部门领导进行充分沟通与核实,确保调查信息和结果的准确性。

第五步:将处理结果反馈给部门领导和申请人,并得到他们的认可。①

第六步:更新或维持绩效考核结果,并将申诉材料和绩效考核更正材料存档。

第三节 绩效结果应用

在绩效考核结束后,如果没有员工进行绩效申诉,那么员工的绩效评价结果就得以确定。绩效考核的结果在人力资源管理中具有多方面的应用价值,可以为奖惩、职务调动、教育培训和劳动关系处理提供重要的依据。绩效结果的应用与绩效管理或绩效评价的作用有所不同,绩效评价的作用涉及的范围更广,不仅包括绩效结果的应用(或行政管理决策),还包括激励、文化或氛围塑造等。这里我们仅谈论绩效结果的具体应用。

一、薪酬分配

薪酬分配的公平性是组织薪酬管理系统有效性的重要衡量标准。这里的薪酬不仅包括绩效工资、奖金,也包括一些福利,指的是全面薪酬。实现薪酬分配公平性的一个重要依据是员工绩效表现。在很大程度上,员工的绩效水平体现着员工对组织的贡献。如果绩效考核结果具体较高的信度和效度,得到广大员工的认可,那么依据绩效结果实施薪酬分配方案更能够得到员工的支持。基于绩效的薪酬分配模式在各种类型的组织中已经得到了广泛的应用。实证研究也已经证实了基于绩效的薪酬方案的有效性。例如,Banker 等(1996)对 15 家零售店超过 66 个月的面板数据分析表明,实施基于绩效的激励计划后销售额得到了显著的持续增加;Lavy(2007)针对教师群体的研究表明,基于绩效的付酬项目能够显著提升教师的绩效。

二、纪律处分与劳动关系处理

纪律处分是对员工没有遵守组织内规章制度和管理规定的一种惩罚措施。绩效考核的一个重要内容就是要考核员工有没有违反组织的各项规定,甚至在一些组织中,违反特定的规定能够起到一票否决的作用。例如,在我国的高校当中,很多高校对教师师德的考核就是这样的,一旦教师违反师德师风,无论教师的工作业务多么好,都会被定为不合格的教师,甚至将会失去其他所有的相关奖励和机会。在实际操作过程中,依据考核结果对员工做出解雇处理时,需要执行严格的程序,并且实施难度还很大。例如,组织要证实员工确实不能胜任工作,并且通过培训或调岗仍然不能胜任工作,基于此才有可能对员工提出解雇。就绩效考核而言,组织需要明确的岗位职责和绩效要求,并能够提供充足且合法的证据证实员工不能胜任工作。也就是说,依据绩效结果对员工实施处分与解雇,组织要慎重,在流程上和内容上要合法,不但要符合组织内部的政策制度,还要符合国家、政府等方面的劳动法律法规和相关政策制度。

三、职务调动

绩效考核结果经常被用于员工的职务调动。职务调动包括降级、晋升和平调三种类型。第一,降级。降级是指由于员工在当前岗位级别上不能胜任工作,依据绩效考核结果对其岗位级别进行下调的现象。一般来讲,职务下调的现象并不常见,除非员工(包括领导)不能胜任当前工作任务并且对组织的发展产生了一定程度的消极影响。第二,晋升。晋升是指员工由于在当前岗位级别上的出色表现而被放置更高岗位级别上的现象。出色的绩效表现并不一定能够得到晋升,但长期出色的绩效表现,说明员工对组织做出的贡献更大,在未来得到晋升的可能性也更大。另外,虽然高绩效并不意味着能够晋升,但是被晋升的员工均要求具有优秀的绩效表现。第三,平调。平调是指员工在当前工作岗位级别上不能胜任而被调到相同级别的工作岗位上的现象。

四、教育培训(员工开发)

绩效考核结果对于组织实施教育培训有很大的帮助,其为组织的教育培训工作提供了明确的方向,因为在绩效评价过程中,能够准确识别员工做得好的方面和做得不好的方面。通过进一步了解,可以找到员工不能胜任一些任务的原因,如态度不够端正,欠缺从事该工作任务所需要的知识、技能和能力。绩效考核结果就是员工不能胜任工作的有效证据。为了能够在未来的工作中改善工作绩效,员工不仅要主动地查漏补缺,而且组织也应当实施有效的培训和教育帮助员工改善绩效。一般对于员工态度所引起的绩效偏差现象,主要采用教育的手段使员工改正。但是,对于培训项目而言,有两种方式:一是基于不足的培训,即通过培训弥补员工的"短板",使其满足工作的要求;二是基于优势的培训,即针对员工擅长的知识、技能或能力开展培训,让员工在优秀的基础上变得更加优秀。在现代组织管理中,大部分的组织还是采用基于不足的培训。但是,随着我国推行高质量发展战略,各种类型的组织都在强调创新和高质量的产品、技术、服务和管理等,基于优势的培训恰能够满足高质量发展的需要。在实施基于优势的培训时,并不是忽视员工的不足,而是通过有效的方式管理员工的不足,例如:通过协作的工作方式实现优势互补;让员工补"短板"达到不影响优势发挥的程度即可,没必要花费大量的时间和精力弥补员工的"短板"。

本章要点

(1)绩效申诉是指当员工对自己的绩效评价结果不认可时,可通过正式的申诉渠道对绩效评价结果进行重新审定的过程。

(2)绩效申诉的内容主要体现在三个方面:绩效评价效度的问题、绩效评价流程的合法性问题、管理过程问题。

(3)绩效申诉不仅能矫正绩效评价偏差,而且能激发员工积极的态度、认知、情感、动机和行为。

(4)绩效申诉有六个步骤:第一步,由员工亲自提出绩效申诉需求,详细阐述所申诉的事件及其理由;第二步,审核与受理决定;第三步,申诉调查;第四步,根据调查信息做出处理意见;第五步,处理结果反馈与认可;第六步,更新绩效评价结果和档案材料。

(5)绩效结果的应用范围:薪酬分配、纪律处分与劳动关系处理、职务调动和教育培训(员工开发)。

复习思考题

(1)绩效申诉的内容与作用分别是什么?

（2）绩效申诉包括哪些流程？

（3）绩效结果有哪些用途？

 案例分析

公司绩效考核结果应用问题

　　J公司成立于1966年，是位于美国佛罗里达州圣彼得斯堡，在纽约证券中心上市的跨国集团，经营业务是为不同行业提供产品设计、制造、物流供应和产品管理服务，2017财年营业收入达210亿美元，在行业排名稳居第四位，仅次于中国台湾鸿海集团、中国台湾和硕联合及美国伟创力。J公司目前在29个国家设立100家工厂，员工人数约20万；为保持行业领先地位，J公司致力成为全球提供领先技术和可靠服务的公司，为知名品牌企业或新生技术初创公司提供高标准服务；目前主要客户包括苹果、通用汽车、斑马、法莱奥、惠普、艾默生、施乐、西门子、思科、诺华、太阳电力；进入新时代，J公司提出了五大理念来顺应时代变化——赋权给员工，加快创新进程，提供全球灵活的制造服务，提供优质工程解决方案，提供供应链解决方案。

　　就J公司的绩效考核情况而言，公司除了高层管理者绩效考核加入领导力水平考核外，其余的中层管理者和基层员工的考核方法都是采用关键业绩指标，关键业绩指标的特征是把企业战略目标层层分解，并找出驱动企业战略的因素，使员工个人工作目标与公司发展保持一致。每个基层员工依据直属上级的绩效计划制订本年度的个人绩效目标和工作计划，拟订绩效目标和工作计划后上传到系统，等待上级审批通过，审核不通过时，需要修改后再次提交，直到上级审批通过为止。

　　待考核周期结束后，按照关键业绩指标对中层管理者和基层员工进行考核。但是，在考核结果运用方面，仍存在一些不足：

　　首先，绩效考核结果与基层员工的薪酬调整联系不紧密。100%的访谈对象认为，绩效激励效果没达到员工期望，调薪比例低于市场水平而且不同等级的考核结果调薪比例差异不大，晋升机会少。大部分基层员工不满意绩效激励结果。

　　其次，绩效考核结果与基层员工的培训方案联系不紧密。100%的访谈者认为，绩效考核结果和个人培训方案没关联。70%的基层员工认为，绩效考核结果的作用是了解自己的不足，认为和培训方案制定相关的只有2%。相同岗位的员工由于经验、能力、兴趣的差异会有不同的培训需求，没体现个性化的培训既浪费公司资源，也影响员工参与培训的积极性。

再次,绩效考核结果与基层员工的岗位变动联系不紧密。绩效考核结果是岗位调整参考条件之一,岗位调整包括晋升、降级和辞退员工。本公司只有晋升一项是与绩效考核结果有联系的,在员工因为绩效表现不佳被降级或辞退的情况下,绩效效果考核结果不能被参考,因为他们的绩效结果与实际相反。

最后,绩效考核结果对基层员工个人发展的指导有效性不足。教练型领导风格的特征是通过提问、激励、分享权力和责任来赋权员工,通过反馈、鼓励参与、开放沟通来提升员工能力,员工通过这些行为感知领导者不是为了追求自己的利益而滥用绩效管理活动。本公司的员工对上下级沟通方式表示满意,说明工作关系良好,有体现开放沟通,提供工作建议给员工,但是反馈给员工的内容缺少对员工能力长远发展的实质指导,因此,员工认为成长缓慢。

资料来源:谭焯舒. J公司基层员工绩效考核结果应用问题诊断及改善对策研究[D].华南理工大学硕士学位论文,2020.

根据上述材料回答问题:

(1)绩效结果可应用于哪些方面?

(2)如何解决 J 公司绩效结果应用所出现的问题?

第七章

绩效控制与绩效改进

学习目标

1. 理解绩效控制的内涵、特点与作用

2. 熟悉绩效控制的类型与原则

3. 掌握绩效改进的内涵

4. 理解绩效改进的途径

5. 理解员工优势的内涵

6. 掌握优势开发的方法

第一节　绩效控制的概念与作用

一、绩效控制的内涵

绩效控制是指在绩效管理的各个过程中按照预期或预设的标准(主要是绩效计划)对绩效活动进行监控,发现偏差并及时进行矫正,使各项绩效活动能够朝着完成绩效目标的方向前进,确保组织绩效目标的顺利实现。绩效控制的对象包括组织内所有与绩效管理相关的活动。绩效控制是以绩效计划为基础的,将绩效计划的具体实施情况与预先设定的计划进行对比,当实际绩效计划执行与预先制订的计划存在差距时,就需要分析存在差距的原因,并及时提出切实可行的修正方案或措施,以使绩效活动按照绩效计划进行。更为广泛地讲,绩效控制也发生在绩效计划的制订阶段,也就是说,在没有确定完整的绩效计划前,要通过控制手段,按照制订绩效计划所需执行的活动和时间节点保证顺利完成绩效计划的制订。当绩效计划的制订没有按照已规定的活动和时间节点顺利推进时，要采取偏差修正方案促使绩效计划制订过程的有序进行。

绩效控制就好比汽车的方向盘，使组织中的各项绩效活动朝着预先设定的绩效目标方向前进。对员工执行绩效活动的阶段性考核，是一种绩效控制的典型手段。从绩效控制的定义中也可看出，绩效控制工作有三个基本的要素：控制标准、偏差信息和修正措施或方案。控制标准是预先设定的绩效计划，具体体现了员工在每个时间段应当做什么、需要达到什么标准、应当进行何种绩效管理活动，这些内容是检查和衡量实际绩效工作的基础和依据。如果没有控制标准，就没有与实际绩效工作进行对比的对象，绩效控制也就无法进行。偏差信息是指实际绩效工作情况与预先设定的绩效计划之间的偏离信息。发现、掌握并理解偏差信息是绩效控制的重要过程。如果没有得到绩效偏差信息，绩效控制也就无法继续进行。修正措施是在充分调查研究偏差信息的基础上做出的绩效活动调整决策。这种调整决策一旦得到落实或实施，能够及时修正绩效偏差，将绩效活动及时拉入正轨，最终保证实际绩效活动与绩效计划保持一致。

二、绩效控制的特点

绩效控制工作作为绩效管理的重要活动之一，表现出五个方面的特点：

（一）全体性

绩效控制是一个系统工程，一方面，需要组织所有成员的共同参与，因为控制工作是每一位员工的责任；另一方面，控制工作涉及绩效管理系统的各个环节。任何一项绩效管理活动都需要按照一定的标准持续、稳步地推进，一旦绩效管理活动中一些方面没有按照计划得以实施，就需要绩效控制来加以调整和改进。

（二）对人的依赖性

绩效管理的重点对象是对事和物的管理，但是绩效管理的执行者是人，绩效控制工作的实施也需要人来完成。对于绩效管理活动的实施效果和进程的把控，也需要人来衡量。为实现有效的绩效控制，需要每一位员工时刻监控自己和他人的绩效活动，并提供偏差信息，以此为基础全面理解绩效管理活动偏差的原因，进而提出有效的修正方案。

（三）动态性

绩效管理活动时刻与组织的内外部环境进行着信息交互，环境的不确定性决定着绩效计划实施的基础随时发生改变。这在一定程度上也说明绩效计划、信息偏差和需要采取的修正措施不是一成不变的，要根据具体的需要及时进行调整。

（四）目的性

绩效控制的目的是实现组织绩效目标。绩效控制并不是直接为绩效目标的达成进行服务的，而是通过控制绩效管理过程中的各项活动间接保障绩效目标的达成。

（五）工具性

与绩效控制的目的性相对应，绩效控制并不是绩效管理的目的，它只是为保障绩效管理活动顺利实施和推进的工具或手段。

三、绩效控制的作用

绩效控制在保证绩效目标实现的同时，还发挥着以下三个方面的作用：

第一，降低成本。在组织管理活动中，管理者最关心的问题之一就是管理的成本。如果没有绩效控制，即使绩效活动出现偏差，我们也很难意识到。随着时间的推移，这种偏差将会越来越大，能够完成绩效目标的可能性也会越来越低。为保证绩效目标的达成，修正这种偏差的成本也会越来越高。如果有着完善的绩效控制系统，在绩效偏差很小时，就及时采取修正措施，此时的成本也将会更小。

第二，防止偏差积累造成不可挽回的局面。在实际工作中，由于各方面的原因，不可避免会存在一定程度的工作偏差。在偏差较小时进行修正，有助于顺利将工作活动回归计划。但是，一旦偏差较大，达到不可挽回的地步，将会对组织带来严重的伤害。绩效控制能够使偏差在较小的时候就被发现，并及时采取措施加以修正，避免了偏差积累造成不可挽回的局面。

第三，提升员工的能力。根据绩效控制工作的特点可知，绩效控制是每一位员工的责任，并由每一名员工具体落实和完成。员工作为实施绩效控制的主体，要对整个绩效管理活动有清晰的理解。通过对各项工作活动的观察，及时发现执行过程中的偏差或不足，并通过采取有效的修正方案使工作活动按照预期的绩效计划进行。这些需要员工不断提升自身对所从事工作的理解，不断提升执行工作任务的能力、发现问题的能力以及解决问题的能力。较好的绩效控制工作有助于提升员工的工作能力。

第二节　绩效控制的类型与原则

一、绩效控制的类型

根据绩效控制发生的时间先后可将其分为事前控制、事中控制和事后控制。

（一）事前控制

事前控制是指在绩效管理工作开始之前的控制,起到防患于未然的作用。事前控制要求管理者在绩效工作开展之前,全面、详细和深入地分析工作过程中可能发生的偏差,依据过去的经验准确判断发生偏差的原因,在工作开展前提出相应的解决对策予以规避偏差。事前控制对管理者提出了更高的能力要求。从更广义的角度而言,对于每一位员工来讲均可通过事前的控制保证自己的工作任务顺利实施。

（二）事中控制

事中控制是指在工作执行的过程中实施的控制行为。在工作开展过程中,难免会由于各种原因导致实际工作进度并不能按照绩效计划推进。当出现偏差时,就需要分析出现偏差的具体原因,采取有效的修正措施,及时将工作的内容和进度与绩效计划相一致。

（三）事后控制

事后控制是指在绩效工作结束以后进行的控制,这将起到"亡羊补牢"的作用。具体而言,在绩效评价结束后,识别员工的实际绩效水平与预先设定的绩效标准之间的差距,分析产生绩效差距的具体原因,基于此提出有针对性的解决方案,以便在后续的工作中达到预定的绩效要求。事后绩效控制更多是通过绩效反馈来促进员工的成长与发展,进而提升员工完成绩效的能力。

二、绩效控制的原则

为实施有效的绩效控制,应当遵循以下五个方面的原则:

（一）与绩效计划相适应的原则

绩效控制的直接目的是履行绩效计划,保证绩效计划方案顺利实施。绩效计划是绩效控制的基础,为进行有效的绩效控制指明了方向。例如,在进行事中控制时,要严格按照绩效计划的时间节点审查绩效完成情况,识别差距并采取有效的措施校正偏差。因此,绩效控制工作要与绩效计划相适应。

（二）控制关键点的原则

任何工作都不可能是完美的,都可能存在一定程度的失误或偏差,绩效控制工作也是一样。有效的绩效控制要求在控制的过程中,准确识别控制工作的主要矛盾和次要矛盾,矛盾的主要方面和次要方面,抓住绩效控制工作的关键点,保证关键的环节和任务不出差错,从而达到绩效控制的目的。此外,由于需要控制的工作或活动多种多样,如果实现全面控制,可能会耗费大量的时间、金钱和精力,多数情况下得不偿失,甚至全面控制也很难实现。因此,针对关键点执行控制显得格外重要。

(三)关注非常规事件的原则

有效的绩效控制在聚焦关键点的同时,还需要关注对非常规或例外事件的控制。非常规事件是指不经常出现或者第一次出现的紧急性事件,这些事件对绩效计划的执行通常会产生重大的消极影响。如果没有有效的应对措施或控制措施,将会严重影响绩效管理的有效性。因此,组织在进行绩效控制时,应当对可能发生的事件做出全面预测,通过事前控制提出预防或应对方案。对于突发事件,组织应当通过提升危机管理能力来提升绩效控制的迅速反应性,以期实现绩效控制的目的。

(四)成本最小化原则

绩效控制工作需要一定的成本,控制的工作活动或任务越多,所花费的成本越大。与控制关键点的原则相关,组织不可能将所有的绩效管理活动都纳入控制的范围,因为组织的资源是有限的。在开展控制工作时,要做好收益成本核算,尽可能将控制成本降到最低,将收益提升到最高。

(五)灵活性原则

执行绩效控制工作是为了发现偏差、修正偏差,确保绩效管理活动能够按照预先的绩效计划稳步推进。但是,在实际管理工作中,通常会出现意想不到的事件、不可抗力的因素,致使工作进展与原先制订的计划有所偏差,这就要求绩效控制工作要具有一定的灵活性,不能让整个控制过程变得死板。

第三节　绩效改进的内涵与途径

一、绩效改进的内涵与层次性

一般来讲,绩效改进是指员工、领导和组织通过不同的方式促进员工绩效提升的活动。绩效改进可以是组织或领导采取的措施致使员工的工作表现变得越来越好,也可以是员工自身通过自我学习和管理提升工作能力以促使工作绩效得到改善。绩效改进的目的很明确,就是改善员工未来的绩效表现,让绩效表现优异的员工更上一层楼,让绩效表现一般或较差的员工在未来的绩效表现中变得更好。

从绩效改进的层次来看,可以分为员工绩效改进、部门绩效改进和组织绩效改进三个类别。一般来讲,在人力资源管理中,常说的绩效改进是指员工层面上的绩效改进。部门绩效改进是指部门的领导通过优化人员调配、工作安排、部门管理制度和行为规范以及实施有效的指导、培训和激励等方式提升部门绩效的活动。组织绩效改进是指组织通过采取和不断完善与优化战略管理、生产管理、科研管理、服务管理、人力资源管理、财务管理和信息化管理等方式提升组织整体绩效的活动。组织绩效改进的实现方式是多样的，是以员工绩效改进和部门绩效改进为基础的。就三者之间的关系来讲，员工绩效改进是根本，部门和组织绩效改进均以员工绩效改进为基础。无论是组织从组织内的宏观管理角度优化管理制度，还是领导从中观角度优化部门工作流程和实施部门员工的培训教育，其目的均是促使员工的能力、态度、动机和行为发生积极的变化，进而提升员工绩效水平以及部门与组织的绩效水平。

二、绩效改进的途径

这里所说的绩效改进主要聚焦员工层面的绩效改进。为有效促进员工绩效改进，可从以下三个方面入手：

（一）优化组织管理

组织管理涉及的内容非常广泛，不仅包括战略、组织结构和管理制度的优化，还包括各部门业务流程的协作与改进。伴随着互联网和大数据技术的快速发展，数字化管理模式逐渐被越来越多的组织采纳，实践证明顺利实现数字化转型的组织确实在促进员工绩效改善方面发挥着重要的作用，尤其在互联网和高新技术企业中更是这样。尽管如此，从战略人力资源管理视角促进绩效改进仍然是一种被广泛采用的方式。战略人力资源管理是指通过一系列人力资源管理实践实现人力资源的优化配置和激励以期促进组织战略目标实现的管理活动。有关战略人力资源管理的观点有三个：最佳实践观、权变观和构型观。

1. 最佳实践观

最佳实践观指的是任何一个单独的人力资源管理实践（如招聘、培训、绩效管理、薪酬管理和人力资源规划）均有助于绩效改进。例如，有效的招聘系统有助于预测员工的绩效表现，对员工实施培训和教育能够显著提升员工的绩效水平。

2. 权变观

权变观指的是单独的一个人力资源管理实践并不一定能够提升员工绩效，因为一项人力资源实践的作用发挥受到情境因素的影响，比如，绩效评价实践要想发挥应有的作用受到员工接受绩效评价的意愿、员工对于绩效评价公平性的感知和领导成员交换关系的调节。如果员工不愿意接受绩效评价，组织实施的绩效评价实践反而会降低员工的绩效水平；如果员工对于绩效评价公平性的感知程度较低，绩效评价对员工绩效的积极影响可能也会受到很大的限制。总的来说,权变观认为单一的人力资源实践对员工绩效的影响效应在很大程度上取决于该项人力资源实践是否与情境变量相符合。

3.构型观

构型观认为有一系列相互作用、相互影响的人力资源实践组合而成的人力资源集合最能够促进员工绩效的提升。也就是说,人力资源实践作用的发挥不是靠单一的人力资源实践完成的,而是由多个相互依赖的人力资源实践共同实现的。基于构型观,学者们提出了各种各样的战略人力资源管理模式,如高绩效工作系统、高承诺工作系统、高参与工作系统、伦理型人力资源系统、服务型人力资源系统、控制型人力资源系统和优势型人力资源系统。这些具体的人力资源管理模式在促进员工绩效方面均起着重要的积极作用。例如,Zhang 等(2019)研究发现,高绩效工作系统能够显著通过提升社会交换关系和工作繁荣来提升员工绩效;Ding 和 Yu(2021)研究表明,优势型人力资源系统能够通过激发员工优势使用行为改善员工绩效。

总之,设计并执行符合组织情境需要的战略人力资源管理系统能够显著提升员工绩效表现,是员工绩效改进的重要途径。

(二)领导力开发

在日常工作中,领导与员工的接触最频繁,在交互的过程中,领导对员工的态度、能力、情感、动机和绩效的影响非常大。从领导成员交换关系理论视角可以解释这一点。具体来讲,领导在与下属交往的过程中,会将下属区分为"圈内人"和"圈外人"。对于"圈内人"而言,将会得到更多来自领导的指导,获得更多的资源和机会,往往绩效表现水平也会更高;而对于"圈外人"而言,领导与其沟通交流比较少,他们不像"圈内人"那样能够获得更多的资源、支持和机会。领导与"圈内人"之间的关系倾向于是社会交换关系,他们之间的互动是以情感为基础的;而领导与"圈外人"之间的关系更倾向于经济交换关系,这种关系以物质利益交换为基础。据此可推论,领导者应当把自己的下属看成自己的"圈内人",给予下属更多的支持、指导、资源和机会,以促进下属的绩效改善。

从现有的文献来看,不同的领导风格对于下属绩效的影响也有所差异。研究发现,积极的领导风格能够显著提升员工绩效表现。例如,Walumbwa 和 Hartnell(2011)研究发现,变革型领导能够提升下属对于领导的关系认同,然后促进下属的自我效能感,进而促使员工获得更高水平的工作绩效;Wang 等(2018)研究指出,仁慈型领导在员工绩效改进方面扮演着积极的角色;Ding 等(2020)研究表明,优势型领导能够通过工作幸福感的中介作用促进员工的任务绩效。还有一些研究发现,消极的领导风格能够损害下属的绩效表现。例如,孙健敏等(2013)研究认为,辱虐型领导将损害下属对领导的认同,进而降低员工的工作绩效。根据这些研究结果可以看出,领导者应当表现出更多积极的领导风格,避免表现出消极的领导风格。领导风格的塑造可通过领导干预培训来实现。

丁贺(2020)基于大量的领导实践和文献研究,提出了136优势型领导力开发模型。136优势型领导力开发模型的内涵主要包括:领导要与员工达成一致性的目标;通过优势识别、优势开发和优势使用三项核心工作最大化优势效能;领导需具备较高水平的战略思维、营造积极氛围、激发员工工作动机、社会智力、动态执行力和塑造影响力六个方面的能力,以期为发挥优势的作用提供条件保障。如图7-1所示。

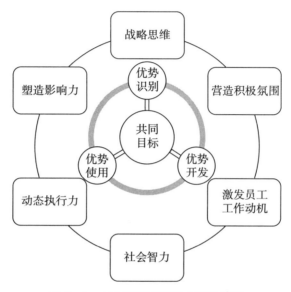

图7-1 136优势型领导力开发模型

Rath和Conchie(2008)指出,在工作中领导发挥自身的优势和员工的优势对于领导效能的提升有重要的积极作用,尤其是发挥员工特长是领导高效完成工作任务的重要途径。136优势型领导力开发模型表明,优势型领导的最终目的是达成组织、领导和员工三个主体共同认可的目标以实现三者的共同发展,此终极目标的实现需要领导充分发挥自身和员工的特长。为促使优势型领导者真正发挥其效能,领导者需要具备战略思维能力,能够营造积极的工作氛围,善于激发员工工作动机,具有较高水平的社会智力,动态执行能力强,能够塑造强大的自我影响力(丁贺,2020)[①]。

(三) 员工开发

员工开发活动是员工绩效改善最为直接的途径。员工开发的内容主要在于提升员工所具有的与工作相关的知识、技能、能力和经验等。具体的开发活动有:

---

① 丁贺. 优势型领导:领导力开发新路径[M]. 北京:中国劳动社会保障出版社,2020.

1. 自主学习

自主学习是最常见的员工开发方式。员工在工作中主动通过对于其他优秀员工或经验丰富员工的观察、交流,学习他人好的工作经验。经常对自己的工作进行复盘,总结自己做得还不够好的方面以及自己做得优秀的方面。针对做得不好的方面,通过查阅资料和书籍,在网络上观看相关的视频,不断进行改进。对于做得好的方面,进一步提升,充分发挥自身的优势,力争取得卓越的绩效表现。

2. 导师或学徒制

当前很多国内外的组织仍然在实施导师制的方式培养员工。导师制指的是给初级的员工或新进员工配备一名经验丰富的导师,以便给员工提供指导和帮助,促使员工快速成长与进步的员工培养方式。例如,在高等院校当中,对于新进研究生导师,学校或学院将会给其配备一名经验丰富的教授作为导师。导师的主要职责是向新进导师传授带学生、做学术研究和讲课的经验。在企业当中,对于新进员工也通常会给其配备一名经验丰富的导师,用以指导新员工的工作,传授工作经验以及如何处理工作中发生的各种问题。导师制或学徒制在技能人才的培养当中比较常用。2018 年,我国人社部等部门联合印发《关于全面推行企业新型学徒制的意见》。该意见明确企业新型学徒制要按照政府引导、企业为主、院校参与的原则,在企业(含拥有技能人才的其他用人单位)全面推行以"招工即招生、入企即入校、企校双师联合培养"为主要内容的企业新型学徒制,进一步发挥企业主体作用,通过企校合作、工学交替方式,组织企业技能岗位新招用和转岗等人员参加企业新型学徒培训,促进企业培养技能人才,壮大发展产业工人队伍。

3. 参加会议

由组织出资让员工参加与工作内容相关的大型研讨会或展览会,也是让员工获得所需知识、技能和能力的一种方式。通常情况下,为提高参加会议的质量或学习效果,会要求参加会议的员工在会议结束之后提交一份感想或报告,还可以让员工将在会议上的所学、所感和所想通过演讲的形式与同事们进行分享,这样可以在一定程度上评价员工在会议上的学习效果。

4. 工作轮换

工作轮换是指员工从一个岗位转到另一个岗位的过程。工作轮换对于丰富员工的工作经验和技能具有重要的作用。尤其是在公共事业部门的领导干部,更应通过工作轮换来丰富工作经验,培养工作能力。工作轮换一般是在本组织内的类似岗位上进行轮换。与工作轮换比较相似的一种方式就是挂职锻炼。挂职锻炼指的是一个单位的员工被派遣到其他单位进行一定期限的任职,以此来丰富员工的工作经验并提升员工的工作能力。例如,在中央企业或国有企业中,二级单位的领导经常会被派到公司总部进行一定期限的挂职锻炼,待挂职期限结束后再回到原单位或同级单位担任更高级别的职位。另一种常见的挂职方式是,国有企业的领导干部被派遣到政府机关进行挂职锻炼。对于普通员工来讲,企业与企业之间也会存在借调的用人方式,对于被借调人员来讲,也是通过在不同工作岗位的锻炼来提升自身的工作能力。

5.学位学习

学位学习是指由组织出资让员工在高校攻读学位的员工培养方式。学位学习的优势在于能够让员工获得更系统化的知识,提升员工对于专业知识的理解深度,能为员工提供更多的外部人际关系资源,同时也让员工获得了学位证书,提升了员工的学历层次。但是,通过学位学习的方式培养员工需要至少处理好两个方面的问题:一是工作与学习之间的平衡。对于攻读学位而言,员工不可避免地要参加考试,需要花费相当一部分时间去学习知识,这将会压缩员工的工作时间,可能会影响员工的正常工作。因此,采用学位学习时,组织和员工要通过有效的沟通解决工作与学习之间的矛盾。二是如何保障参与学位学习的员工继续为组织服务。有部分参与学位学习的员工,待拿到学位后,会考虑离职,因为有了更高的学历,其可雇佣性将会有所提高。为避免这种情况的发生,通常在员工参与学位学习之前,组织会与员工签署一份协议,用以约束员工的离职行为或者约定员工离职所需付出的代价。

6.专项训练

为培养特定的员工技能和能力,专项训练是一种常用的方式。专项训练是指通过一系列相关的培训和锻炼开发或提升特定技能的方式。专项训练包括知识的讲解、实际操作训练、拓展训练等活动。例如,首先,针对劳动关系管理岗位上的员工进行专项训练,内容包括:参加培训课程,讲师详细讲解与劳动关系相关的法律、法规和制度;在培训课堂上,讲师通过实际案例讲解与分析,提升员工的实际操作意识和技能。其次,让员工在实际工作中处理相关的劳动关系案件,训练员工的实际操作和解决问题的能力。最后,通过不断的锻炼,不断增加员工处理劳动关系案件的能力。

第四节　员工优势开发

一、优势的内涵

优势是指在一定的情境中个体具有的能够给个体带来绩优的内在的才能、品格或素质以及外在的资源或条件①,在优势使用过程中个体能够感受到更多的活力、繁荣和快乐。这种绩优不仅是指个体在工作中的优秀绩效,从广义的角度来看,还包括个体的幸福感等积极的感受和体验。该定义认为,优势兼具天生性(稳定性)和可塑性(动态性)、内在性和外在性,是与绩效相联系的;并且优势是相对于一定的情境而言的,不同的情境要求不同的优势或不同的优势组合(Biswas et al.,2011),例如,在学术情境中,好奇心和创造力是学术工作者的优势,因为他们能够促进学术工作者提出有价值的问题并做出有价值的发现;相反,在军事情境中,表现出较强好奇心和创造力的军人可能会被看作不服从,对于军事命令的质疑以及寻求不同的方式服从命令很可能把其他的军人置于危险之中,在该种情境中勇敢和自律将是备受鼓励的(Young et al.,2015)。前述内容也说明不同的个体和群体在优势表现方面可能存在差异,有些学者对不同职业的优势进行过研究,例如,就性格优势而言,Allan 等(2019)通过调查发现,咨询师的 24 个性格优势中的13 个具体优势(如谨慎、希望、爱),表现更为突出;也有研究表明,以色列飞行员排在前五的优势为正直、辩证思维、谨慎、爱和公正(Littman & Raas,2018)。

二、优势的稳定性与优势识别

尽管学者们对优势的定义有不同的见解,但它们大都以古典人格理论为基础,体现出优势的相对稳定特性。在一定程度上,优势心理学学者一致把优势看作受基因遗传因素决定的。Steger 等(2007)通过运用双胞胎的例子检验遗传因素对优势的影响,结果表明双胞胎在 24 个优势类型中存在很大程度的一致性,该研究证实了优势的稳定性特征。Linley 等(2010)研究发现优势和大五人格之间具有强相关关系,由于人格具有稳定性,也说明优势是相对稳定的。优势的稳定性主要表现在两个方面即时间的稳定性和跨情境的一致性。时间稳定性意味着个体的优势在不同时间点是相对不变的,无论是现在还是将来,个体均能在某些方面表现出相同的优势。跨情境一致性是指个体在一种情境下的优势同样可以用在其他情境中。正是优势的稳定性特点,决定着优势识别的重要意义。

如何识别个体的优势呢? 目前,比较常用的优势识别工具有四种(见表7-1):盖勒普组织开发出 Clifton Strengths Finder 工具用以帮助个体识别他们的主要才能,用以培养成为优势,并将才能划分了 34 个主题类别,如成就者、适应能力和分析能力等,依据这些主题,针对特定的个体采取科学的方法,均能培养出相应的不同类型的优势(Clifton &

---

① 该优势的定义是沿着 Wood 等(2011)关于优势的定义路线进行的,是在其优势定义基础上的进一步拓展,与 Wood 等(2011)的优势定义相比,该定义增加了个体的外在优势。

Harter,2003）；Peterson 和 Seligman（2004）开发出"行为价值"（VIA）优势目录调查工具用以识别个体的优势,其将优势分为六大类型:智慧和知识、勇气、人道、正义、节欲、超然。每一种类型均包含四个子类别,例如,勇气包括诚实、勇敢、毅力和热情,该工具在实际中应用最广泛；Martin 等（2009）针对工作场所中的员工提出了人们潜在的 12 个技能优势,并开发出 60 个题项的问卷测量人们的最强优势；应用积极心理学中心团队（CAPP）将优势分为 60 个类别（Linley et al.,2010）,并开发出了 Realise2 工具用以识别个体的优势,而且该工具还能显示优势的相对使用水平和对绩效的贡献（Dubreuil et al.,2016）。

表 7 - 1　常见的优势识别工具

序号	作者	年份	量表内容	施测对象（按照企业员工和非企业员工划分）
1	Clifton 和 Harter	2003	包括 34 类才能主题	非企业员工
2	Peterson 和 Seligman	2004	包括 6 大类型的优势,每一大类包括 4 个子类别的优势,共计 24 类优势	非企业员工
3	Martin 等	2009	包括 12 个技能优势	企业员工
4	Linley 等	2010	包括 60 类优势	企业员工

三、优势的动态性与优势开发

（一）优势跨情境的不适应

在工作实践中,我们不难发现有些员工即使在某一方面具有优势,但是当工作单位、岗位、领导、工作要求等工作情境改变时,其工作效率也并不像之前表现得那么令人满意。就像 Dweck（2006）指出的那样,当认为你有某方面的优势时,如果其不能适应情境的变化,该优势可能导致工作效率降低和业绩下降。这并不是说优势的跨情境一致性受到了颠覆,否定优势跨情境一致性的存在,而是表明优势兼具静止和动态双重特性。造成优势跨情境的不适应主要有两个方面的原因:一方面,每个员工均具有多种优势,有些优势能被自己或他人较为清晰地感知,优势使用较为容易,而有些优势属于潜在的优势,未被清晰地感知和使用。在原有工作情境中使用的显性优势带来了员工高绩效,但当情境变化时,适应新情境的潜在优势并没有被显化和使用,因此新情境下的员工绩效不如从前。另一方面,优势是一系列才能、知识和技能的综合,才能是不变的（Buckingham & Clifton,2001）,但知识和技能则是动态的,工作情境的变化会要求员工学习新的知识和技能,如果新知识和技能未与原有的才能进行很好的结合,原有优势在新的情境下可能不复存在。这一点就说明优势的不变性中蕴含着优势的动态性。此外,Biswas - Diener 等（2011）也把优势看作在取得最优绩效之前必须被开发的与取得最优绩效相关的潜能,这些潜能与情境、个人价值观、兴趣和其他的优势潜能相互作用形成优势,这也是优势动态性的有力证据。因此,对个体优势进行适时的开发具有重要意义。

（二）开发员工优势的步骤

为更有效地开发员工的优势可遵循四个基本步骤（见图7-2）：

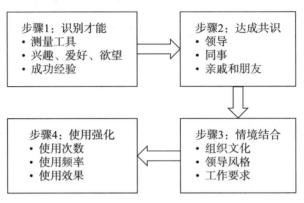

图 7-2　优势开发的基本步骤

1. 识别才能

才能是优势的重要来源,并且才能具有稳定性特征(Buckingham & Clifton,2001)。因此,识别个体所具备的才能是优势开发的基础。三种方式有助于才能的识别:第一,采用 Clifton Strengths Finder 等工具,通过在线测评进行识别。该工具由 178 对匹配比较项目组成,一般需要花费 35 分钟。第二,通过个体的兴趣、爱好以及欲望进行识别。个体的兴趣、爱好和渴求是个体内心最真实的想法,其会驱动个体的内在动机,促使个体在这些方面表现出超乎寻常的热情和能力。第三,过去的成功经验。成功的经验体现出个体具备完成任务的才能、知识和能力,对多个成功经验进行分析,提炼影响成功的共同因素,有助于个体才能的识别。除此之外,还有一些主观判断的方式有助于识别优势。首先,快速学习的领域。如果个体在某一方面学习的速度非常快,不仅很容易理解该领域的内容,而且还能融会贯通,提出自己的想法,那么个体的优势可能在该领域上。其次,任务流(Flow)。当在从事某项任务时,个体非常清楚地知道自己应当做什么、每一步应当做什么,在从事任务的过程中能够轻易地解决工作中面临的各种问题,即使有时面临较大的困难,个体也非常清楚应当从哪些途径来解决困难。总的来说,个体在从事某项工作任务时非常顺畅,这项任务里可能蕴含着个体的优势。再次,满意度。无论人们从事什么工作任务,都会有一定程度的满意度感知。如果个体在从事一项任务时对自己的表现非常满意,那么其优势可能蕴含在其中。最后,超自然体验。当人们在一件事情上获得成功之后,通常会有短暂的成就感体验,一旦这种体验使自己感受到无与伦比的喜悦并且觉得自己拥有独特的才能,那么这种才能也许就是个体的优势。

2. 达成共识

当识别出个体的才能之后,并不意味着所有这些才能都是个体真实具备的。Clifton 和 Nelson(1992)认为,关系(Relations)能够帮助定义我们是谁,我们能成为谁;同样地,关系也能帮助我们核实我们所识别出的才能的真实性。这些关系主要包括领导、同事、亲戚和朋友等。当多种关系的人对个体的才能表现出相同或相似的评价或认识时,在很大程度上说明该种才能是真实的。另外,当他人对个体某方面的才能做出积极的反馈时,个体将会在该方面表现得更好,起到强化作用。由此,关系可以帮助个体发现优势的存在点。

3. 情境结合

优势的形成不仅取决于才能与知识和技能的结合,而且受到情境因素的影响。情境因素决定优势是否能够带来积极的使用效果。在组织中,影响优势发挥作用的情境因素主要包括组织文化、领导风格和工作要求等。个体的优势需要与组织的文化相匹配,例如,在权利距离较大的组织文化下,原来适应权利距离较小的个体优势,可能就表现出不适应。个体也应该根据领导风格和工作要求,适时准确地发挥优势。当个体的工作方式不被领导接受或者不能满足工作职责要求时,此时的"优势"就不再是优势了。

4. 使用强化

优势是通过在工作实践中使用而体现出来的。如果个体在工作实践中不断最大化使用自己的优势,提升优势使用次数和使用频率,并取得良好的使用效果,其将主动地寻求更多具有挑战性的工作任务,进而增强他们的技能和知识,最终致使个体更有效地开发和使用优势。这种强化作用不仅有助于个体提升自己的优势和自信,而且能激发使用优势的主动性和积极性。更重要的是,在使用强化的过程中,个体应当根据优势的实际使用效果对优势的使用方式进行调整,充分考虑情境因素的影响,使优势效用不断得到提升。

本章要点

(1)绩效控制是指在绩效管理的各个过程中按照预期或预设的标准(主要是绩效计划)对绩效活动进行监控,发现偏差并及时进行矫正,使各项绩效活动能够朝着完成绩效目标的方向前进,确保组织绩效目标的顺利实现。

(2)绩效控制具有全体性、对人的依赖性、动态性、目的性和工具性特点。

(3)绩效控制发挥着三个方面的作用:降低成本、防止偏差积累造成不可挽回的局面、提升员工的能力。

(4)绩效控制可分为事情控制、事中控制和事后控制三种类型。

(5)绩效控制应当遵循五个原则:与绩效计划相适应的原则、控制关键点的原则、关注非常规事件的原则、成本最小化原则和灵活性原则。

(6)绩效改进是指员工、领导和组织通过不同的方式促进员工绩效提升的活动,有员工绩效改进、部门绩效改进和组织绩效改进三个层次。

(7)绩效改进有三个常见的途径:优化组织管理、领导力开发和员工开发。

(8)员工开发活动包括自主学习、导师或学徒制、参加会议、工作轮换、学位学习和专项训练。

(9)个体优势是指在一定的情境中个体所具有的能够给个体带来绩优的内在的才能、品格或素质以及外在的资源或条件,在优势使用过程中个体能够感受到更多的活力、繁荣和快乐。优势兼具天生性(稳定性)和可塑性(动态性)、内在性和外在性,是与绩效相联系的,并且优势是相对于一定的情境而言的,不同的情境要求不同的优势或不同的优势组合。

(10)优势开发需要遵循四个步骤:识别才能、达成共识、情境结合和使用强化。

🔍复习思考题

(1)阐述绩效控制的内涵、特点、作用与类型。

(2)绩效控制有哪些原则?

(3)什么是绩效改进?包括哪三个层次?

(4)绩效改进的途径有哪些?

(5)什么是个体优势?

(6)阐述个体优势开发的步骤。

案例分析

S公司的绩效改进问题

位于广东省的S公司成立于1992年,是集研发、生产、销售厨房小家电及相关配套产品于一体的私营企业。凭借多年以来的成本、技术、规模领先等竞争优势,现已成为全球小家电市场的重要制造厂商,现有员工逾3000人,其中专业技术人员近800人。自2008年国际金融危机以来,受国际市场行情连续走低、成本和汇率等不稳定因素变动的影响,S公司开始积极筹措上市以规避风险,然而公司内部长期积累的管理问题日渐凸显,尤其是在绩效管理与改进方面出现了一系列问题,具体表现在以下四个方面:

第一,过度关注成本收益等财务性指标以及对结果的考核与衡量,倾向于将绩效指标量化结果作为奖金分配的唯一来源。

第二,绩效管理的目的停留于绩效评估和利益分配,缺乏绩效改进所需的绩效沟通与反馈,员工只能依靠奖惩结果被动了解自己的绩效状况,很多人片面地将失败归因于工作难度大、人员配合度低等因素,对绩效结果以及绩效改进计划的认可度不断降低,使员工公平感、积极性下降,伴随着不满情绪,工作懈怠现象时有发生。

第三,绩效改进计划只是作为下一个考核期象征性的文字说明,人力资源部门在绩效改进方面的牵头工作难度较大,各职能部门经理在绩效改进的协调和辅助管理上敷衍,甚至严重缺位。

第四,多年来为适应绩效改进而提出的培训计划成本支出大,但因为呆板、形式化,具体实施起来并未深入问题根源,常常忽略人员的个性及技能差异化,由于培训投入带来的经营效益改善不明显,公司管理层屡次要求削减培训开支,培训部人员感到工作不受重视,碌碌无为,自我价值难以实现,培训部工作人员的离职问题较为明显。

资料来源:肖丹丹,陈进.嵌入员工效能感的企业绩效改进流程设计及应用——以S公司为例[J].中国人力资源开发,2013(7):49-52+110.

根据上述材料回答问题:

(1)如何解决S公司存在的绩效改进问题?

(2)如何解决J公司绩效结果应用所出现的问题?

第八章

目标管理法

学习目标

1. 了解目标管理的起源
2. 理解目标管理的内容
3. 掌握目标管理的流程
4. 理解目标管理的优缺点

第一节 目标管理的起源与内容

目标管理(Management by Objectives, MBO)是美国管理学家 Peter Drucker 于 1954 年在《管理实践》(*The Practice of Management*)中提出的一个全新的管理概念。Peter Drucker 强调,目标管理法是一个完善的系统,通过该系统可以整合各种管理活动,平衡组织中的各种目标。后来,Douglas McGregor 认为它能够被领导用于评价下属,并且这种评价方式更为客观。自目标管理提出以来,它已经被看作一个目标设定的过程、绩效评价系统、管理开发系统、决定高管薪酬的有效工具和人力计划系统等。最近的一项研究系统地指出,目标管理是一个整合目标的工具和将组织目标转化为个人目标的过程,并且目标管理更加关注员工个体对于组织目标所做出的贡献(Islami et al. ,2018)。这些使用方式说明,如果目标管理能够在组织中得到恰当的使用,它将成为一个管理组织的有效工具。

在组织管理当中,目标管理已经被广泛用于改善组织绩效和工作满意度。简单来讲,目标管理主要是提倡领导和员工一起来决定在一定期限内的员工工作目标,目标的数量应当少于 5 ~ 6 个。在理解组织和部门的目标后,员工必须认真地思考他们的工作目标,至少对执行这些目标要具有很高的兴趣和动机。然后,根据重要性将工作目标排序。领导有责任确保员工的工作目标在既定的时间内完成,应当激发员工完成目标的欲望,必须确保员工能够获得充足的资源用以完成目标。此外,领导还应当定期核查员工的进展并提供必要的支持和帮助。在绩效周期结束后,要对员工的目标完成情况进行评价和测量,以期达到改善绩效和促进员工成长与发展的目的。

　　Tosi 和 Carroll(1970)指出,有三个基本的方面影响着目标管理的有效性,即目标与目标设定、下属的参与和反馈与绩效评价。每一个方面都是组织成功的必要因素,但是这些要素对于组织成功的重要性在多年以前就已经被提出来了。也就是说,从这三个内容要素上来看,目标管理并没有独特的地方。具体分析如下:

一、目标与目标设定

　　目标管理的核心是通过上级主管和他们的下属共同设定下属的工作目标(LaFollette & Fleming,1977)。但是,这一观点并不是新颖的观点。1916 年, Henri Fayol 识别出管理的五大职能:计划、组织、指挥、协调和控制。Fayol 认为,计划功能是由可视化的目标、为完成目标所需的行动、依次执行的阶段和采用的方法组成的。遗憾的是,Fayol 的观点在美国多年来无人知晓。然而,美国当局也在讨论目标对组织成功的重要性。Ralph C. Davis 早在 1928 年就主张行政管理包括目标设定并将其描述为组织的目的,他的观点很快就得到了广泛的认可。20 世纪 40 年代,一般管理研究逐步盛行。1945 年, Edward H. Hampel 在高层管理计划中指出,目标是计划的关键点。大量的类似文献已经表明包含目标和目标设定的计划的重要性。所有的这些观点在 Peter Drucker 提出目标管理之前都已经被提出来了,因此目标和目标设定概念对于目标管理而言并不是一种创新。

二、下属的参与

　　在目标管理中,要求上级和下级一起为下级设定可达成的目标,也就是下属应当参与目标的设定。如果下属感知到参与是合理的并且是真正有效参与的话,下属的生产率将会得到提升,并且下属能够更好地理解所设定的目标和设定这些目标的原因,进而提升下属对于目标的接受度(Tead,1951)。总体来看,下属参与目标的设定有助于提升下属的满意度(Tosi & Carroll,1970)。下属参与这一观点并不是目标管理首创的,Lillian M. Gilbreth 在 1914 年讨论科学管理时就指出,工作标准必须由执行这个工作的人来制定。这一观点说明,在科学管理时期参与概念就被看作重要的。

Alfred Morrow 和 Kurt Lewin 在 20 世纪 40 年代早期执行过参与管理的实验,希望以此改善 Harwood Manufacturing Company 的组织绩效。Morrow 把参与性管理看作一个总体的态度,它鼓励员工参与目标设定、决策和分享问题。Morrow 利用在 Harwood 的实验很好地证实了一个心理准则:个体参与自己设定的目标要比参与其他人为自己设定的目标更具有激励作用。后期,如 Argyris(1953)等对 Morrow 的观点表示了支持,并提出“如果群体成员能够在一起就目标自由地进行讨论并提出实现目标的方法,群体目标则更容易被群体成员所接受”。类似地,1948 年,Lester Coch 和 John R. French 发现,与没有出席小组会议的员工相比,出席小组会议讨论变革需要、新工作计划和计件率(Piece Rates)的员工对于做出这些变革有更加合作和宽容的态度。根据以上论述能够看出,强调下属参与目标设定过程并不是目标管理首创的管理方式。

三、反馈与绩效评价

根据 Tosi 和 Carroll(1970)的观点,目标管理影响组织成功的第三个因素是反馈与绩效评价。在设定目标后,上级领导和下属将再次会面,一起根据预定的目标评价下属的工作绩效。下属能够得到有关他们绩效的反馈,并且了解他们对部门或组织的贡献有多大。此外,目标管理也会提供一个客观的标准用于评价员工的绩效和潜在绩效。相对于主观的评价标准,客观的评价标准更容易公正地判断员工的绩效。但是,在提出目标管理之前,反馈对于员工绩效的重要性和客观评价绩效的困难性就已经被提出了。

Drucker(1954)认为,进行反馈和绩效评价是管理者完成任务的客观需要。在这一陈述之后,不到五年,学者们明确地提出,管理者完成任务的客观需要是 Mary Parker Follett 的情境法则(Law of the Situation)的重新表述,该法则认为,让组织实践适合个人而不是让个人适合组织(Harbison & Myers,1959)。随后,Crane(1974)指出,反馈对于学习是必要的;当给予人们绩效的反馈时,他们能够很快地学习并能够改善随后的绩效表现。从 Taylor(1911)为特定的工作科学选拔、培训和教育员工的有关陈述中,可明显地看出他也意识到了反馈的重要性。进一步来讲,Taylor 认为,管理人员应该“真诚地”与员工合作,以确保一切工作任务都能按照已提出的科学原理来完成。换句话说,Taylor 已经形成了为员工提供反馈的思想,以确保员工能够按照 Taylor 提出的规则执行任务。Follett 赋予了反馈更加灵活性的内涵,并在她的“情境法则”中拓展了对反馈的理解。总之,反馈和绩效评价的观点在目标管理提出以前,也已经在管理实践和文献中被提出来了(LaFollette & Fleming,1977)。

通过以上论述可以看出,目标管理的贡献并不是提出了新的管理观点(目标与目标设定、员工参与和反馈、绩效评价），而是将在管理实践和研究中的重要观点整合在了一起，形成了一个新的管理哲学或管理系统。管理实践和学术研究均已表现，目标管理在提升员工的工作满意度、对于上级领导和组织的承诺以及生产率等方面发挥着积极的作用。

第二节　目标管理流程

目标管理是一个循序渐进的实现绩效考核的过程。不同的学者在使用目标管理法时提出了不同的模型：

Ingham（1995）认为目标管理由四个步骤组成，即目标设定、行动计划、自我控制和周期性评价。

Weihrich（2000）指出目标管理应当由七个元素构成，即战略计划和目标体系、目标设定、行动计划、目标管理执行、控制和评价、子系统组织和管理发展。

Wu（2005）认为目标管理包含三个过程，即目标形成、执行过程和绩效反馈。

Dagar（2014）提出了五阶段的目标管理过程，即给每一位下属设定目标和预期的结果、设定绩效标准、将员工实际完成的目标与预期目标进行对比、提出新的目标以及为上一绩效周期没有完成的目标提出新的实现策略。

还有学者认为目标管理过程应当分为八个阶段：①形成公司目标和组织战略；②将公司目标下发给所有的部门；③部门的管理者决定部门的具体目标；④与员工一起讨论并确定每一位员工的目标；⑤管理者与员工一起讨论如何为实现目标做出计划；⑥确定任务计划；⑦定期评价目标的达成情况；⑧给完成目标的员工进行奖励（Robbins & Coulter，2005）。

Islami 等（2018）在上述目标管理流程的基础上，提出了一个综合的目标管理流程框架，认为目标管理流程由三个阶段构成：计划、执行和评价。目标管理流程从我们想要在这个阶段实现的项目计划开始，目的是让每个人都知道他们的工作所要达到的目标。并将这个计划作为员工以后的工作指南。在制订计划后，就是实施计划，然后对计划的实施情况进行评价。

一、计划阶段

（一）设定目标

目标管理计划从定义问题和设定组织目标开始，也就是分析组织当前所处的位置，以及将要去向何处。组织目标的设定就是确定组织要到哪里去以及如何进行衡量,以便后续的所有工作都能够围绕组织目标开展。在设定好组织目标后,要对组织目标进行分解,形成组织分目标;组织分目标一般由高层管理团队和相关业务部门负责人一起讨论确定。组织分目标实际上就是各个部门的目标,各个部门根据部门的职能设定部门目标,部门目标的集合包含了所有的组织分目标。在部门目标的基础上,需要设定员工个人目标。在这个阶段,上级领导给员工提供具体的指导,由上级领导与员工一起依据组织目标确定员工的目标,并确定目标实现的质量标准和所需时间,以此作为评价员工绩效的标准。在目标设定的过程中,会形成目标层级体系,使用参与管理、持续沟通和SMART 原则①管理工具。设定目标的真实目的是让员工确切地知道必须做什么、何时去做、为什么要做、应当做到什么程度、怎样去做。

(二)交流目标

在目标设定之后,上级领导与员工应当就需要完成的目标达成一个清晰和精确的协议。尽管目标和计划可以在组织的高层启动,但它们也必须传达给组织中的其他人。负责实现目标和实施计划的员工必须从一开始就拥有制定目标的发言权。对于执行工作任务的员工来讲,他们拥有者与工作相关的重要信息,让他们参与目标的制定非常重要。人们通常会付出更多的努力去实现自己参与制订的目标和计划。实际上,交流目标一直贯穿于目标设定的全过程,因为目标管理要求目标设定时要鼓励员工全程参与。

(三)定义结果

目标管理开始于选拔合适的人在合适的岗位上。然后,领导与下属一起制定目标和计划,重点确定具体需要完成的目标和完成目标所需要的时间。在此部分,领导要与下属进行充分的沟通与讨论,必要时还要依赖客观的数据和信息资料作为决策支撑。

(四)设置控制点

设置控制点很重要,因为领导必须准确地告诉员工将如何评估他们的工作以及描述由领导管理的不同控制点,以确保工作在预定的预算范围内按时完成。在此阶段,为员工设定绩效衡量指标、计算方法和标准,并让员工清晰地理解这些内容。Cummings 等(1971)发现,只有根据明确和公开的标准向员工提供准确的绩效反馈,才能实现最佳绩效。在反馈会议上,充分讨论员工过去的绩效、当前的状况、奖励方案、未来的工作期望和发展或晋升前景,并将其记录在案,以备后人之用。简言之,反馈会议应确保通过领导与下属之间进行这种非常重要的互动,以适当的方式提高员工的积极性。

---

① 有时也会采用 SMARTER 原则,在 SMART 原则基础上,增加了 E(Exciting)、R(Recorded)(Kralev,2011).

（五）员工对设定目标的承诺

目标管理要求员工参与到目标设定的过程中，在设定目标时领导应当与员工进行充分、坦诚的讨论，以便双方在目标上达成一致意见。如果员工参与了目标设定的过程，并能够与领导一起就工作任务和目标展开讨论，将会付出更多的努力去完成目标，换言之，员工参与能够提升员工的工作投入，进而提升了目标达成的可能性。总之，目标管理要求员工对设定的目标具有高水平的承诺。

二、执行阶段

（一）计划执行

在赋予员工职责并开始工作的那一刻，领导就开始评价员工的绩效表现。计划的执行是为了实现组织战略。对于执行绩效评价的目标管理而言，Kutllovci（2004）在执行目标管理项目时引用了 Levitz 提出的一些实施指南：管理者和员工应当对目标管理做出承诺和支持；每个人都要参与到目标管理的过程中，并且必须全面理解目标管理的目的和意义；管理层和其他人员必须会面以提出共同目标；部门的目标应当根据组织的目标来设定；对工作的描述应当通过宣布令人满意的绩效测量标准以特定形式写成；应当为每一个人设定目标并进行目标评价；目标应当是清晰的、可测量的；对目标应当达成一致意见；应当对领导实施有关评价、开发和观察绩效的能力进行培训；员工必须意识到目标管理与奖励系统以及其他的管理职能是紧密相连的。

（二）员工的自由和独立

员工自由和独立是工作中两个重要的激励因素。员工要负责完成重要的工作职责。在履行职责的过程中，员工想要根据自己的方式完成工作。如果员工获得了自主开展工作的权力，他们将会有更强的动机去履行、执行，更可能承诺在规定的预算内准时完成工作任务。给予员工更多的自由和独立性能够激发员工的工作动机，让员工更富有创造性，也能提升员工的自我评价。员工的自由和独立性主要体现在让员工安排自己的工作，让他们决定如何从事工作，这有助于增强员工对工作的控制感。

（三）与员工持续的沟通

首先，在计划阶段，领导与员工需要通过信息交换就怎样进行工作达成一致意见。其次，在这个计划的基础上，领导和员工相互沟通，排除员工在实现预定目标方面可能遇到的障碍。最后，通过领导与员工的进一步沟通对已制订的计划进行修改，并达成最终的意见。战略沟通向人们传达了做好工作意味着什么和需要什么。领导为了对员工的绩效进行精确的评价,必须与员工进行持续的沟通,以了解员工真实的绩效表现。更重要的是,领导要对员工的绩效进行持续性的控制,及时向员工反馈与工作相关的信息,以确保员工的行为朝着有利于完成目标的方向前进。实际上,绩效反馈的过程就是绩效的持续沟通过程。

三、评价阶段

Islami 等(2018)认为对目标管理实施情况的评价应当聚焦于员工效能,他们选取了两个与员工相关的指标:生产率和工作满意度,实证研究表明,目标管理确实能够显著地提升员工的生产率和工作满意度。

目标管理与生产力之间的关系可由目标设定理论进行解释。目标设定理论认为,当个体设定目标、接受困难的目标并且获得关于绩效的反馈时,员工的工作动机会更强,取得的绩效结果会更好。目标管理要求领导必须为员工设定目标,并且在设定目标的过程中要求员工全程参与,这种参与机制在很大程度上提高了目标的可接受度。此外,目标管理要求领导时刻给员工提供有关其工作表现的反馈。根据目标设定理论,目标管理所包含的这些内容恰能提升员工的生产率。

可通过自我决定理论解释目标管理与工作满意度之间的关系。自我决定理论指出,每个人都会追求三种基本心理需要的满足:自主性需要、关系需要和胜任力需要。当员工能够从工作中满足这些基本的心理需要时,他们对工作的满意度将会增强。工作满意度是指员工对工作特点进行评估而产生的对工作的积极感觉。对于目标管理而言,强调领导与员工之间的交流沟通以及让员工参与目标设定,领导和员工之间的这种活动有助于提升两者之间的社会交换关系,进而满足员工的关系需要。由于目标管理要求给予员工工作自主性和独立性,员工的自主性需要也能够得到满足。此外,领导通过持续的绩效反馈能够促进员工的学习与成长,这能够在很大程度上提升员工执行工作任务的能力,从而满足员工的胜任力需要。因此,根据自我决定理论,目标管理能够显著地预测员工的工作满意度。

在对员工的效能进行评价之后,领导要对员工在这一绩效周期内的具体表现给予反馈。反馈不仅发生在员工执行工作的过程中,而且在绩效评价之后的反馈更加重要。绩效评价能够识别出员工的优秀表现和不足之处,从中可以提炼出员工的优势和不足,以此为基础向员工传递有效的反馈,有助于促进员工的成长与发展,提升员工的工作绩效表现。

第三节　目标管理法的优缺点

一、目标管理法的优点

作为一种绩效管理方法,目标管理既有优点,也有缺点。Drucker(1954)指出,目标管理有以下优点:

❖ 通过对目标的讨论达成有关目标的一致性意见。

❖ 在设定目标和决定目标的实现方式上强调员工的参与。

❖ 有助于激发员工动机,提升工作满意度。

❖ 有助于改善管理者与下属之间的关系。

❖ 改善组织内部的沟通,提升组织内部的协调能力。

❖ 管理者能够确保下属的目标与组织的目标紧密相关。

❖ 可以在不同层级和所有部门中设定目标。

❖ 可以为每个部门单独设置目标,尤其是在促销、营销和财务规划方面。

❖ 能够在各种类型的组织中使用。

❖ 在目标管理系统中,员工更倾向于自我指导而不是领导指导。

❖ 目标的特征可以在电子媒体等行业中找到,在这些行业中,绩效目标被仔细地建立和监控,特别是在促销、营销和财务规划领域。

二、目标管理法的缺点

目标管理有以下缺点:

❖ 必须系统地做目标管理。

❖ 设定目标比实际结果或行动方针更重要。

❖ 可能会导致工作的两极分化,从而使人们或部门没有动力去超越自己的目标并帮助他人。

❖ 没有考虑设定目标的环境,如可用资源、利益相关者等。

❖ 不能刺激创新。

❖ 管理者开始相信"理想员工"的概念,并根据对下属的期望来评估他们。

❖ 目标可能会被误报,目标设定可能会对组织产生反作用。

❖ 目标设定的质量可能是很差的。

❖ 执行目标管理非常耗时,并且很难维持。

❖ 确定所有的目标并不容易。

 ## 本章要点

(1) 目标管理法是一个完善的系统,通过该系统可以整合各种该管理活动,平衡组织中的各种目标。

(2) 目标管理有三个基本的管理思想:目标与目标设定,下属的参与和反馈、绩效评价。

(3) 目标管理包括三大阶段:计划、实施和评价。计划阶段包括设定目标、交流目标、定义结果、设置控制点和员工对设定目标的承诺五项活动;执行阶段包括执行计划、员工的自由和独立与员工持续的沟通三项活动;评价阶段主要涉及对员工效能的评价,包括生产率和满意度。在评价之后,将评价结果信息反馈给参与目标管理的各个主体,以此促进目标管理效能的改善。

(4) 目标管理既有优点,如有助于激发员工动机、提升工作满意度,也有缺点,如不能刺激创新。

复习思考题

(1) 阐述目标管理的三个核心内容。

(2) 论述目标管理的三大阶段以及每一阶段所包含的活动。

(3) 目标管理有哪些优点和缺点?

案例分析

南阳卷烟厂的目标管理

为提升企业的管理水平,增强核心竞争力,促进企业快速发展,南阳卷烟厂自 2007

年起实施对标管理,建立以完成河南中烟公司下达的年度目标为基础的责任制目标,挑战省内先进企业的对标目标,争创行业一流、打造行业优秀卷烟工厂的战略目标的三级递进式目标体系。

一、目标制定

1. 依据企业实际和发展战略,确立目标设置的原则

其内容主要包括:必须完成上级公司下达的目标;突出重点目标,即突出上级公司核心竞争力评价体系所掌控的目标,提出管理的个性化和竞争优势,在目标管理时按照不同权重区别对待;体现先进性目标,通过跟踪、分析省内、行业先进企业的目标管理状况,不断丰富、完善南阳卷烟厂三级目标体系;体现发展战略将行业、省级公司及本厂的发展战略,融入厂管理目标,确立战略目标;体现管理的传承性,以往实施的方针目标管理和责任制管理等多项管理方式,坚持有选择性地继承和不断创新、完善。

2. 实施对标管理,建立三级目标体系

在实施对标管理过程中,南阳卷烟厂突出完成目标三个层次的递进性,在建立健全责任制目标体系的基础上,选取省内先进企业对标,建立对标目标。再在对标目标基础上,制定争创行业一流、打造行业优秀卷烟工厂的战略目标,由责任制目标向对标目标、战略目标逐级递进。其内容主要包括:实行责任制目标与对标目标相结合;实行对标目标与战略目标相结合;实行短期、中期和长期目标相结合的目标体系。

3. 对各项目标进行科学量化,确定三级目标值

第一,南阳卷烟厂通过获取省内及行业先进企业的目标信息,及时筛选、查找省内、行业先进企业所实现的指标,确立自己的对标目标和战略目标。第二,按照时间关系确定目标值,使目标管理具有很强的阶段性、针对性。第三,按照纵向的空间关系确定目标,是直线式的厂长负责制目标确立方式,是一种自上而下的确定方式。按照横向的空间方式确立目标,把目标在这些部门中横向展开,目标实现部门之间是横向的、平行的协调关系。第四,南阳卷烟厂发布实施了"目标挑战管理法"。规定除了企业可以自上而下定指标外,职工也可以自行确定指标,实行自上而下与自下而上相结合、灵活机动的目标管理方式,发动职工充分参与到完成目标的工作中来,最大限度地增强职工主人翁意识和主观能动性。

二、目标实施

然后分解落实三级目标:

1. 分解落实三级目标,建立直线宝塔式的分目标体系

在将目标按照时间、空间关系不同逐层、逐级分解的基础上,对目标进行协商与沟

通,在协商的基础上,自下而上对目标进行修订、完善,使目标网络纵向无断路,横向无短路,在按照目标实现时间的不同分解后,反馈至各个职能部门,由各个职能部门按照目标实现时间的不同,进行横向分解、平衡后确定,最后报综合考核办备案。

2.构筑打造行业优秀卷烟制造工厂共同愿景,引导职工积极实现目标

针对职工主动参与目标管理的重要性和对标目标、战略目标实现的艰巨性,南阳卷烟厂从构建愿景导航系统入手,通过组织构筑打造行业优秀卷烟制造工厂共同愿景战略目标的提炼、培育,构筑企业发展的共同愿景,以愿景的驱动力量,来助推目标管理改革的顺利实施。

资料来源:河南中烟工业有限责任公司南阳卷烟厂.南阳卷烟厂的递进式目标管理[J].企业管理,2010(7):54-57.

根据上述材料回答问题:

(1)论述南阳卷烟厂"三级递进式目标体系"的优点和缺点。

(2)为有效实施目标管理南阳卷烟厂还需要做好哪些方面的工作?

第九章

平衡计分卡

学习目标

1. 了解平衡计分卡的起源与发展历程
2. 掌握平衡计分卡的内容
3. 理解平衡计分卡的平衡特点
4. 理解战略地图的内涵
5. 掌握战略准备度的构成要素与内容
6. 掌握平衡计分卡的设计过程

第一节　平衡计分卡的起源与发展历程

Kaplan 和 Norton 于 1992 年在 *Harvard Business Review* 上发表的题为"The Balanced Scorecard – Measures That Drive Performance"的文章中,提出了一种描述、沟通和执行战略的管理工具,即平衡计分卡。该工具的提出基于 12 家公司的一个研究项目,这些公司有一个共同的特点:无形资产在价值创造上发挥着核心作用。这个项目主要研究的是这些公司的绩效测量。Kaplan 和 Norton 对改善绩效测量的兴趣源自一个多世纪前英国科学家 Lord Kelvin(1883)提出的一种信念:

我经常说,当你能够测量你正在说的事情并且能够用数字表达它的时候,那就说明你了解这件事情;但是,当你不能测量它并且不能用数字表达它的时候,你对该事情的了解是一种微薄的和不满意的状态。

Kaplan 和 Norton 相信测量是管理者的基础工作,就像测量对于科学家一样。如果公司想要改善无形资产的管理,就必须将无形资产的测量整合到管理系统中。

一、历史根源:1950～1980 年

平衡计分卡提倡非财务绩效应当被用于激励、测量和评价公司绩效,但这不是原创的。20 世纪 50 年代,GE 公司执行了一个项目,为 GE 分散的业务单元开发绩效评价指标。项目团队推荐使用一个财务指标和七个非财务指标评价这些业务单元的绩效:①盈利能力;②市场份额;③生产率;④产品领导力;⑤公共责任(法律和伦理行为以及包括股东、供应商、经销商、分销商和社区在内的责任);⑥人才发展;⑦员工态度;⑧在短期和长期目标之间的平衡。

从这八个指标中可看到平衡计分卡的根源。财务视角由第一个指标代表,客户视角由第二个指标代表,过程视角由第三至第五个指标代表,学习与成长视角由第六和第七个指标代表,第八个指标体现的是平衡计分卡的本质,也就是说,鼓励管理者实现长期目标和短期目标的平衡。遗憾的是,当时这个项目的崇高目标并没有扎根于 GE 一线业务单元的管理系统和激励体系中。事实上,尽管指标体系中包含了公共责任和长短期目标的平衡,由于业务单元的管理者面临着短期利润的压力,这两个指标基本上成为摆设。

在 GE 项目的同一时期,Herb Simon 和几个在卡内基理工学院工业管理研究生院(后来成为卡内基—梅隆大学)的同事识别出组织会计信息的几个目的:①计分卡问题:"我做得好还是不好?"②注意力方向问题:"我应当关注哪些问题?"③解决问题方面:"在做这一项工作的几个方法中,哪一个是最好的?"为了解决这三个问题,Simon 和他的同事探索了财务和非财务信息所起到的作用。这项研究也许是第一次将计分卡引进绩效管理系统中。

1954 年,Peter Drucker 在他的经典著作 *The Practice of Management* 中介绍了目标管理,认为所有员工都应该将个体的绩效目标与公司的战略紧密相连。但是,在 Peter Drucker 时代的公司,许多年都缺乏一种清晰的方式来描述和交流顶层的战略,以便中层管理者和基层员工能够理解和内化它。

20 世纪 60 年代中期,Anthony 在 Simon 等(1954)十年之前的研究和 Simon(1963)关于程序化和非程序化决策的文章基础上提出了关于计划和控制系统的综合框架。Anthony 识别了三个不同类别的系统:战略计划系统、管理控制系统和运作控制系统。

战略计划是指确定目标和这些目标的变化以及用于实现这些目标的资源与管理这些资源的获取、使用和处置政策的过程(Anthony,1965)。这为后续战略地图的开发奠定了良好的基础。Anthony 宣称,战略计划依赖于行动方针和预期结果之间因果关系的评

估。但是,由于预测这样的因果关系很困难,战略计划是一门艺术,并不是一门科学。进一步来讲,战略计划并没有伴随我们今天所说的战略控制的发展而发展。尽管战略制定很重要,但高管在这一方面花费的时间却很少。Anthony 也相信战略计划信息中会强调财务方面的要求。

管理控制是指在组织目标的实现过程中,管理者确保资源的获得和有效使用的过程(Anthony,1965)。管理控制系统都有一个基础的财务结构,很少有例外,也就是说,计划和结果是用货币来表示的,通过这一点可以比较输出和输入之间的关系。Anthony 承认,虽然管理控制系统有财务基础,那并不表明货币是绩效测量的唯一依据,或者说是最重要的绩效测量依据。其他定量的测量指标,如市场份额、产量、生产率等,也是有用的指标(Anthony,1965)。

运作控制系统是指确保有效地执行具体任务的过程。尽管一些信息能够被货币指标表示,但运作控制的信息大多是非货币的。

由上述分析可知,包含财务和非财务测量指标的计划和控制系统在早期 Simon、Drucker 和 Anthony 的文献中都能被看到。尽管这些学者大力提倡采用财务指标和非财务指标进行管理,但到 20 世纪 90 年代,大部分公司的主要管理系统还是使用财务指标,几乎完全依赖预算来保持对短期业绩的关注。

二、日本管理运动:1975~1990 年

20 世纪 70~80 年代,日本公司在质量和无库存生产方面的创新在许多行业对西方领导力带来了挑战。一些学者认为西方公司对短期财务绩效的狭隘关注给他们带来了自满情绪以及对日本威胁反应的迟缓。Johnson 和 Kaplan(1987)在回顾管理会计的发展历史时总结到:美国公司已经沉迷于短期财务评价,不能调整他们的管理会计和控制系统以适应来自成功的全面质量执行和短期循环的时间管理所带来的运作改进。哈佛商学院竞争力委员会执行的项目(Porter,1992)在识别美国公司与日本和德国公司所作的投资之间的系统差异时也应和了上述批评:

美国公司比较关注当前回报,对整体投资的支持度较低,也就是说,美国企业的目标对当前股价的重视超过对于长期公司价值的重视。

美国公司支持那些回报最容易被测量的投资。这就解释了为什么美国在那些回报很难被衡量的无形资产方面(如生产和过程创新、员工技能和客户满意度)的投资比较欠缺。

美国公司倾向于收购,收购所涉及的资产很容易被估值,而不是内部开发难以估价

的项目(Porter,1992)。

一些会计学者提出了公司创造无形资产的支出可以被资本化并作为资产列在公司资产负债表上的方法。由于这个原因,20世纪70年代,大量学者对人力资源会计产生了兴趣。随后,Baruch Lev和他的博士生以及同事提出,如果公司将在无形资产上的花费资本化或者找到其他方式能够将这些资产放在公司资产负债表上,财务报告可能会更有意义。虽然这种观点与Kelvin有关改善管理评价指标的倡议相一致,但是这些方法都没有在公司的实际管理中获得使用。原因如下:

首先,无形资产的价值是间接的。像知识和技术这样的资产很少对收入和利润产生直接的影响。在无形资产方面的改善要通过多个中介过程的因果关系链才能影响财务绩效。例如,在员工培训上的投资带来服务质量的改善;更好的服务质量带来较高水平的客户满意度;较高水平的客户满意度提升客户忠诚度;增加的客户忠诚度进一步增加了收入和利润。

财务绩效与改善的员工技能从因果关系和时间上被分开,这种复杂的关系使判断财物价值是否发生改变变得非常困难。

其次,无形资产的价值依赖于组织情境和战略。这类无形资产的价值不能从无形资产转变为客户和财务结果的过程中进行分离。一个公司的资产负债表是一个线性加总模型,它分别记录各类资产,并通过将每个资产的记录值相加来计算总和。但是,投资个人无形资产所创造的价值既不是线性的也不是加总的。

例如,高盛等公司的高级投资银行家非常有价值,因为他们具有复杂金融产品方面的知识以及管理与高级客户之间关系的能力和培养与高级客户之间相互信任的能力。具有同样能力的人,对于强调运作效率、低成本和技术型贸易的金融服务公司而言,就没有太大的价值。也就是说,无形资产的价值在很大程度上依赖于组织情境(如组织类型、战略和其他互补的资产),只有当这些无形资产能够被真正使用时才有价值。

最后,无形资产本身具有很小的价值。一般来讲,一种无形资产必须与其他无形和有形资产结合在一起才能创造价值。例如,一个新的增长导向的销售战略需要与客户相关的新知识、对销售员工进行新的培训、新的数据、新的信息系统、新的组织结构和新的激励薪酬项目。仅仅对这些能力中的一个或多个而不是全部进行投资,很难实现新的销售战略。无形资产的价值不存在于任何单一的无形资产中,它产生于创建整个资产集以及将它们连接在一起的战略,因为无形资产的价值创造过程是乘法的,而不是加总的。

20世纪80年代的几篇文章和书籍建议公司将非财务的经营业绩指标纳入其管理会计和控制系统中,而不是试图在财务报告框架内对无形资产进行计量和管理,如

Howell 等(1987)、Berliner 和 Brimson(1991)、Kaplan(1990)的研究。从本质来看,这些作者认为公司应当专注于改善产品质量,减少产品时间周期,提升公司对于客户需要的反应能力。他们相信,把这些活动做好,自然会带来财务绩效的提升。

1987年,美国政府颁发了马尔科姆·巴尔德里格国家质量奖(Malcolm Baldrige National Quality Award),以提高公司在产品方面上的质量意识,表彰质量成就,宣传成功的质量战略。Baldrige 标准的初始设置包括财务指标(每个员工的利润)、客户感知的质量指标(市场周期时间、延迟交货)、内部流程指标(缺陷、总制造时间、订单进入时间、供应商缺陷)和员工指标(每个员工的培训、精神面貌)。但是,20世纪90年代初期,多项研究表明,即使是获得马尔科姆·巴尔德里格质量卓越奖的企业也可能遇到财务困难,表明持续的流程改进与财务成功之间的联系并不是自动产生的。

20世纪80年代末期,Kaplan 写了几篇有关案例研究的文章,描述了一些公司是怎样整合一线员工的财务信息与业务流程质量、时间周期这两个非财务信息的。第一个案例在一家大型化工公司的营业部,一位化学工程部门的经理为本部门的操作员工引进了每日损益表(Income Statement)。尽管员工已经(每2~4小时)获得了数千次有关运营参数、生产量和质量的观察,但新的每日损益表却大受欢迎,并帮助员工创造了产量和质量上的生产记录。每日损益表帮助员工快速评估不合格生产或机器停机的后果,使他们能够在对质量和生产量的相互矛盾的需求之间做出权衡,并指导他们合理决定支出,以提高质量和生产量。

第二个案例描述了三巨头汽车发动机制造厂(Big - 3 Automobile Engine Fabrication Plant)是如何对全面质量管理原则做出深刻承诺的。它向分散的工作组提供了关于机器停机和报废的连续信息,以促进瓶颈机器和工艺的运营改进,并消除废料产生和产品不合格的根本原因。但是,除了关于机器停机、生产量和报废的每日信息(所有非财务措施)外,工作组还收到关于在供应品、工具、报废材料和维修材料等间接材料上支出的每日报告,以及每周关于部门收取的总间接费用的报告,包括电话、公用事业、间接劳动和工程与技术助理的工资。工厂管理层希望团队不仅提高质量和生产量,而且能做出能够直接影响部门成本的决定。这两个案例揭示了补充非财务信息到财务信息的重要性,甚至对于一线生产员工亦是如此。

第三个案例是关于半导体公司模拟设备(Analog Devices)的,描述了该组织高层的管理者是如何从非金融信息中获益的。模拟设备,像化工厂和 Big - 3 汽车发动机厂一样,已经推出了一个非常成功的质量管理系统,其中包括一个创新的质量改进测量。此外,模拟公司负责质量和改进的副总裁,一位经验丰富的巴尔德里格奖审查员,已经将巴尔德里格标准转化成其执行团队的内部企业计分卡。企业计分卡包括执行团队习惯管理的一些高级财务指标,还包括由其他三个方面组成的 Baldrige 质量指标:①客户质量指标,如按时交货、交货时间和客户测量的缺陷;②制造过程指标,如产量、每百万缺陷率和时间周期;③员工指标,如旷工和迟到。模拟计分卡表明,为了使质量改进成为高级行政人员的重点,测量系统应扩展到财务指标之外,应包括一系列与客户、制造流程和员工相关的质量指标。

这三个案例为各种学者和顾问提供了成功的反例,他们认为一线员工只需要看到非财务指标,而高级管理层可以而且应该只关注财务指标。这些案例表明,一线员工如何从财务指标中获益,而高级执行团队则受益于通过客户、质量和员工的指标来补充他们对财务的整体看法。因此,这为思考一个总框架搭建了舞台,通过这个框架,高层管理团队和一线生产工人都将获得财务和非财务信息。

三、股东价值与委托代理框架

但是,并非所有学者都受到最近业务管理实践进展的影响。许多人仍然专注于经济和金融方面,特别是关注 20 世纪 60 年代和 70 年代初的有效市场理论(Fama,1970)。经济学家也引入委托—代理理论以便能够正式化被雇用的高管团队与公司分散股东(所有者)之间的固有利益冲突。委托—代理理论的拥护者敦促公司向高管团队提供更多的财务激励,特别是基于财务绩效的激励措施,这是委托—代理理论模型采用的典型"结果"衡量标准。有效市场理论的研究表明,股票价格不断反映所有与公司业绩相关的公开信息,通过扩大股票期权和其他股权回报,高管的薪酬可以更好地与所有者的利益挂钩(Fama & Jensen,1983;Jensen & Meckling,1976)。同样地,一些人主张将薪酬与更好的股票市场表现的会计代理业务,特别是与新名称下的剩余收入(经济增值)联系起来(Stewart,1991)。

20 世纪 80 年代,高管薪酬与财务绩效激励之间的联系大幅提升。对于处于这场运动中的先锋金融经济学家来说,虽然强调高管们应当聚焦财务绩效,但他们关注非财务绩效指标的想法却近在咫尺。作为一个领先的金融经济学家,Jensen(2002)指出:

平衡记分卡理论存在缺陷,因为它向管理者提供了一个计分卡,但它不给出分数——这不是采用单一价值衡量他们的表现。因此,管理者用这样的系统进行评估……没有办法做出有原则或有目的的决定。

Kaplan(2009)非常同意 Jensen 的观点,不能通过一系列非加权的绩效指标给高管支付报酬。如果公司想要根据测量的绩效来给高管设定奖金,就必须根据单一衡量标准

(如股票市场或会计指标)进行奖励,或在高管被指示改进的多项措施中提供权重。但是,将绩效与薪酬挂钩只是全面管理系统的一个组成部分。

以飞机为例,乘客与飞行员签订安全和准时航行的合同。可以想象一个由金融经济学家设计的飞机驾驶舱,由单个仪器组成,显示要到达的目的地和所需的到达时间。或者是飞行员得到一个更复杂的导航仪器,其中指针的移动代表估计到达时间剩余燃料、高度、偏离预期飞行路径与其他飞机的距离的加权平均值中很少有人会觉得在只有单一仪器引导的飞机上飞行很舒服,尽管飞行员和乘客对安全、准时到达的动机是完全一致的。激励措施很重要,信息、沟通和路线也很重要。

四、不确定性和多周期优化

经济学家和金融学家开发的许多委托—代理模型都是单周期的,在此期间,公司产出在期末披露,无须采取进一步的管理(代理)行动。在这些情况下,签订产出合同(如衡量财务绩效)可能是最佳的;或者,如果以期末股票价格或经济增值衡量的财务绩效是该期间价值管理者创造的完整和充分的统计数据,那么基于股票价格或经济增值的激励合同也可以是最佳的。但是,管理者在一段时间内采取的许多行动(如提高员工的技能和动机、通过研发渠道推进产品、提高流程质量以及加强与客户和供应商的信任关系)没有向公众投资者披露,因此,它们对公司价值的影响无法纳入期末股价。虽然经理们可能清晰地知道他们为增加无形资产所进行的投资,但从短期来看,他们却可能不知道自己创造了多少价值。当然,这种增值(或减少,如果支出产生未来价值不能超过支出金额)不纳入期末股票价格或剩余价值(经济增值)指标中。

动态编程告诉我们,多周期模型第一阶段的最佳操作与最后阶段的最佳操作相差很远。试图最大限度地提高股东总价值的高管们认为,即使通过逐月优化上报的财务业绩或股价,十年的时间也不能完成这个目标。平衡计分卡承认,当管理者遵循提高客户和供应商关系、运营和创新流程、人力资源、信息资源以及组织氛围和文化能力的长期战略时,短期内仅管理财务目标是有缺陷的。但是,由于从流程改进和无形资产投资到客户和财务结果的关联是不确定的,平衡记分卡还包括结果指标,以表示长期战略也能够带来被期望的预期结果。

五、利益相关者理论

利益相关者理论为公司绩效测量提供了另一个多维度的方法。利益相关者被定义为企业内部和外部的团体或个人,这些团体或个人拥有股份或者可能影响组织的绩效。

该理论通常确定一家公司的五个利益相关者群体:其中三个是公司绩效的外部期望,即股东、客户和社区;另外两个是供应商和员工,主要是参与公司的规划、设计、实施和交付公司的产品和服务客户(Atkinson et al.,1997)。将利益相关者理论应用于绩效测量的管理控制学者认为"绩效测量设计始于利益相关者"(Adams & Neely,2002)。利益相关者绩效衡量方法首先确定每个利益相关者团体对公司的期望目标,以及每个团体如何为公司的成功做出贡献。利益相关者的期望一旦确定,将会进一步明确利益相关者与公司之间的契约;然后,公司就会制定一个战略来满足这些期望并履行契约。因此,虽然平衡记分卡方法从战略开始,再确定各种利益相关方的相互关系和目标,但利益相关者方法从利益相关者目标开始,并在第二步中确定满足股东期望的战略。

就像 Chandler 阐明的那样,战略优先于结构,Kaplan(1990)强烈认为,战略也优先于利益相关者。利益相关者运动可能是为了对抗 Milton Friedman 以及随后的金融经济学家,如 Jensen(2002)所阐述的狭隘的股东价值最大化观点而发展起来的。本着这种精神,Kaplan 相信利益相关者帮助我们认识到培养多种关系的价值,这种关系推动着长期的可持续的价值创造。但利益相关者理论混淆了手段和目的,不如战略地图/平衡计分卡方法强大、可操作,最终也不太令人满意。因此,首先选择战略,然后再按照战略的要求处理与利益相关者的关系。Kaplan 为了解释这一观点举了几个例子:

首先,以美国美孚营销和精炼(Marketing and Refining)部门为例,这是一个有据可查的平衡计分卡实施。美孚通过市场研究发现,它的客户是异质性的。一些客户只看重低价,对他们来说,美孚应该提供最便宜的价格,在折扣上,匹配或超过折扣站以及其他主要汽油公司。然而,其他客户对价格并不那么敏感,如果能拥有卓越的购买体验(快速服务、在泵前用信用卡支付、干净的休息室、友好乐于助人的员工、很棒的便利店等),他们愿意支付高一点的价格,如每加仑 0.10~0.12 美元。利益相关者理论在此就不发挥作用了。美孚应当满足哪种类型客户的期望呢?同时满足两种类型的客户并不是最好的方案。拥有更大的加油站、配备更多的泵、配备自付机制、高薪聘用有更多训练和经验的员工以及一个完整的服务便利店,这些所有的成本将决定需要更高的价格,这样一来,将会让对价格敏感的客户失望。如果美孚提供最低的价格,它就无力投资员工、便利店、拥有更多自助服务和自付泵的大型加油站,从而让渴望获得出色购买体验的客户失望。

由此可知,战略就是选择。公司并不能够满足所有客户的期望。比如,沃尔玛满足一个细分市场客户的服装需求(对价格敏感的客户),诺德斯特龙满足另一个细分市场(重视客户关系和解决方案)的需求。同样地,美国西南航空公司的客户对绩效的期望与乘坐英国航空公司航班商务舱和头等舱的客户不同。战略决定了公司为哪些客户提供服务,以及公司为赢得这些客户群体的忠诚而提供的价值主张(Value Propointion)。在确定客户满意度和忠诚度指标之前,必须先确定战略。否则,根据利益相关者理论家的建议,公司将努力满足所有现有和潜在客户的期望,并陷入"中间"状态,正如迈克尔·波特所描述的那样,不区分成本高低和方法将导致战略失败。

一个类似的情况发生在员工身上。平衡计分卡故意没有将其第四个视角标记为"员工"或"人"视角,选择更通用的名称"学习和成长",以表明我们没有采取纯粹的利益相关者方法。在平衡计分卡方法下,从学习和成长的角度来看,肯定会设定员工方面的目标,但实现这些目标是因为对于战略而言它们是必要的,而不是因为将他们称为"利益相关者"。以20世纪90年代初的一家制药公司为例,其最重要的员工群体之一是进行研究、筛选和识别治疗特定疾病的新化合物的化学家。利益相关者的方法将采访这些关键员工,了解他们的职业期望,并制定一个符合他们期望的战略,以不断激励和满足这些员工。但是,从20世纪90年代至今,新药开发的关键科学学科从化学转向了生物学。分子生物学家和遗传学家成为新的关键员工。制药公司改变了战略,以适应新技术;他们以前的利益相关者的命运变得更加脆弱,特别是当他们没有为新药开发做出贡献的能力时。

其次,利益相关者理论家也批评平衡计分卡没有关注供应商(其五个重要的利益相关者群体之一)视角,但是,与员工作为供应商一样,供应商在对战略至关重要时会在计分卡上(通常从流程角度)进行体现。如沃尔玛、耐克和丰田等公司,供应商在创造可持续竞争优势方面发挥着关键作用,它们肯定会在战略地图中展示供应商的绩效。但像美国美孚营销和炼油这样的公司,其主要供应商是提供原油等商品的石油勘探和生产公司以及建造炼油厂和管道的建筑公司。这些供应商提供必要的产品和服务,但是产品和服务不存在差异化并且也不能对美孚的战略提供支持。同样地,遵循客户亲密战略的社区银行也会从美联储系统获得其原材料、资金。供应商并不是银行战略的重要组成部分。因此,美国美孚营销和精炼公司以及社区银行可能不会在其计分卡上体现供应商,因为他们没有对公司和银行战略的差异化与可持续性竞争优势做出贡献。同样地,战略优先于利益相关者,在这种情况下,可能表明任何一类利益相关者对战略没有决定性作用。

最后,当社区方面的绩效有助于战略方面的差异化时,平衡计分卡把社区方面的绩效当作过程视角目标(Kaplan & Norton,2003)。这个观点与Porter的观点相一致,即环境和社会绩效应当与公司的战略相一致并且支持公司战略(Porter & Kramer,1999,2006)。有时,公司不希望股东价值成为其战略的唯一范式,但他们不必放弃平衡计分卡方法,而转向于利益相关者的观点。他们可以使用战略地图和平衡记分卡来阐明其试图同时创造经济、环境和社会价值并平衡和管理它们之间紧张关系的战略。这正是拉丁美洲水处理解决方案生产商阿曼科（Amanco）所走的道路，该公司的创始股东深信三重底线业绩。

总之，利益相关者理论有助于阐明超越狭隘、短期股东价值最大化模式的更广泛的公司使命。这增加了公司对于未能纳入利益相关者的偏好和预期的敏感度，会削弱对短期财务结果的过度关注。然而，平衡计分卡将利益相关者的利益内生地纳入了一个连贯的战略和价值创造框架中，因为这些利益相关方的出色表现对战略的成功至关重要。相反，利益相关者理论并非如此。它使公司无法制定战略，因为一些现有的"利益相关方"由于外部环境和内部能力的变化而不再重要。

六、整合

Kaplan 和 Norton 引进平衡计分卡，强调员工为减少浪费和提高公司响应能力持续改进活动的质量和精益管理的文献，强调财务绩效指标的金融经济学文献，以及公司作为中间人试图达成契约以满足所有不同利益相关方需求的利益相关者理论。他们尝试从各个理论中获得有价值的观点。员工和过程绩效对于当前和未来的成功非常重要。最终，如果公司绩效得到改善，财务指标也将会增加。为了最大化长期股东价值，公司必须内化股东、客户、供应商、员工和社区的偏好和期望。关键是要有一个更稳健的测量和管理系统，将运营指标作为先导指标，将财务指标作为滞后结果，以及衡量公司未来业绩进展的其他几个指标。

1990 年，在 Kaplan 和 Norton 最初的多个公司的研究项目中，当他们邀请模拟设备公司质量与生产力的创新副总裁阿瑟·施奈德曼（Arthur Schneiderman）向他们的团队发表演讲时，这种洞察力变得更加明显。在演讲结束时，在回答有关公司如何改进质量指标和企业计分卡的问题时说，公司计分卡上的每一项质量指标都经历了巨大的改进。不过，他还指出，该公司的股价在过去三年中下跌了近 70%。该公司未能将其改进的制造和交付绩效转化为销售额和利润率，股价反映了这一缺陷。未能将模拟质量计分卡的质量改进与客户价值主张联系在一起，可能是导致股东价值损失的原因之一。Kaplan 和 Norton 意识到任何一个综合性的测量和管理体系必须连接运作绩效改进和客户与财务绩效。Kaplan 和 Norton 提出的平衡计分卡在纳入模拟运营改进指标的同时，还包含了创新、员工能力、技术、组织学习和客户成功的指标。而且与利益相关者的观点不同，Kaplan 和 Norton 确实将股东价值视为最高级别的衡量标准，所有其他利益相关者都反映在如何为公司最大化长期股东价值做出贡献上。

第二节　平衡计分卡的内容与战略地图

一、平衡计分卡的内容

平衡计分卡从四个视角衡量组织的绩效:顾客、内部业务流程、学习与成长和财务。

(一) 顾客视角

当今的许多公司都有一个聚焦客户的使命,"在向客户交付价值方面成为第一"是一个典型的使命描述。因此,公司如何从客户的视角进行运作已经成为高层管理者优先考虑的事项。平衡计分卡要求管理者把关于客户服务的一般使命转化成能够反映客户真正关心事项的具体指标。

客户在乎的事情有四个方面:时间、质量、价值和成本。时间主要是指公司满足客户需求所花费的时间,具体测量的是从客户下单到产品到达客户手中所花费的时间。质量测量的是客户感知到的产品缺陷水平,也包括发货及时性,公司发货预测的精度。价值主要是指产品是怎样为客户创造价值的。为了让平衡计分卡发挥作用,公司应当清楚地说明在时间、质量和价值方面的目标,然后将这些目标转化成可以测量的具体指标。除此之外,公司也应当对产品的成本具有敏感度,因为成本决定着产品的价格,产品价格会影响客户的选择。

(二) 内部业务流程视角

平衡计分卡的第二个部分给管理者提供了内部视角。基于客户的测量指标是重要的,但是这必须转化成公司内部能够做到的指标。毕竟杰出的客户绩效来源于整个组织的运作流程、决策和行动。管理者需要聚焦那些能够满足客户需要的重要的内部活动。

平衡计分卡的内部测量源自对客户满意度有重大影响的业务流程,因为这些流程影响着产品的时间周期和质量以及员工的技能和生产率等。公司也应当试图识别和测量能够确保公司持续市场领导力的核心能力和关键技术,决定他们必须擅长哪些流程和能力,并将其具体化为测量指标。为了及时关注内部运作流程的有效性,在公司内建立完善的信息管理系统是个重要的方式。

(三) 学习和成长视角

平衡计分卡的客户和内部业务流程视角识别了公司认为成功获得竞争性的重要因素。但是,促进成功的要素是时刻变化的。激烈的全球化竞争要求公司在现有的产品和做事方法上做出持续的改进,并且有能力生产全新的产品。公司的创新、进步和学习能力与公司的价值紧密相关。换句话说,公司只有通过提升创造新产品的能力、为客户带来更多的价值以及持续改进运作效率才能够适应新的市场,增加收入和利润。

(四)财务视角

财务绩效的测量表明公司的战略、执行和行动是否对一线的改善做出了贡献。典型的财务目标与盈利、增长和股权价值相关。但是,在当今快速变革的商业环境下,高层管理者应当从财务视角来看商业经营吗?应当关注短期财务指标(如销售和营业收入)吗?许多人批评财务绩效指标,因为财务绩效指标的证据有时是欠缺的,关注的焦点比较滞后,而且也无法反映当前能够创造价值的行动。股东价值分析预测了未来的现金流,并将它们折价回溯到粗略估计的当前价值,这是一个使财务分析更具前瞻性的尝试。但股东价值分析仍然是基于现金流进行的,而不是基于驱动现金流的活动和流程进行的。

对于批评财务指标的学者而言,他们认为竞争的形式已经发生了改变,传统的财务测量不能改善客户满意度、产品质量、时间周期以及员工动机。财务绩效是业务行为的结果,财务上成功应当视为这些业务行为的逻辑产出。换句话说,公司应当停止以财务指标测量为主导,通过在业务流程上做出根本的改进,来实现财务绩效方面的成功。

有关财务指标是不必要的说法也是不对的,原因有两个:一是好的财务控制系统能够真正提升而不是抑制组织的全面质量管理项目;二是改善业务绩效与财务成功之间的关系事实上是不确定的。例如,1987～1990年,NYSE电子公司在质量和及时发货绩效方面做出了很大的改善。出货产品的缺陷率从每百万500降低到了50,及时发货率从70%提升到了96%,并且生产率也从26%提升到了51%。尽管在质量、产量和客户服务方面做出了重大改善,但是这并没有给公司带来太大的效益。在这三年里,公司股票价格下降了1987年的1/3。在制造能力上的重大改进并没有转变为利润。因此,平衡计分卡将财务视角纳入进来,以避免仅关注客户、内部业务流程和学习与成长视角所带来的不足。

二、平衡计分卡的平衡特点

平衡计分卡中的"平衡"在其主要内容中得到了充分的体现,这种平衡体现在四个方面:长短期目标的平衡、财务与非财务绩效的平衡、滞后指标与先导指标的平衡和组织内部与外部期望的平衡。

(一)长短期目标的平衡

从上述平衡计分卡的发展历程中可以看出,初始的绩效测量主要聚焦短期的财务指标。尽管初始的绩效测量体系也包括长期的绩效指标,但是迫于实现短期财务绩效的压力,管理者几乎不重视在无形资产方面的投资,因为在无形资产方面的投资(如改善业务流程和提升员工能力)在向财务绩效转化的过程不仅需要更长的时间,而且还存在诸多不确定性,大量的实践也验证了这一点。但是,随着日本企业在质量管理方面的创新,西方企业逐渐丧失了在全球市场上的竞争力,也逐渐意识到了仅仅关注短期目标的局限性。据此,对于长期目标的关注也开始被西方企业重视起来,如重视质量提升、文化塑造和关注员工成长。平衡计分卡的本质就是实现长期目标与短期目标的平衡。

（二）财务与非财务绩效的平衡

学者们一致认同财务绩效是体现股东价值最直接的要素。但是,日本和德国企业在质量管理上的重视表明,在客户、内部业务流程和员工方面的无形资产投资是持续增加股东价值的重要驱动力。例如,非财务绩效方面的客户视角,重点关注客户在产品质量和时间周期等方面的需求,并为满足这些客户需求重视产品缺陷率的降低、发货的及时性和产品的易获性等,这样能够刺激客户的消费,因为客户的真实消费才是实现财务绩效的根本。因此,平衡计分卡在关注财务绩效的同时也关注了非财务绩效。

（三）滞后指标与先导指标的平衡

滞后指标与先导指标是一对相对的概念,由于先导指标的发生才导致滞后指标的实现。平衡计分卡对于财务绩效的强调,主要体现在滞后指标上,如利润、生产率,这些指标相对来讲都是由公司的业务运作而产生的。业务运作方面涉及客户满意度、业务流程先进性和员工的能力优势等要素。例如,员工生产技能的提升有助于产品质量的提高,高质量的产品能够促进客户满意度,客户满意度高的产品会刺激产品的市场增长率和占有率的增加,从而促进公司财务绩效的实现。相对于财务绩效和客户绩效相关的滞后指标而言,前端的绩效指标则是先导指标。平衡计分卡不仅重视滞后指标,而且还重视先导指标,因为两者之间存在显著的因果关系。

（四）组织内部与外部期望的平衡

组织内部与外部的平衡是针对利益相关者而言的。平衡计分卡的测量对于客户视角的关注体现了组织对外部利益相关者的重视,而且供应商和社区利益也会在业务流程和财务视角上进行体现,只要它们对组织战略的实现产生影响。由于成长与发展视角是组织战略实现最基础的视角,组织在员工的成长与发展方面给予了更多的关注。平衡计分卡将这些因素纳入测量系统中体现了组织对于内部利益者期望的重视。平衡计分卡对于财务绩效的关注是对于组织外部利益相关者股东价值的重视。因此,平衡计分卡能够实现组织内部与组织外部利益相关者对于组织发展期望的平衡。

三、战略目标与战略地图

对于大部分公司而言,最重要的事情就是将战略进行落地。在选择测量指标前,公司应当清晰地描述它们想要实现的战略是什么,然后采用平衡计分卡的四个视角来表达战略目标。财务视角包括持续为股东创造价值的高级别目标以及实现收入增长、提高生产率和做好风险管理等子目标。客户视角包括与客户相关的目标,如获得、满足和留住目标客户以及刺激他们在该公司的产品或服务上进行消费。

除了这些在客户视角方面比较滞后的测量指标外,公司还需要把客户提出的价值主张从目标上体现出来。客户的价值主张,如价格、质量、可用性、易用性和购买速度、功能、关系和服务的独特组合,是战略的核心。对于客户来讲,在这些方面做得更好的话,将有助于公司优胜于竞争对手。因此,采用低成本战略的公司将会提供低价格产品,使产品没有缺陷,并且提供简单快捷的购买渠道或方式。产品创新公司提供的产品和服务的性能优于竞争对手,这体现了对客户价值的重视。

流程视角反映了公司如何创建和传递差异化的价值主张以及通过提高生产率实现财务目标。学习和成长视角描述的是员工、信息系统和组织协调方面的目标。

许多公司现在以引用的形式描述战略目标,以强调对客户和员工建言的重视。例如,一家中型社区银行正在从传统的产品推送战略转向强调为目标客户开发完整金融解决方案的战略,其客户目标如下:①理解我,给我正确的信息和建议。②让我方便地获取正确的产品。③重视我,容易、快速和正确地做事情。

上述每个客户目标一旦被识别,就很容易被测量。例如:目标①可用指标(a)给客户产品简介的数量和(b)有购买计划的客户数量进行测量;目标②可用指标"在线渠道进行交易的目标客户数量"进行测量;目标③可通过对客户关于受重视的程度和与银行打交道的难易程度的调查进行测量。

在确定公司的战略目标之后,紧接着就要描述这些战略目标之间的因果关系。例如,一个简单的战略目标的因果关系链:在质量管理工具方面得到较好培训的员工降低了操作时间周期和过程差错;改进的过程缩短了向客户交货的时间,提升了准时发货率,客户体验到更少的产品缺陷;客户体验到的产品质量上的改善将会带来更高水平的客户满意度和在产品上的花费,最终使企业获得更高的收入和利润。所有的这些目标都由一条因果关系链相连接,从员工开始,经过业务流程和客户到达财务绩效。

平衡计分卡目标和测量中的因果关系链思想促使 Kaplan 和 Norton 创造了战略地图。今天,所有的平衡计分卡项目首先会构建战略目标地图,然后才为每个目标选择指标。在战略地图中最弱的连接是学习和成长视角。一位高管说："学习和成长视角是平衡计分卡的黑洞。"虽然公司有很多关于员工的一般指标,如员工满意度、精神面貌、流动率、缺勤率和迟到率等,但是没有一个指标能够连接员工的能力与战略。

学习和成长视角涉及三个对执行战略非常重要的无形资产:①人力资本,指的是公司员工所拥有的技能、天资和知识;②信息资本,指的是公司的数据库、信息系统、网络和技术基础设施;③组织资本,指的是公司的文化、领导力、员工与战略目标保持一致以及员工共享知识的能力(团队工作)。无形资产通过增强为客户和股东创造价值最重要的内部流程来影响公司的绩效。公司是自上到下地构建战略地图,从长期的财务目标出发,决定能够实现收入增长的客户价值主张,然后确定对创造和实现价值主张最关键的流程,最后确定完成流程所需要的人力、信息和组织资本。

第三节 战略准备度

Kaplan 和 Norton 提出了一种系统衡量公司人力、信息和组织资本与战略执行所需能力是否一致的方法,被称为战略准备度(Strategic Readiness),可细分为人力资本准备度、信息资本准备度和组织资本准备度。

一、人力资本准备度

对于组织来讲,所有的工作都是重要的,否则也不会花钱雇用员工完成这些工作。组织可能需要卡车司机、计算机操作员、生产主管、物料搬运工和呼叫中心操作员,但组织要清晰地知道,在这些员工中,哪些员工的贡献能够改善组织绩效。与其他工作相比,有些工作对战略有着更大的影响,管理者必须识别和专注这些对战略的成功执行具有重大影响的少数工作。这些少数的工作统称为战略工作族。

公司识别出战略工作系列之后,必须详细地确定为顺利完成这些工作对员工有哪些要求,也就是说,要进行工作分析。工作分析会详细说明,胜任战略工作系列中某一种工作所需要具备的知识、技能和价值观。通常人力资源管理者会深度访谈那些较好理解工作要求的员工,以便提出一个胜任力模型用于这一工作岗位的人员招聘、培训和开发。要了解如何做到这一点,Kaplan 和 Norton 举了一个关于消费者银行(Consumer Bank)的综合示例,该示例是与 12 家零售银行合作的经验中提炼出来的。

消费者银行正在从其推广单个产品的历史战略转变为为目标客户提供完整的金融解决方案和一站式购物的战略。这个新的战略地图识别出七个重要的内部流程,其中一个是"交叉销售产品线"。人力资源和直线主管随后将财务规划师确定为对有效执行此流程最重要的工作。规划研讨会进一步确定了财务规划师工作所需要的四项基本技能：销售解决方案、关系管理、产品线知识和专业认证。对于战略地图中的每一个内部流程，消费者银行均按照这种方式识别出所需要的重要技能。

下一步就是，评估每一个战略工作系列上的员工当前所具有的能力水平。例如，员工能够评估自己当前的能力在多大程度上与工作要求相匹配，然后与指导老师或职业管理者讨论评估的结果。或者，员工可以从主管、同事那里征求有关他们绩效的 360 度反馈，通过这些反馈，员工可以清楚地了解自己的目标、当前技能和绩效水平，而且还能得到关于未来个人发展的具体建议。

消费者银行通过评估后认为，为执行交叉销售产品线需要 100 个经过培训且有经验的财务规划师。但在评估其最近的有针对性的招聘、培训和发展计划时，该银行的人力资源小组确定，只有 40 名财务规划师达到了足够熟练的程度。因此，该银行对这一战略的人力资本准备度仅为 40%（针对交叉销售产品线这一战略工作而言）。通过对其所有战略工作族复制这一分析，该银行了解了其人力资本准备状态，从而了解了该组织是否可以快速推进其新战略。

二、信息资本准备度

高管必须了解如何规划、设置优先级和管理支持其组织战略的信息资本组合。与人力资本一样，战略地图是描绘公司信息资本目标的起点。在消费者银行的例子中，首席信息官领导一个项目，为已经识别出的对于银行新的价值主张最重要的七个内部流程中的每一个流程识别其所需要的具体信息资本。

比如，对于"交叉销售产品线"的客户管理流程，研讨会团队确定了一个供客户自行分析和管理其投资组合的应用程序（客户投资组合自我管理系统）作为转型应用程序。研讨会团队为同一流程确定了一个分析应用程序（客户盈利系统）和一个交易处理应用程序（一个集成的客户文件）。"了解客户细分"的内部流程还需要一个客户盈利系统以及一个单独的客户反馈系统来支持市场研究。"转向适当渠道"的过程需要强大的交易系统基础，包括一个打包的 CRM 软件套件，包括用于潜在客户管理、订单管理和销售人员自动化的模块。对于"提供快速响应"的运营流程，参与者确定了一个转型应用程序（客户自助）和一个分析应用程序（一个最佳实践社区知识管理系统），用于在电话推销员之间分享成功的销售技巧。最后，"最小化问题"过程需要一个分析应用程序（服务质量分析）来识别问题和两个相关的事务级系统（一个用于事件跟踪，另一个用于问题管理)。

在定义其信息资本应用程序组合后,项目团队确定了 IT 基础设施的几个必要组件:一些应用程序需要 CRM 交易数据库;其他人要求将启用 Web 的基础设施集成到银行的整体网站架构中。该团队还了解到需要一个内部研发项目来开发一种新的交互式语音响应技术。总之,银行的规划流程定义了一个信息资本组合,由十四个独特的应用程序(其中一些支持多个内部流程)和四个 IT 基础设施项目组成。

然后,该团队转而评估银行现有信息资本基础设施和应用程序组合的准备情况,为每个系统分配一个 1~6 分的数字指标。1 分或 2 分表示系统已经可用且运行正常,可能只需要少量改进。3 分或 4 分表示系统已确定并获得资金,但尚未安装或运行。换句话说,目前的能力尚不存在,但正在开展开发计划以缩小差距。5 分或 6 分表示需要新的基础架构或应用程序来支持该战略,但尚未采取任何措施来创建、资助和交付该功能。负责信息资本开发计划的经理为这个简单的测量系统提供主观判断,而首席信息官负责评估报告数字的完整性。在信息资本展示中,我们还可以看到消费者银行汇总了各个应用程序和基础设施程序的准备情况,根据类别中的最坏情况将它们指定为绿色、黄色或红色,以创建一个投资组合状态报告。通过这样的报告,管理人员可以对组织信息资本的准备情况一目了然,轻松确定需要更多资源的领域。它是监控信息资本开发项目组合的绝佳工具。

许多成熟的 IT 组织已经对其信息资本组合使用了比刚刚描述的消费者银行的主观过程更定量、更客观的评估。这些组织调查用户以评估他们对每个系统的满意度。他们执行财务分析以确定每个应用程序的运行和维护成本。有些进行技术审核,以评估代码的基本质量、易用性、文档质量以及每个应用程序的失败频率。根据此配置文件,组织可以制定管理其现有信息资本组合的策略,就像管理一组有形资产(如机械或卡车车队)一样。可以精简维护程度高的应用程序,如优化运行成本高的应用程序、替换用户不满意程度高的应用程序。这种更全面的方法可以有效地管理已经运行的应用程序组合。

三、组织资本准备度

成功执行组织战略图中确定的关键内部流程总是需要组织从根本上改变。评估组织资本准备情况本质上是评估公司在多大程度上能够动员和维持与其战略相关的组织变革议程。例如,如果战略涉及以客户为中心,公司需要确定其现有文化是否以客户为中心,其领导者是否具备培养这种文化的必要技能;员工是否意识到这一目标并有动力提供卓越的客户服务;员工如何更好地与他人分享关于公司客户的知识。以下探讨公司是如何对每一个组织资本维度进行评估的。

（一）文化

在组织资本维度中，文化可能是最复杂、最难理解和描述的维度，因为它比其他维度包含更广泛的行为领域。这可能就是"塑造文化"是平衡计分卡数据库的学习和成长部分中常被引用的原因。高管们普遍认为，战略的变化需要组织各个层面的业务运作方式发生根本性的变化，这当然意味着人们需要培养新的态度和行为，换句话说，改变他们的文化。

文化准备的评估在很大程度上依赖于员工调查。但在准备调查时，公司需要清楚地区分所有员工共享的价值观、公司的基本文化和员工对其现有系统的看法、氛围。基础文化的概念源于人类学，人类学将组织的文化定义为嵌入群体意识（或潜意识）中的符号、神话和仪式。因此，要描述公司的基本文化，就必须揭示该组织的共享意义、假设和价值观系统。

氛围的概念植根于社会心理学，由组织影响的方式决定，例如激励结构或感知到的上司和同级的热情和支持会影响员工的动机和行为。人类学部分反映了员工独立于实际组织基础设施的共同态度和信念，而氛围反映了他们对现有的正式和非正式组织政策、实践和程序的共同看法。

调查对现有组织政策和实践的看法是一项相当简单的任务，但要了解基本文化就需要多一点挖掘。人类学家通常依靠讲故事来确定共同的信念和形象，但这种方法不足以量化文化与战略的一致性。组织行为学者开发了衡量工具，例如 Charles O'Reilly 及其同事的组织文化概况，其中员工根据在组织中感知的重要性和相关性对 54 项价值陈述进行排序。一旦排序，一个组织的文化就可以以合理的信度和效度来描述。然后，组织可以评估现有文化在多大程度上与其战略保持一致，以及可能需要进行哪些类型的变革。

（二）领导

如果公司改变战略，人们将不得不以不同的方式做一些事情。组织各级领导者都有责任帮助员工识别和理解所需的变化，并激励和引导他们采用新的工作方式。

在平衡计分卡的最佳实践中，有七种类型的行为变化能够构建组织资本，这七种类型的行为变化可进一步分为两大类：一是支持价值创造的变化，如提高人们对客户的关注度；二是执行公司战略所要求的变化，如增加责任感。为了确保能够得到其所需的这类领导，公司应当刻画出每一个领导岗位的领导胜任力模型。例如，一家制造公司试图创建团队来解决客户问题，确定并定义了团队领导职位人员必不可少的三项能力：

第一,聚焦客户。杰出的领导者了解他们的客户。他们将自己置于客户的心中,并花时间了解他们当前和未来的需求。

第二,培养团队合作。杰出的领导者与自己的团队合作,跨越组织和地域界限,授权团队实现卓越。

第三,开放式沟通。杰出的领导者说真话。他们与同事、经理和下属公开分享信息。他们讲述了整个故事,而不仅仅是从他们的位置看起来如何,还会征求其他人的看法。

通常,组织会通过员工调查来衡量领导特质。员工或外部单位向下属、同级和上级征求有关领导者掌握关键技能的信息。这种个人反馈主要用于指导和培养领导者,但该部门也可以汇总来自个人评述的详细数据,以创建关于整个组织所需的关键领导能力准备情况的状态报告。

(三)一致性

当所有员工有共同的目标、共同的愿景并了解他们的个人角色如何支持整体战略时,组织就会保持一致。一个一致的组织鼓励创新和冒险等行为,因为个人的行动是为了实现高层的目标。在不一致的组织中鼓励和授权个人主动性会导致混乱,因为创新的冒险者将组织拉向了相互矛盾的方向。

获得一致性有两个步骤:第一步,管理者以所有员工都能够理解的方式交流高层的战略目标。这涉及使用广泛的沟通机制:小册子、时事通信、会议、定向和培训计划、高管会谈、公司内部网和公告板。这一步的目标是创造内在动力,激励员工内化组织的价值观和目标,以至于他们想要帮助组织取得成功。第二步,使用外在动机。组织让员工根据战略制定明确的个人和团队目标,并建立激励机制,在员工达到个人、部门、业务单位和公司目标时对其进行奖励。

测量一致性准备度相对简单。许多调查工具已经可用于评估员工对高级战略目标的了解程度和理解程度,也很容易看出员工的个人目标和公司现有的激励计划是否与高层战略一致。

(四)团队工作和知识共享

没有比只使用一次的好主意更浪费的了。大多数组织必须经历文化变革,将个人知识转变为分享他们所掌握的知识。对于一个组织而言,没有什么资产比员工所拥有的集体知识具有更大的潜力。这就是为什么许多希望在整个组织中生成、组织、开发和分发知识的公司斥巨资购买或创建正式的知识管理系统。

实施此类系统的挑战在于激励人们记录他们的想法和知识,以供他人使用。使用平衡计分卡的大多数组织都试图通过选择"团队合作"和"知识共享"作为其学习和成长视角的战略重点来培养这种动机。

综上所述,平衡计分卡的学习和成长视角中描述的无形资产是每个组织战略的基础,这个视角下的衡量标准是最初的先导指标。当人力资本集中在执行对组织战略至关重要的内部流程时,它的价值才最大。当信息资本提供必要的基础设施和战略应用来补充人力资本时,它会创造最大的价值。引入新战略的组织必须创造一种具有相应价值观的文化,拥有一支能够领导变革的杰出领导干部队伍以及一支与战略保持一致、协同工作并共享知识以帮助战略取得成功的员工队伍。

第四节　平衡计分卡的设计过程

平衡计分卡是一系列旨在捕获(Capture)有助于实现组织战略的重要绩效评价指标。Kaplan 和 Norton(1996)提出了执行平衡计分卡的四个重要步骤:清晰地理解愿景和战略、沟通与连接、业务计划以及战略反馈和学习。

一、清晰地理解愿景和战略

清晰地理解愿景和战略是执行平衡计分卡的第一步,通常由高层管理团队来完成。Kaplan 和 Norton(1996)指出,这一步也可能由一个高层领导成功完成。这一步骤的主要目的是形成一种对于获得组织目标的组织使命和战略的理解,高层管理者在这一方面需要达成一致意见。由于组织使命的陈述通常比较模糊,管理者必须将使命转变为具体的目标,然后形成能够利用组织优势达成目标的一种战略。为此,管理者应当开发出一系列能够体现这一战略的指标,最终形成组织的平衡计分卡。

例如,某一银行,在构建平衡计分卡时就面临战略不清晰的问题。高管团队认为,他们在组织的总体战略方面达成了一致,即"为目标客户提供优质的服务"。但是,在这些现存和潜在的客户群中有五个基本细分市场,每一个细分市场的需求都不一样。在形成客户视角部分的测量指标时,很明显的是,25 个高层管理者都同意组织的战略,但他们每个人对优质服务以及目标群体的定位有很大的差异。在开发平衡计分卡四维度的测量指标的同时,会强迫这 25 个高管澄清战略表述的内涵。最终,他们一致同意通过新产品和服务刺激收入增长,并且确定了三个最想要的客户群。这家银行为每一个具体的产品和服务均开发了计分卡测量指标,也识别了为实现针对目标客户的价值主张在员工技能和信息系统方面的不足。因此,创建一个平衡计分卡,能够强迫银行的管理者在战略上达成一致意见,然后把战略转化为具体可以实现的目标和行动。

二、沟通与连接

在组织的平衡计分卡被开发出来后,作为沟通和连接步骤的一部分,每一个战略业务单元决定自己的计分卡。业务单元的管理者全面思考组织整体的目标和战略以及自己业务单元的战略。选取的业务单元平衡计分卡的评价指标应当充分体现为了完成它的战略这一业务单元必须做什么,进而最终促进组织目标的实现。Kaplan 和 Norton(1993)指出,业务单元计分卡的评价指标要与这一业务单元的使命、战略、技术和文化相匹配。在正式的平衡计分卡实施的过程中,每一个业务单元的管理者或者管理团队开发自己的单元计分卡,同时,上一层级的管理者批准同意这一计分卡并且使用它对业务单元进行考核,做出进一步的决策。这一过程不仅是为了确保各业务单位或部门能够正确理解组织的战略和愿景,而且还为了确保组织内部各层级的目标与组织长期战略相一致。

例如,某一公司在创建平衡计分卡的过程中有三个管理层。高管团队提出了财务和客户目标,然后为调动下面两层管理者的才能和信息,让他们制定能够促进财务和客户目标实现的内部业务流程和学习与成长目标。比如,为满足客户对于及时发货的期望,相应层级的管理者识别出公司必须擅长的七个内部业务流程,如订单处理、日程计划和执行。为顺利完成这些工作任务,公司必须重新培训一线员工并且改善他们所使用的信息系统。这就为重要的流程以及员工和系统能力开发了绩效测量指标。

三、业务计划

这一步是为了让组织整合业务和财务计划,也就是把组织的战略通过业务计划转变为具体的行动。如今几乎所有的组织都在执行各种各样的变革项目,每个变革项目都有自己的拥护者和顾问,并且每一个变革项目都在争夺高级管理人员的时间、精力和资源。管理者发现整合这些各种各样有助于实现组织战略目标的活动非常困难,通常情况下,对这些项目结果感到很失望。但是,使用平衡计分卡对这些重要的变革目标进行分解作为资源分配的基础,有助于管理者从事和协调这些对长期战略目标实现有帮助的重要活动。

在这一阶段需要做的主要工作是,在清晰界定各层级的战略目标后,识别影响这些目标实现的关键流程。根据具体的需要,管理者应当专注于改善或重新设计那些对战略目标实现具有重大影响的流程。最后,设定短期的目标或者所要达成的重要成果。在此过程中,管理者应当扩大传统的预算编制过程以便包括战略和财务目标。详细的财务计划仍然重要,但是财务目标忽视了平衡计分卡的其他三个维度。在一个整合计划和预算编制的过程中,高管持续针对短期财务绩效编制预算,同时他们也引进在客户、内部业务流程和学习与成长视角的短期目标方面的测量指标。管理者用这些已经设定好的所要达到的短期成果,能持续监测基础战略与战略执行。

四、战略反馈和学习

这一步的主要目的在于培养组织的战略学习能力。现有的反馈和评价过程专注于组织、部门或者员工个体是否能够满足组织既定的财务目标。把平衡计分卡作为管理系统的核心,组织能够从客户、内部业务流程以及学习和成长三个视角监控短期的结果,根据最近的绩效评价战略的实施情况。因此,平衡计分卡能够让组织修正战略以便及时反映真实的学习情况。

本章要点

(1)平衡计分卡从四个视角衡量组织的绩效:顾客视角、内部业务流程视角、学习和成长视角以及财务视角。

(2)平衡计分卡的平衡特点体现在四个方面:长短期目标的平衡、财务与非财务绩效的平衡、滞后指标与先导指标的平衡以及组织内部与外部期望的平衡。

(3)战略地图是通过因果关系链将学习与成长视角、流程视角、客户视角和财务视角进行连接的逻辑关系图。

(4)战略准备度包括人力资源准备度、信息资本准备度和组织资本准备度。

(5)组织资本准备度包括文化、领导、一致性与团队工作和知识共享四个维度。

(6)设计平衡计分卡需要遵循四个步骤:清晰地理解愿景和战略、沟通与连接、业务计划、战略反馈和学习。

复习思考题

(1)阐述平衡计分卡的发展过程。

(2)平衡计分卡包含哪些视角?

(3)平衡计分卡的平衡有哪些特点?

（4）什么是战略地图？

（5）战略准备度包含哪些内容？

（6）论述平衡计分卡设计的流程。

案例分析

基于平衡计分卡的企业绩效考核体系设计

基于 BSC 的企业绩效考核体系设计的具体流程如下：

一、获取各层级人员对考核系统的支持并进行相关培训

引入 BSC 的绩效考核较为复杂、工作量大、运行成本高，需要企业各层级人员对该考核系统给予支持。通过培训可以使企业各层级人员对绩效考核以及 BSC 有深入的了解，这将取得他们对基于 BSC 的绩效考核系统的支持，也能够减少考核误差和考核工作中的争端、歧义，使绩效结果更具有效度和信度。

二、构建企业级 BSC

1. 明确企业战略目标，构建企业战略地图

引入 BSC 的企业应首先形成自己的战略远景，明确自己的战略目标，从而建立 BSC 的核心和基础；在明确企业战略目标的前提下，通过构建企业"战略地图"把 BSC 看作企业高层对企业远景和战略进行阐明、简化并使之实际运作的一条途径。战略地图以简洁的图表将原本数百页的战略规划文件才能描述清楚的企业总体战略、SBU 战略、职能战略直观地展现出来。

战略地图的标准模板和 BSC 的四方面相对应，构建它的基本思路是：从企业的长期发展战略出发，将其按照战略管理的内在要求（因果关系链），分为财务、顾客、内部业务流程和学习与成长四个维度分别确立分战略目标，然后通过对与战略目标相应的关键成功因素（CSF）和关键绩效指标（KPI）的定义和描述，将定性的战略目标转化为考核指标，从而构建成以战略为核心、目标指标与过程指标并存、财务指标与非财务指标并重、长期指标与短期指标相结合、各方面考评指标综合平衡的 BSC 绩效考核系统。

2. 设计企业整体 BSC

一个结构严谨的 BSC，应当包含一连串的目标和量度，这些目标和量度不仅前后连贯，而且需要互相强化。所以，为企业设计 BSC 时要遵循战略性、前瞻性、SMART（要具体、可度量、可实现、相关并基于时间）、"二八"等原则进行指标选择、筛选，使指标与战

略相一致,保证 BSC 的有效性。

(1)财务维度。财务指标是反映企业经营成果的综合指标,是平衡计分卡的核心,它的建立有助于其他三个层面指标的确定。在设置财务指标时,企业的高层团队应结合企业的战略重点思考一个问题:应当采取什么样的财务指标来衡量财务性战略重点的实现? 财务指标衡量的主要内容有收入的增长、收入的结构、成本降低率、提高生产率、资产的利用和投资战略等。

(2)顾客维度。顾客维度的目标和指标标志着企业财务目标的收入来源,因此对客户指标的考核更能把握企业未来的发展情况。客户指标衡量的主要内容有市场份额、老客户挽留率、新客户获得率、顾客满意度、从客户处获得的利润率等。

(3)内部业务流程维度。内部业务流程是提高企业业绩的强有力的驱动因素。业务流程运行的好坏直接决定了提供给客户的产品和服务的质量、效率以及成本,还决定了是否能满足客户需要和最终实现企业的财务经营指标。内部运营指标涉及企业的改良/创新过程、经营过程和售后服务过程。

(4)学习与成长维度。学习与成长维度是企业创造长期增长和实现可持续发展的基础。它是企业在 BSC 前三项上取得良好分数的"推动力量"。BSC 前三个层面能够揭示出人才、系统和程序的现有能力与实现突破性绩效所必需的能力之间的巨大差距。为了弥补这些差距,企业必须加大投入,以使员工获得新的技能、加强信息系统构建、不断优化企业的流程和日常工作、提高员工满意度等。学习和成长指标涉及员工的能力、信息系统的能力与激励、授权相互配合等。

3.运用层次分析法得出各指标总排序权重

基于 BSC 的绩效考核指标体系是一个多角度、多层次的系统。在考核指标体系中,各个指标的功能和重要性不同体现在指标权重设置上。指标权重设置科学与否,直接影响考核结果的准确性和真实性。由于各个指标在系统中的功能和角度不同,可以引入层次分析法(AHP)来解决这个问题。

资料来源:孙会,徐永其,纪兰.基于平衡计分卡的企业绩效考核体系设计[J].企业管理,2011(9):79-81.

根据上述材料回答问题:

(1)在制定 BSC 的过程中,确定各指标的权重时,除了层次分析法之外还有哪些方法?

(2)如何沿着上述材料的思路,构建部门和员工级绩效考核 BSC?

第十章

目标—关键结果模型

学习目标

1. 了解目标—关键结果(OKRs)模型的起源与发展
2. 理解目标—关键结果(OKRs)对于目标管理改进的内容
3. 理解目标—关键结果(OKRs)模型的内涵与作用
4. 辨析目标—关键结果(OKRs)与绩效评价和激励性薪酬的关系
5. 掌握目标—关键结果(OKRs)模型的制定流程
6. 熟悉使用目标—关键结果(OKRs)需要注意的问题

第一节　OKRs 模型的起源与发展

目标—关键结果(Objectives – Key Results,OKRs)是一个新兴的战略管理工具,也被称为驱动组织向前发展的协作性目标设定工具(Petreska,2020)。OKRs 有两个基本的构成元素——目标和关键结果,这两个基本元素对于 OKRs 而言均不是新的概念,换言之,人们对于目标和关键结果的重视并不是从提出 OKRs 开始的。虽然大部分人认为 OKRs 起源于 20 世纪 90 年代,首次被 Google 公司使用,但是 OKRs 的根源至少可以追溯到科学管理时期。20 世纪 50 年代,德鲁克提出了目标管理,人们对于目标的重视程度达到了一个新的高度,目标管理也在管理实践中得到了广泛的应用。随着目标管理被不断推行,实践者逐渐发现其存在许多不足,如在动态变化的环境中,组织战略可能会随时发生调整,组织目标应随之变化,组织内的整体目标体系也需重新制定,这将导致按照之前目标管理实施的目标计划也需进行调整,这一调整需要花费大量的时间、资源和精力,调整的难度也会非常大。这在一定程度上体现出目标管理的动态适应能力比较弱。

尽管如此,安迪·格罗夫(Andy Grove)仍认为目标管理具有很大的潜能。安迪·格罗夫是一位硅谷传奇人物,于1987~1998年担任英特尔公司的首席执行官,带领公司完成了从存储芯片制造商到全球主要微处理器供应商的卓越转型。为解决目标管理存在的问题,安迪·格罗夫对原始的目标管理系统进行了一些修改,从而形成了当前我们熟悉的OKRs模型。在安迪·格罗夫的思想中,一个成功的目标管理系统只需要回答两个基本问题:我想要去哪儿? 我将如何衡量我是否到达了那里? 第二个问题虽然看起来很简单,但通过将后来被称为"关键结果"的东西附加到目标上,实践证明其在开启OKRs运动方面具有革命性意义。

安迪·格罗夫指出,在执行目标管理的过程中,组织有太多的目标需要完成,也试图关注所有的目标,但这种做法浪费了很多时间和资源,还使管理者为追求不太重要的目标而导致重要的目标没有全面完成。因此,组织需要对目标进行精挑细选,选择出关键的目标作为工作重点。如果想要目标管理发挥作用,必须要这么做。安迪·格罗夫并没有限制目标的数量,他对于目标管理的改进主要体现在以下两个方面:

第一,建议更加频繁地设定OKRs,推荐按季度或按月度进行OKRs的设定。这是为了适应他所在的快节奏变化的行业,但也反映了将快速反馈纳入组织目标管理的重要性。安迪·格罗夫坚持认为,OKRs不应被视为一份"法律文件",用以强制员工遵守他们的提议,并仅根据他们的结果进行绩效评估。他认为OKRs应该只是用于确定员工效能的一种输入。

第二,安迪·格罗夫理解了引进"延展"(Stretch)概念在OKRs中的重要性。"延展"概念在这里主要指的是要设定高水平的目标,这样的目标并不是轻而易举就能够实现的,而是通过付出更多的努力才能够实现的,这也是对组织未来发展潜力的展望。这一观点与目标设定理论相一致。实际上,安迪·格罗夫将目标设定理论整合到了目标管理中。这在另一方面也说明,OKRs的目标设定相对来讲有着更大的边界。

在安迪·格罗夫提出OKRs模型后,著名的硅谷风险投资公司Kleiner Perkins Caulfield and Byers的合伙人John Doerr在英特尔开始了他的职业,并热情地听取了安迪·格罗夫的许多管理课程,其中就包括OKRs模型。John Doerr认识到该模型的价值和潜力,并且一直与其他的企业家分享这个模型。随后,John Doerr的两个学生Larry Page和Sergey Brin作为Google的创始人,将OKRs引进Google公司中。目前,OKRs模型已成为Google公司首选的战略管理工具。虽然,OKRs在Google公司已被使用多年,但直到2013年,Google Ventures合伙人Rick Klau发布了一段有关OKRs的视频,OKRs

模型才真正开始获得不可阻挡的发展势头。直到今天,OKRs 模型已经被世界上大多数的公司采用。OKRs 模型通常被认为适用于像 LinkedIn、Twitter 和 Zynga 这样的知名数字化大公司,但实际上 OKRs 模型已经被全球大大小小的组织接受,尤其是在动态的、不确定性的商业环境中,OKRs 模型表现出了较强的适用性(Doerr,2008)。

第二节　OKRs 模型的内涵与作用

一、OKRs 模型的内涵

OKRs 模型是一种批判性思维框架和不断发展的行为准则,旨在确保员工协同工作,集中精力做出可衡量的贡献,推动公司向前发展。为充分理解 OKRs 的内涵,需要把握以下几点内容:

(一)批判性思维框架

OKRs 模型的最终目标是提高绩效,但是我们并不能简单地通过监控每个季度的关键结果来实现目标。在核查 OKRs 的结果时,我们面临的挑战是如何超越数字,并且像人类学家一样,深入挖掘数字背后的内容,以便提出可能导致未来重大突破的有启发性的问题。严格和有规律地执行 OKRs 模型有助于培养这种批判性思维。

(二)不断发展的行为准则

OKRs 代表了一种与时间和精力相关的承诺。为了确定能够从 OKRs 模型中获益,必须承诺使用该模型。更重要的是,要每季度(或其他时间周期)更新 OKRs,仔细地核查实施结果,并且根据实际结果按照情境需要调整正在进行的战略和业务模式,从而为组织内的员工行为提供基本的准则和方向。

(三)确保员工齐心协力

在组织中,跨功能协作和以团队的形式开展工作对于组织的成功具有重要的价值。OKRs 模型必须经过结构化地使用才能最大限度地提高协作和一致性。促进这一点的方法之一是通过 OKRs 模型固有的透明性共享每个人的 OKRs,以便从上到下的每一位员工都可以看到整个组织不同层次的 OKRs。

(四)集中精力做应当做的事情

OKRs 不是也不应该被视为需要完成的任务的主要清单。OKRs 的直接目的是确定最关键的业务目标并通过量化的关键结果评价这些目标。战略专家指出,战略既关乎不该做什么,也关乎应该做什么。OKRs也是如此,必须决定应当做什么和不去做什么,然后集中精力把要做的事情做成。

(五)做出可量化的贡献

在执行OKRs模型的过程中,关键结果从本质上来看应当是可量化的。在可能的情况下,要尽量避免主观性评价,并根据OKRs所取得的成就准确地记录业务的发展情况。

(六)推动组织可持续发展

成功执行OKRs模型的最终判断标准是实现所要达成的组织目标、战略和使命,以此推动组织可持续发展。

(七)OKRs模型是战略管理的一部分

虽然OKRs模型来源于目标管理法,但是OKRs模型并不是被用作绩效评价,而是作为战略管理的一部分。

(八)OKRs模型与KPIs有本质的区别

KPIs指的是为实现"既定的目标"(从战略而来)而选取的关键指标,其以目标为依据;从测量的角度来看,指标的"量"受目标的限制。但是,OKRs模型重点关注组织未来可能达到的更高层次的目标(可能从员工自身而来),其结果指标的"量"无限制。

此外,为全面掌握OKRs模型的内涵,还需要深入理解什么是目标以及什么是关键结果。目标是一个简明的、宏观的、定性的目的表述,旨在推动组织朝着预计的方向前进。目标回答的问题是"我们想要做什么"。一个好的目标描述应当具有时间限制和激励性。例如,一名教师的一个目标是:在本学期改善学生在绩效管理课堂上的学习效果。这个目标是简明的、易于理解的,是一个定性的描述(没有涉及任何定量的数字),具有时间限制(本学期),并且具有很强的激励性(为达到这个目标需要教师付出努力,创造性地采用有效的方式开展教学、辅导和测验)。

关键结果是一个用于测量既定目标是否完成的定量表述,它回答的是"我们如何才能知道是否我们完成了目标"。为确定关键结果,强迫着我们将目标中模糊的词语进行定量化,这一工作不仅是一个大的挑战,同时也具有重要的意义。一般情况下,为每一个目标设定2~5个关键结果即可。同样以前述的目标为例,即"在本学期改善学生在绩效管理课堂上的学习效果"。这一目标的关键结果可以是:①每堂课的出席率在95%以上;②平时课外作业上交率和准确率达95%以上;③期末考试平均成绩在85分以上。

OKRs模型可以被使用在组织的各个层次上,也就是说,可以为组织制定OKRs,可以为部门或团队制定OKRs,也可以为员工个体制定OKRs。

例如,一家教育软件公司在第一季度的三个目标及其对应关键结果如下:

目标1:完成第一季度的财务目标

关键结果1:7.5亿美元收入。

关键结果2:1.5亿美元净收入。

目标2:对全球教师产生影响

关键结果1:第一季度末每月有100万名教师用户。

关键结果2:第一季度在北美以外增加2万名教师用户。

关键结果3:将教师净推荐值提高到50(在第一季度的最后一个月测量)。

目标3:有效地扩展业务运营

关键结果1:在第一季度将每位员工的收入提高到25万美元。

关键结果2:在第一季度接受报价的员工中有50%来自员工推荐。

该公司的三个团队在第一季度的目标与关键结果如下:

1. 用户增长团队的OKRs

目标:扩大教师安装基座并支持日本推广。

关键结果1:第一季度每月新增50万名教师用户。

关键结果2:在第一季度将教师用户保留率从91%提高到95%。

关键结果3:在第一季度末之前,注册位于日本的前100名活跃教师用户。

2. 市场团队的OKRs

目标:经济高效地提供优质学区数据。

关键结果1:报告基准指标以反映10个成本超过1万美元的学区营销活动的投资回报率。

关键结果2:在第一季度实现每个潜在客户的整体营销成本低于65美元。

关键结果3:第一季度产生的潜在客户中有5%在创建后的4周内转化为付费客户。

3. 客户支持团队的OKRs

目标:衡量和提高教师满意度。

关键结果1:根据第一季度的1000次或更多的有效调查样本,报告教师的满意度。

关键结果2:将事故处理时间从目前的平均400分钟减少到300分钟。

该公司不同部门的3名员工在第一季度的目标与关键结果如下:

1. 新的销售代表

目标:建立初始管道并加快销售流程。

关键结果1:在没有售前支持的情况下向潜在客户提供5个演示。

关键结果2:记录与25个潜在客户进行初步沟通的结果。

关键结果3:增加5万美元到2017年可能关闭的渠道上。

2.营销分析师

目标:改进来自博客和登录页面的入站数据。

关键结果1:10个来自新博客的新入站线索。

关键结果2:5个新的着陆页,转化率达到8%或更高。

关键结果3:10个现有着陆页,基于A/B测试,转化率至少提高2%。

3.产品设计师

目标:使我们的核心产品用户界面更易于教师使用。

关键结果1:获取基本标准以报告和监控教师用户对系统中已有功能的请求数量趋势。

关键结果2:将教师对产品可用性的满意度评级提高到9.0(去年为8.5)。

二、OKRs 模型的作用

OKRs 模型具有以下六个方面的作用:

第一,易于理解,更容易获得支持和使用。OKRs 最大的特点是"简单",只有三个词即目标、关键、结果。其他绩效管理和执行战略的方式包含了很多专业术语,这些术语可能会使已经被使命、愿景、核心价值观和 KPIs 困惑的员工感到更加困惑。

第二,有助于培养敏捷性组织并能够为组织变革做准备。大部分的组织在实施 OKRs 模型时,通常以季度甚至以月度为周期,这样频繁地设定目标有助于促使组织适应快速变化的环境,提升组织的敏捷性;而且在快速变化的环境中,获取和分析新的信息并将其转变为能够用于创新和转变战略或商业计划的知识。如果以年度为考核周期,这样的组织敏捷性将很难实现。频繁的目标设定还建立了组织内可能缺乏的纪律或行为规范,例如,学习并做出积极的决策,有针对性地审查组织及其周围环境中正在发生的事情。通过每季度更新 OKRs,有助于建立一支更强大的组织力量,为不可避免的变革做好准备。

第三,关注最重要的事情。在工作情境中,无论是领导还是普通员工都面临着各种类型的工作任务,有些工作任务是必须及时完成的,有些工作任务是可做可不做的。实际上,往往那些不太重要的工作浪费了我们很多的时间,这将导致我们没有充足的时间去做那些最重要的事情。工作中需要处理的任务越多,将使工作内容越分散,这也不利于将一项任务做到极致。但是,OKRs 模型仅关注那些最重要的事情,这样不仅使员工的注意力聚焦,而且还能使组织内的各项资源集中在重要的事情上。将员工的注意力和资源集中起来去做少量重要的任务时,不仅能够更容易和更高效地完成重要的工作任务,而且在促进组织发展上还能起到事半功倍的效果。

第四,透明度促进跨职能的协作。由 OKRs 模型的内容可知,OKRs 模型强调组织、部门(或团队)和员工每一个层级的 OKRs 要实现共享,也就是每个人、每个部门或团队以及整个组织的 OKRs 是透明的,每个人都能轻易地获得别人的 OKRs,这不仅为员工了解彼此的 OKRs 提供了平台,而且还有助于促进员工之间的合作,同时还能起到相互督促的作用。

第五,促进对话并推动员工参与。OKRs 模型采用的是自上到下和自下到上的双通道方式进行沟通,不仅组织的高层战略能够通畅地被员工熟知和理解并转化为员工的目标,而且员工还能参与自己目标的设定;此外,这样的沟通方式有助于培养良好的上下级关系,促进领导与员工之间的良好对话。更重要的是,如果员工能够提出对组织非常有益且自己也想去做但组织没有要求去做的事情,OKRs 模型给予了员工充分的自主权,员工可以为自己设定目标。这样的参与机制有助于激发员工的积极性、主动性和创造性,促进员工的工作投入。

第六,有助于塑造共同的愿景。OKRs 模型能够提升部门或团队的工作透明度、清晰度和成员之间的交流,让成员参与 OKRs 的创建过程,提供给成员一起讨论部门或团队愿景的机会,而且还能改善部门或团队中的协作与连接,这些均是打造团队或部门共同愿景的重要驱动力。同时,OKRs 模型也在塑造组织成员的共同愿景方面发挥着重要的作用。组织成员能够通过战略参与过程打造组织的共同愿景。战略参与过程主要是指在不确定和动态变化的商业环境下,员工可根据其对组织内外部环境的理解提出组织的战略发展方向,并将其内化为自身的 OKRs,通过自下而上的沟通影响组织战略形成。更进一步来讲,通过 OKRs 能够对战略进行调整,确保组织中每个人的目标都符合其愿景。此外,OKRs 也提供了愿景交付工具,使实现该愿景的步骤具有可操作性。

三、OKRs 与绩效评价和激励性薪酬

(一)OKRs 与绩效评价之间的关系

OKRs 模型并不是绩效评价,也不适宜作为绩效评价的工具。OKRs 模型旨在培养组织能力,促进组织创新,使员工的潜能得到充分的发挥。把 OKRs 模型看作绩效评价的方法,将会大大削弱 OKRs 模型的积极功能。人们都会有一种心理倾向:如果规定完成目标能够获得特定的奖励或没有完成目标将会受到相应的惩罚,个体在制定 OKRs 时

就会回避风险,选择那些自己能够轻易完成的 OKRs,以便获得相应的奖励或避免惩罚。这是一个简单的自我保护问题。因此,为最大化 OKRs 模型的作用,不建议将 OKRs 模型与绩效评价联系在一起。尽管一些知名企业如埃森哲、Adobe 和德勤正在去除绩效评价转向寻求能够提供频繁反馈的工具,但执行有效的绩效评价对于评价者和被评价者来讲仍是一项有价值的工作。Andy Grove 承认了这一点,"事实是,执行绩效评价是提供与任务相关的反馈的最重要的形式"。总体来讲,绩效评价非常重要,但并不能简单地把 OKRs 模型看作一个绩效评价方法。

一个对 OKRs 模型的使用产生影响的非常积极的发展是,许多领先公司正在从陈旧的年终绩效评价过渡到实时跟踪、指导的管理方式上,以不断塑造员工的发展。组织现在不是在年底以一大堆官僚主义的形式给予表扬或批评,而是鼓励员工和领导之间定期进行反馈,促进持续对话,旨在加速员工的成长与发展并最大限度地减少不佳表现持续聚集造成严重后果。OKRs 模型以季度甚至月度为周期,很好地满足了这种管理转变,使领导者能够定期审查员工的表现并及时给员工提供反馈。此外,急剧变化的劳动力结构也支持了这种转变。据调查,79% 的新生代员工表示希望他们的领导能够起到导师或教练的作用。

(二)OKRs 与激励性薪酬之间的关系

1. OKRs 与激励性薪酬挂钩益处

是否将 OKRs 与激励性薪酬挂钩有两种不同的观点,既有反对者也有支持者。支持者认为将两者连接起来有以下三个方面的益处:

(1)有助于使员工像"激光"一样专注于目标。将 OKRs 与激励性薪酬挂钩的最明显且最有意义的价值在于促使员工仅仅聚焦于目标。这有助于确保每位员工不仅了解公司、部门或团队的 OKRs,而且如果薪酬的激励程度足够强的话,员工也会沉迷于目标之中,通过自身的积极性、主动性和创造性高质量地实现目标。

(2)促进公平感知。研究表明,当受到裁员的影响时,如果员工认为他们得到了公平的对待,员工可能会有更少的消极感受,如愤怒和受挫感。公平是一种美德。例如,如果一个组织鼓吹团队合作,并让员工对强调协作的 OKRs 负责,但是并没有为承担这种责任的员工进行奖励或激励,这在很大程度上很容易引起不公平的感知,进而引起员工的沮丧、失望心理以及低水平的工作投入。当把 OKRs 和奖励相连接时,员工会认为他们自主性的努力能够公平地获得相应的奖励,这对员工将更具有激励性。

(3)简化激励薪酬方案。很多组织的激励薪酬方案非常复杂,让人眼花缭乱,相比之下,基于 OKRs 进行奖励能够使激励薪酬方案更简单。通过将 OKRs 和激励薪酬联系起来,员工能够非常清晰地知道做什么事情能够得到奖励,每个人从一开始就明白他必须完成什么才能获得奖金。

2. OKRs 与激励性薪酬挂钩不足

反对者认为将 OKRs 与激励性薪酬联系在一起有三个方面的不足:

(1)回避有挑战性的目标。与绩效评价一样,将两者结合起来的最大的风险就是,高绩效者为了获得完成目标的奖励,也倾向于回避具有挑战性的目标,争取为自己设定容易实现的目标,这将以牺牲组织的发展和创造性为代价。尤其是当员工看到同事因为业绩平平而获得与自己相差无几的奖励时,高绩效者回避有挑战性目标的可能性会更大。

(2)降低"先导"指标的可能性。例如,一个销售代表,其 OKRs 只关注完成的交易和产生的收入。此人可能会意识到他的团队缺乏某些销售技能,但是他是否会从与客户会面和销售中抽出时间来创建和管理一个可能只会在很长一段时间内产生有益结果的培训计划? 当然,这取决于个人,但大多数情况下他不会这样做,因为执行培训计划会耗费时间和精力,这可能会降低他在当期获得的奖金。培训可能对他的团队和公司的持续成功至关重要,但反过来说,由于短期内的 OKRs 和奖金的联系,使他没有动力为长期的利益选择正确的行为。

(3)与新的商业现实不一致。有研究表明,当工作任务要求创新时,外部的奖励比如激励性薪酬很可能会损害这种创新。斯坦福大学教授 Pfeffer 和 Sutton(2006)认为,当工作是复杂且要求合作的时候,激励性薪酬可能起不了作用。虽然,为解决特定业务问题而组建的团队工作模式对组织的发展起到了积极的促进作用,但当问题被解决后,团队就会解散,其成员将被重新分配到其他问题解决团队中。因此,由于组织会持续调整他们的结构,激励性薪酬是阻碍而不是促进了旧结构向新结构的平稳过渡。

通过以上的分析可知,要不要将 OKRs 与激励性薪酬联系起来,可根据组织的具体情况来定。从现有的学术研究来看,并没有有效的证据能够证实哪一种方式最有利,但管理实践中,对于两者的使用都是存在的,并且不同性质的组织选用的方式有所不同,甚至对于同一个组织在使用 OKRs 的不同的阶段也有着不同的选择。在实践中,有成功的例子也有失败的例子。简言之,组织要根据自身的特点和目的来决定是否将两者联系起来,并根据组织使用 OKRs 的不同阶段做出适当的调整。此外,还需通过对 OKRs 模型进行有效的管理以确保 OKRs 模型的作用能够得到真正的发挥。

第三节　OKRs 的制定流程与管理

一、OKRs 的制定流程

Niven 和 Lamorte（2016）提出了 CRAFT 流程用以制定 OKRs，具体而言，包含五个阶段：创建（Create）、优化（Refine）、协调对齐（Align）、定稿（Finalize）和传送（Transmit）。以下从部门的层次上论述制定 OKRs 的流程。

（一）创建阶段

为有效地制定 OKRs，第一步要做的工作就是初步创建 2～5 个目标，并且为每一个目标提出 2～4 个关键结果。通常采用小组讨论和头脑风暴的方式提出初步 OKRs。但是大量的研究已经表明，在进行小组讨论和头脑风暴时，群体成员比较多的话将不太可能会产生有意义的结果。因此，可以先由少量的人（如两个人）提出初步的 OKRs。在实际工作中，让所有的员工停下手头的工作来一起讨论员工的 OKRs 是不现实的。可以先由少量的员工组成一个小团队①提出初步的方案，这个团队的规模一般控制在 2～3 人；小团队成员要秉持公平、公正和客观的态度为部门创建初步的 OKRs；小团队成员应当熟悉并系统理解组织的 OKRs 以及部门的工作，一般由员工和领导共同组成。

（二）优化阶段

在小团队完成 OKRs 的初步创建后，开始第一次正式的研讨会之前，需要将这些初始的 OKRs 呈递给更大的团队（也就是部门或团队的所有其他成员）进行评审，这个过程是非常重要的，正式的研讨会参与者在参会之前都需要认真熟悉初步的方案。既然研讨会参与者的会前评审如此重要，那么在向更大的团队呈递初步的方案时，必须保证呈递的有效性，不仅要确保每一个成员都能收到初始方案，而且还要确保每一名成员都能将评审初始方案重视起来（一个方案就是在向成员呈递时附上领导的要求）。

正式的研讨的重点是讨论 OKRs 的初始方案，提出方案的小团队成员详细解释他们的选择，然后全体参与成员进行讨论，最后就将要使用的 OKRs 达成一致意见。在这部分中，通过讨论有些 OKRs 可能需要进行适当的调整和修改，此后，可以通过对每个 OKRs 使用量表法进行计分，参与成员进行投票来决定最终的 OKRs。在投票时，要先对目标进行投票，确定要保留的目标，然后对与目标相对应的关键结果进行投票，确定要保

---

① 具体的人数还需根据部门的总人数来确定，如果部门总共就 3 个人，那么由领导一人提出初步的目标—关键结果即可。

留的关键结果。

(三)协调对齐阶段

通过优化阶段,部门将会形成自己的OKRs,但大多时候一个部门的目标并不是这个部门单独就能够完成的,比如,就人力资源部门而言,其招聘和绩效考核等相关的目标需要其他所有部门的配合才能完成。因此,部门需要将确定好的OKRs与其他部门进行分享和讨论,尤其加强与完成目标紧密相关的部门之间的沟通交流,以期得到其他部门的理解和支持。在此阶段,可能部门要对已经确定的OKRs进行适当的修改,在修改时也要征求部门员工的意见,通过多方的协调来确定最终的OKRs并赢得多方的支持和配合。

(四)定稿阶段

定稿阶段主要的工作是将拟确定的OKRs提交给部门的上级主管领导,获得他们的赞同、支持和批准。呈递给部门上级主管领导的信息包括全面的OKRs,完成这些OKRs的方案计划以及获得其他相关部门支持和配合的证据。更重要的是,要确保部门上级主管领导理解为什么选用当前拟定的OKRs,让领导相信部门有能力高质量地完成这些OKRs。一旦拟定的方案得到领导的批复,OKRs的设定工作就已完成。

(五)传送阶段

传递阶段包含两个方面的任务。第一,将定稿的OKRs输入软件系统(可以是Excel或单独的OKRs管理软件)中,以便能够快捷地记录和追踪关键结果完成的实际情况。第二,把已录入完整的部门OKRs传送给每一位部门成员以及部门之外的其他员工。在传送的过程中,可以凭借各种沟通渠道与任何人就OKRs进行讨论。

虽然制定良好的OKRs可采取以上五个步骤,但需要强调的是,制定OKRs的流程从通过连接组织目的与战略愿景设定顶层目标开始。OKRs流程的一个重要的部分是在目标设定和沟通上采用"双向参与"的方式。特别是,目标不是采用由上向下分解的方式设定,而是每个部门或团队根据顶层目标设计自己的OKRs。在制定的过程中,为了保持部门或团队目标一致性,领导要参与其中,并且要参与到最后,直到最终的OKRs定稿。最后,每个人都要跟踪自己的OKRs并且与组织内的其他员工进行交流沟通。

二、如何管理OKRs

通过以上五个步骤,可以制定出部门和员工甚至组织的OKRs。此后,需要对OKRs进行管理(Nivon & Lamorte,2016)。有效的管理OKRs可从三个方面入手,具体来讲,每周一会、季度中期核查和季度末评价。

（一）每周一会

在实施OKRs的过程中需要每周开一次会议，具体的开会时间根据组织或部门的习惯来定，一般在周一和周五比较常见。每周一会有三个目的：评价任务执行的进度；识别潜在的问题以避免小问题演变成大问题并最终带来严重的后果；尤其在开始使用OKRs时，将OKRs和基于绩效的管理方法严格纳入组织文化中，以确保团队保持专注。不要将这个会议看作对于工作结果的正式评价；相反，应该将重点放在信息共享和产生有价值的讨论上。会议上讨论的问题可以是：

1. 彼此的日程安排

很多时候，部门成员需要一起开会做出重要决定、辩论有争议的问题、分享重要的信息等，而且，部门成员之间的工作任务通常也是紧密相连的。因此，在会议上部门成员互相分享自己的日常安排有助于彼此了解各自的工作进度，促进工作协调。

2. 优先事项

什么是关键优先事项？本周必须完成哪些事情才能更接近实现OKRs？人们在工作中很容易陷入业务紧迫和紧急问题的旋风中，因此，要对关键优先事项进行讨论，确保任何一项工作任务都有助于OKRs的实现。

3. 工作状态

在会议上要关注员工最近一周的工作状态，是更加积极还是更加消极呢？工作状态一方面反映了员工的工作进展是否顺利，另一方面也反映了员工对于工作的满意度。无论是哪一方面都会对OKRs的顺利实现产生重要的影响。因此，在会议上要针对员工面临的困难进行讨论，帮助员工排除困难、解决难题；如果员工的工作任务偏离了OKRs，要及时将其拉入正轨。需要强调的是，每周一会并不是对员工的最终绩效进行评价的会议或对员工进行批评教育的会议，而是通过这种高效的沟通方式，营造一种良好的、积极的氛围，激发员工的工作积极性、主动性和创造性，提升员工的工作投入度，以保证在考核周期结束时员工能够完成OKRs。

（二）季度中期核查

为了保证整个季度（一个考核周期是一个季度）的关键结果能够顺利完成，需要做好绩效管理控制，其中一个最关键的方式就是实施季度中期核查。在中期核查时，要注意以下问题：

第一，中期核查并不是最终的考核，工作任务的不同可能导致关键结果的达成率在整个时间周期的分布有很大不同，在进行中期核查时不必要求员工必须完成关键结果的一半任务。

第二,中期核查的目的是保障在季度末能够顺利地、保质保量地完成关键结果,在中期进行核查时更多的是帮助员工发现问题,为员工提供解决问题的方案并给予其理解和支持,以便畅通员工执行工作任务的路径。

　　第三,中期核查是一个稍微正式的考核,在执行中并不能马马虎虎,每一名员工都要重视。为此,在中期核查时也应当有一定程度的奖惩,但始终要记住这里只是小程度的奖惩。既然中期核查是一个相对正式的考核,那就应当设定考核标准。关键结果是中期核查标准制定的基础,参照往年经验、组织实际需要与员工一起确定在中期核查时员工需要完成的关键结果的程度。

　　(三) 季度末评价

　　在本季度结束之后,需要召开评价会议对员工的整体的 OKRs 完成情况进行评价。评价会议包含两个主要的内容,即"是什么"(What)和"怎么样"(How)。

　　1."是什么"

　　"是什么"主要指的是员工在每一个关键结果上的评价得分。基于在季度周期内的真实表现,每一个员工都要决定他们的最终绩效得分,并且向他们的同事和领导说明做出此绩效决定的理由。具体而言,要说明得分高的关键结果为什么得分高,得分低的关键结果为什么得分低。这样做的目的是促进员工之间的相互了解和学习,有助于塑造学习型氛围。在每周一会和季度中期考核正常进行的情况下,实施这一活动相对来讲比较容易。因此,评价会议并不需要花费太多的时间。

　　2."怎么样"

　　季度评价的第二个内容是"怎么样",主要是指什么决定着 OKRs 项目最终取得成功以及部门的执行能力。虽然员工的最终评价得分很重要,但真正激发学习热情的是对于本季度发生事情的深入调查、分析和讨论。分数应作为激烈讨论的起点,挑战传统观点、挖掘假设和测试工作假设。许多组织努力将有关工作的讨论会变成是一种坦率和诚实交流的日常会议,但是大多数的组织从讨论会上所获得实际益处仍比应当达到的水平要低很多。在讨论的过程中要互相尊重,尤其是领导,要避免使用过激的行为来激发员工,不要伤害他人的自我意识,影响他人的心理安全感。已有研究表明,部门或团队成员的心理安全感是部门或团队成功的重要影响因素。因此,为了充分利用 OKRs 数据,领导者需要仔细思考如何开好评价会议,以确保学习最大化。

　　为开好评价会议,领导需要做好七个方面的工作:第一,提前安排好会议。任何一个会议想要达到预期的效果都需做好充分的安排,确定会议的时间、地点、参与人、主题、目的和流程等。第二,管理好预期。评价的结果可能比预期要好,也可能比预期要差,无论是哪一种类型,领导者均需时刻提醒自己会议的学习导向。第三,征求大家的意见。公开、透明是使用 OKRs 的最大好处,因此,在会议中要鼓励每一名员工发言、建言,创造一个鼓励建言的氛围。第四,用简单的问题开始对话。德鲁克曾经说过,"最严重的错误不是做出了错误的答案,真正危险的事情是问了错误的问题"。有关工作中的问题,没有一个是能用简单的答案进行回答的,因此,在评价会议上,要从一些最简单且有吸引力的问题入手,由简单到复杂,由浅入深,这样更符合人们的思维方式。第五,使用"五个为什么"诊断问题。这一方法最初由 Sakichi Toyoda 应用在丰田汽车公司中,今天,该技术有多种形式(有些人更喜欢问三个"为什么")和多种用途(如用于提出战略愿景)。该种方法在评价关键结果时,仍是一个诊断问题的好方法。第六,从错误中学习。评价会议的目的更多的是让所有的人能够从错误中学习,塑造一个学习型的组织,而不是针对错误进行批评和埋怨。第七,领导应当最后发言。研究表明,如果一个领导首先表达了自己的观点,群体成员通常不愿意在领导之后表达观点,这有效地结束了对于其他观点的思考。重要的是,在实际工作场合中,领导的观点或态度通常会被认为是整个会议的基调和意图,没有人愿意破坏领导所主导的氛围和会议方向。在一定程度上,还会出现领导说什么,成员在后续的发言中也以同样的态度和类似的观点进行陈述,以保持与领导的一致。因此,领导应当最后发言。

第四节　使用 OKRs 需要注意的问题

为在最大程度上保障 OKRs 管理方法能够获得成功,在实施 OKRs 方法之前,实施过程中需要重点关注以下几个方面的问题(Niven & Lamorte,2016):

一、实施 OKRs 前要考虑的问题

(一)理解为什么实施 OKRs

在实施 OKRs 前,需要深入思考为什么组织要实施 OKRs。当前 OKRs 在全世界各种类型的组织中均是一种非常流行且有效的管理方法,大量管理实践已证实,OKRs 能够使员工的工作更加聚焦、组织的上下协同能力更强、员工的工作投入更高。但是,OKRs 也并不是对于任何组织都适用的,组织不能因为 OKRs 在其他组织中大获成功而简单地复制。如前文所述,OKRs 有其自身的功能或作用,只有清晰地知道为什么使用 OKRs,才可能通过实施 OKRs 达到预期的目的。

（二）获得高层领导的支持

任何管理方法的使用都需要获得高层领导支持，只有得到重视的管理方法才能被成功执行。OKRs 不是一个静态的管理方法，而是一个动态的、流动式的管理方法，它可以帮助组织应对任何业务的变革浪潮。鉴于此，OKRs 的实施需要多个步骤。首先，需要开发高层次组织的 OKRs，据此开发部门或团队的 OKRs。可以将 OKRs 作为组织运营核心的一部分，然后通过对 OKRs 进行修订将其融入绩效评价、薪酬、预算和其他任意一个关键的业务流程中。实施这些管理活动的最为重要的基础就是获得高层领导的支持。如果每个关键时刻都没有热情的领导者在场，这项工作可能很快就会失去动力，最终完全停滞不前。

（三）实施 OKRs 培训

对于新接触 OKRs 的人员来讲，最常提出的问题是"OKRs 与其他绩效管理方法有什么样的差异"，当然存在许多差异，但首先提到的是 OKRs 模型的相对简单性和易于理解性。当我们说简单时，当然不是在暗示简单化，而是注意到 OKRs 的一个关键好处，它是可以被快速掌握的一般概念，这在实施时是一个巨大的优势。

但是，OKRs 模型的相对简单性是把"双刃剑"。一些组织会不经过培训项目直接让员工使用这个工具管理他们的业务，他们可能会依赖于领导所知道的有关 OKRs 的知识进行操作。不可否认，一小部分的领导可能以前使用过 OKRs，或者出色的批判性思维和学习能力使他们能够直接地深入了解如何使用 OKRs 进行有效沟通，并确保达成 OKRs 的使用目的。但是，在大多数情况下，领导和员工还是不太了解 OKRs 管理方法的，可能对其只是一知半解，这样会严重地限制 OKRs 作用的发挥。因此，在使用 OKRs 之前还是应当对领导和员工进行有关 OKRs 的培训。对大部分组织来讲，直接进行全员培训是不现实的。可以先由人力资源部门的主要负责人和主管或分管人力资源工作的高层领导参加 OKRs 研修班培训，通过系统的学习全面掌握 OKRs 的知识和操作之后，由人力资源部门主要负责人或主管高层领导再对组织内的其他人员进行分层次、分阶段的培训。培训不仅是为了获得与 OKRs 相关的知识，而且还能形成对于 OKRs 的一致性的理解，更重要的是营造执行 OKRs 的积极氛围，打造战略 OKRs 管理方法。

（四）确保有一个合适的战略

大多数的高层管理人员都比较重视战略的执行。一项针对 400 位领导者进行的调查表明，其中执行力在大约 80 项重要事项中名列前茅。毕竟，人们怎么可能执行一个不存在的东西呢？遗憾的是，许多组织并没有制定真正的战略。他们可能有一些想法在CEO 的脑海中浮现，或者有着明确的组织价值观，但这不是战略。战略需要基本业务优先事项的阐明和沟通,例如,"我们的客户是谁"(目标市场)、"我们卖什么"(必须有核心产品)、"为什么客户会从我们这里购买"(价值主张)。我们可以在没有合适的战略下开发OKRs,但这创建的只是对OKRs模型内容的最浅层的模仿。在制定OKRs之前制定战略的好处是为OKRs界定了情境。该战略提供了一个基础,通过它来引领整个组织从上到下的每一个OKRs。如果推荐的OKRs并不能以某种方式使员工更好地执行组织战略,即使它们可能会提供快速的运营推动力,但从长远来看,它们不会带来可持续的成功。

更重要的是,OKRs模型最大的优势是周期短。频繁的、短周期的OKRs制定和执行有助于快速地学习,增加组织发展与进步的机会,甚至还能给员工带来工作上的短期成就感。但是,OKRs对于短周期的强调也是有问题的,会造成OKRs模型只顾眼前的利益,而忽略对于组织长期发展的考虑。一些对于OKRs模型的批评者认为,OKRs模型更像是一个战术工具,而不是一个战略模型。为了克服这一缺陷,应当为OKRs模型的实施提供一个合适的战略框架。OKRs并不能凭空制定,必须反映组织的意图、未来长期的目标和成功捍卫市场空间的计划。换言之,OKRs旨在将组织的使命、愿景和战略转变为具体的行动。

将OKRs融入组织意图中有一条清晰的逻辑线:使命→愿景→战略→目标→关键结果。通过之前的阐述,我们已经知道了什么是目标—关键结果,在此主要阐述什么是使命、愿景和战略。

1. 使命

使命决定着组织的愿景。使命主要回答两个问题:打造什么样的组织?组织为什么存在?一个使命陈述必须界定清楚组织的核心目的和组织为什么存在。使命也反映了员工投入到组织工作中的动机。在民营企业中,组织的使命在很大程度上受到股东的影响,使命应当超越盈利为组织的存在提供正当的理由。即使在今天华尔街驱动的、满足数字或其他市场的情况下,使命也应该描述一个组织如何真正为公共利益服务,这也是任何组织的真正责任。使命应当具有简明与清晰、激发变革、本质上是长期的以及容易理解和交流的特征。

2. 愿景

愿景是关于组织未来想去哪儿的陈述,也是组织在未来(可能是5年、10年、15年)想要达到的目标。这个陈述不应该是抽象的,应该包含尽可能具体的期望状态,并为制定战略和OKRs提供基础。强大的愿景为组织中的每个人提供了一个共享的心理框架,有助于为摆在我们面前的通常抽象的未来提供存在的形式。愿景始终来自使命。没有使命的愿景只是一厢情愿的想法,与任何持久的发展无关。愿景陈述中的典型要素包括期望的业务活动范围、利益相关者(客户、员工、供应商、监管机构等)对组织的看法、领导力或独特竞争力以及坚定的价值观。愿景应当具有定量和时间限制、简明、与使命相一致、可证实、可实现与激励性特征。

3. 战略

战略是为实现组织的愿景服务的,是为实现愿景所进行的谋划。一个好的战略需要回答四个问题:第一,什么推动组织不断前进? 一般认为有六个因素:产品和服务、客户和市场、能力(人力资源)、技术、销售和分销渠道、原材料。第二,组织卖什么? 可以是产品、服务,也可以是信息等。第三,组织的客户是谁? 根据不同的标准,可能将客户划分为不同的群体。例如,根据年龄可分为婴儿、儿童、青少年、中年人和老年人;根据收入可分为低水平收入的客户、中等收入客户和高收入客户。第四,如何销售? 这决定了组织的价值主张。换言之,组织如何为客户提供价值? 或者客户为什么买此产品或服务?

二、创建 OKRs 时要考虑的问题

(一)设定定性的目标和定量的关键结果

柏拉图曾经说过:"开始是任何工作中最重要的部分。"对于 OKRs 也是一样,有个好的开始非常重要。要做到这一点,必须掌握 OKRs 模型的基本原理,其中一个原理就是设定鼓舞人心的定性的目标。目标旨在激励团队,捕捉团队成员共同的想象力并将他们推向新的高度。当用关键结果衡量目标实现与否时,关键结果必须尽可能地被量化。目标和关键结果是有很大的区别的。目标指的是"往哪儿去",关键结果主要用于判断"是否达到了这个地方";目标一般是定性的,关键结果一般是定量的;目标是提炼关键结果的基础,关键结果是衡量目标的标准。

(二)避免所有"自上而下"的 OKRs

新手经常犯的错是复制组织层次的关键结果作为他们的目标。在某些情况下,这可能是合适的,但在大多数情况下,OKRs 应该通过"自下而上"和"自上而下"的两个渠道来获得。对于一个部门或团队而言,部门或团队的 OKRs 应该与每一个部门或团队成员联系起来,但也要关注该 OKRs 对组织整体成功的独特贡献。复制和粘贴 OKRs 会扼杀员工、部门和组织的创造力,并大大降低 OKRs 在整个组织中推动上下协调一致的作用。

(三)解决关键结果的问题

解决关键结果的问题是一个非常广泛的描述,但它可以概括我们在关键结果中看到的三个方面的问题:第一,关键结果太多。当谈到关键结果时,我们很想找到那些少量的

最关键的结果,但是太难了。所以,我们通常最终记录了通过集思广益获得的每一个可能的结果。当然,这种做法是与OKRs的思想相矛盾的,OKRs要求关注能够驱动成功的少量关键因素。第二,关键结果的质量不高。主要表现在关键结果没有很好地被定义,模糊不清,难以理解和执行。第三,大量"里程碑式"的关键结果。"里程碑式"的关键结果一般能够提升OKRs的价值,因为这样结果对于部门或组织来讲都是非常重要的,而且其实现也是有一定的困难的,需要耗费大量的时间和精力,而且对于员工的能力要求也很高。如果OKRs中都是这样的关键结果,一方面不现实,另一方面也很难完成,这就违背了OKRs管理方法的目的。

(四)使用一致性的评分系统

Niven和Lamorte推荐了一个由四个分数组成的简单系统:0、0.3、0.7和1.0。采用其他系统也是可以的,重要的是,每个部门或团队都需采用相同的评分系统。

三、创建OKRs后要考虑的问题

(一)避免"一劳永逸"综合证

创建OKRs之后,如果将其视为一次性的活动并在季度末重新审视,那么就完全违背了"OKRs是一个持续性的行为规范"这一内涵。如果不在整个季度中审查和讨论OKRs的进展,那么,实际上,并没有把OKRs管理方法作为动态的实时学习工具。避免这种现象发生的方式可进行"每周一会"和季度"中期核查"。

(二)促使OKRs协同一致作用的发挥

如果是一个规模比较小的组织或者一个规模大的组织中的一个小业务单元,一套OKRs可能就足以指导整个员工的行动。但是,任何规模的组织都可以制定组织层次、部门或团队层次以及员工个体层次的OKRs,以便将所有员工的精力和注意力聚焦在相同战略下的不同目标上,从而获得指数级的收益。这也就是说,要充分发挥OKRs协同一致的功能。

本章要点

(1)OKRs是一个新兴的战略管理工具,也被称为驱动组织向前发展的协作性目标设定工具,其有两个基本的构成元素即目标和关键结果。

（2）OKRs模型是一种批判性思维框架和不断发展的行为准则，旨在确保员工协同工作，集中精力做出可衡量的贡献，推动公司向前发展。

（3）OKRs能够发挥六个方面的作用：第一，易于理解，更容易获得支持和使用；第二，有助于培养敏捷性组织并能够为组织变革做准备；第三，关注最重要的事情；第四，透明度促进跨职能的协作；第五，促进对话并推动员工参与；第六，有助于塑造共同的愿景。

（4）OKRs模型并不是绩效评价，也不适宜作为绩效评价的工具。

（5）OKRs与激励性薪酬挂钩的好处在于：有助于使员工像激光一样专注于目标，促进公平感知，简化激励薪酬方案。其害处在于：使员工回避有挑战性的目标，降低"先导"指标的可能性，与新的商业现实不一致。

（6）制定OKRs有五个阶段：创建（Create）、优化（Refine）、协调对齐（Align）、定稿（Finalize）和传送（Transmit），简称CRAFT。

（7）有效的管理OKRs可从三个方面入手：每周一会、季度中期核查和季度末评价。

（8）使用OKRs需要注意以下三个方面的问题：实施前要理解为什么实施OKRs，要获得高层领导的支持，实施OKRs培训，确保有一个合适的战略；创建时应当设定定性的目标和定量的关键结果，避免所有"自上而下"的OKRs，解决关键结果的问题，使用一致性的评分系统；创建后应避免"一劳永逸"综合征，促使OKRs协同一致作用的发挥。

复习思考题

（1）什么是OKRs？

（2）OKRs对目标管理改进的方面有哪些？

（3）OKRs的作用是什么？

（4）OKRs与绩效评价和激励性薪酬之间有着怎样的关系？

（5）制定OKRs的过程有哪些？

（6）如何有效地管理OKRs？

（7）使用OKRs时需要注意哪些问题？

案例分析

远程办公与 OKR

根据亿欧智库发布的《2020 远程办公研究报告》，美国作为远程办公的先行者，2018年的远程办公人口渗透率为 18.9%，而中国却不足 1%。由于突如其来的新冠肺炎疫情，许多企业都被迫开始了线上云办公，我国的远程办公由此开始了加速发展。后疫情时代，虽然许多企业已经纷纷复工，但远程办公已经得到了广大企业的普遍重视，而不只是为了应对疫情出现的临时性举措。因此，有必要对远程办公中出现的问题做出分析，并提出合理建议。

一、远程办公中的问题分析

新冠肺炎疫情之前，很多企业其实从未实际接触过远程办公，迫于疫情的压力，它们还来不及做好准备就开始了远程办公模式的摸索，属于摸着石头过河的阶段，由此出现了不适的症状。

第一，沟通效率的降低。组织沟通是一种传递工作信息与情感交流的方式，沟通效率往往决定了工作产出的效率。当企业工作完全转为线上沟通后，原本在办公室只需几句话就能解决的问题，现在却需要通过网络连线或者提前预约沟通时间，而且无法确定对方是否能即时回复，使沟通出现了严重的时滞，导致信息收集、处理、分发耗费更多的时间。此外，在网络交流中人们的真实意图和网络行为会有所不同，出现价值二重性。通过网络进行的沟通往往难以传递出最真实的情感，因而相互理解上会出现偏差，造成信息失真。

第二，对员工心理健康的挑战。当员工的生活和工作都处于相同的物理空间时，生活和工作之间的界限变得模糊。员工会认为私人生活受到工作的入侵，家庭角色与工作角色的冲突感导致其在上班期间难以全身心投入，工作时间被迫延长，休息时间被侵占。此外，远程办公者长时间不在办公室，缺少跟同事之间的直接接触。在线下办公时，彼此还有机会谈论一些非工作话题，得以建立更多的情感链接。远程办公期间，同事的交流通常仅限于工作内容，难以满足人类对社会交往的需求。一项心理学研究表明，当一个人长期脱离与社会的直接接触时，他心底深处潜藏的消极回忆与创伤就比较容易被唤醒。

第三，管理挑战。在公司上班时管理者可以通过打卡等方式了解员工到岗时间，通过深入工作场景直接获得员工工作情况的第一手资料，发现有员工情绪不佳可以及时进行安抚，等等。但远程办公期间管理者对员工失去了大量直接接触的机会，难以获取他们的实时工作情况,这就对管理者提出了更高的要求,而不能适应这种转变的管理者可能会对员工产生极大的不信任感。此时旧的管理手段不再适用,管理者需要发展出一套新的管理方法。

第四,会议增多。一个项目往往不是由某位员工独立完成,而是需要多名员工共同协作的,甚至还会有其他部门参与进来。为了保证任务的按时跟进,项目组成员需要不定时召开多次会议,领导也要通过会议的形式掌握员工的工作完成情况。同时,由于无法直接接触,除了工作会议,员工参与的其他会议也增多了,导致其日常工作被大量会议充斥。由此,工作时间变得更加碎片化,员工疲于应付各种线上会议,导致会议效率不高。

二、OKRs 与远程办公的适配性

第一,OKRs 给员工充分赋权。远程办公中管理者难以对员工的工作情况进行实时监督,这非常容易让管理者产生极大的不安。对此,管理者不应该拘泥于试图找出一种新手段加强对员工的管控,应该转换思路,不再将重心放在对工作进程的把握上,而是更加关注工作的结果,OKRs 恰恰是这样一个关注结果的管理方式。在 OKRs 管理方式下,每一位员工都需要设定自己独一无二的目标,每个目标下有数个关键结果,即为了达成这个目标必须要完成的具体任务。管理者此时需要做的工作,一是跟员工充分沟通目标的合理性:目标是否与公司战略契合、目标是否有挑战性等;二是定期检查目标的完成情况。管理者应该充分给予下属信任,赋予其应有的权利。

第二,OKRs 搭建了一个沟通框架。OKRs 是完全透明化的,每位员工都可以通过公司内网查看到任意一位员工的 OKRs。如果某位员工需要寻求帮助,可以通过查看其他成员的 OKRs,快速找到与其工作内容最相近的同事,以便更好地获得帮助。当管理者想与下属进行工作沟通时,也可以通过查看这位下属的 OKRs 来明确他最近的工作内容,再通过谈话就能够快速抓住重点,节约双方时间。

OKRs 也有助于会议沟通效率的提升。针对远程会议难以确保参会人员精力持续集中,容易演变成"你一句我一句"毫无逻辑的扯皮,可以将所有会议都基于 OKRs 来展开。会前,每人根据自己 OKRs 的进展来准备发言,做到有话可讲;会中,与会人员依次对自己的 OKRs 进展情况进行汇报,再讨论达成目标过程中有哪些地方受阻、是否需要资源协调。这样一来,每场会议都有标准的流程,员工就能明确知道会议的方向是哪里,自己应该为会议准备什么,从而避免会议流于形式。

第三,OKRs 可以有效激励员工,促进自我管理。一方面,远程办公使工作灵活性更高,员工完全能自主选择工作地点,当然员工受到上级的直接监管也更少。另一方面,相当一部分人群已习惯于被动地接受领导直接下达的工作任务,长期的外部监督逐渐消磨了他们自主完成工作的能力。对此,OKRs 的观点恰好强调通过设定有激励性的目标,让员工持续获得内驱力。

目标设定的一大标准就是员工的目标必须与团队的目标、整个企业的战略相契合,因此员工可以明了自己为整个企业的发展究竟付出了哪些实质性的努力,切实地感受到自己存在的价值,而不仅是通过管理者说教式的鼓励找到自我价值,员工自我实现的需求更容易获得满足。OKRs 是公开透明的,同事间的 OKRs 一方面会激发员工的竞争心理,想要比同事做得更好,类似 Peer Pressure(同辈压力);另一方面当所有人都朝着一个大方向共同努力时,彼此会产生一种温暖的陪伴感,这种精神上的激励远比物质上的激励更加能让员工持续地获取工作动力。清晰的目标会倒逼员工提升工作效率,快速找到优先级。当所有工作都是为了实现设定的目标,任何与目标无关的工作都可以放在一边时,不仅排除了很大一部分干扰因素,也能避免员工懈怠。

资料来源:冉亨怡. OKR 远程办公的标配?[J]. 企业管理,2020(10):95 – 97.

根据上述材料回答问题:

(1)请解释,为什么 OKRs 在远程办公情形下有更强的适用性?

(2)在远程办公中实施 OKRs 可能存在哪些问题或隐患?如何解决?

(3)举例说明 OKRs 还适用于什么类型的组织或什么情形的办公模式?

参考文献

[1]蔡礼彬,李鹏.基于网络计划技术的展览项目进度管理研究[J].中国海洋大学学报(社会科学版),2011,24(3):63-68.

[2]丁贺.优势型领导:领导力开发新路径[M].北京:中国劳动社会保障出版社,2020.

[3]傅飞强,彭剑锋.个人传记特征对工作绩效的影响:一项4年的追踪研究[J].商业经济与管理,2017(6):48-59.

[4]赫尔曼·阿吉斯.绩效管理[M].刘昕,曹仰锋,译.北京:中国人民大学出版社,2008.

[5]廖建桥.中国式绩效管理:特点、问题及发展方向[J].管理学报,2013,10(6):781-788.

[6]林新奇.管理学:原理与实践[M].大连:东北财经大学出版社,2017.

[7]林新奇.国际人力资源管理实务[M].辽宁:东北财经大学出版社,2012.

[8]林新奇.绩效管理:技术与应用[M].北京:中国人民大学出版社,2012.

[9]刘立波,沈玉志,武丹凤.网络计划技术在管理信息系统 MIS 开发中的应用[J].科技管理研究,2008,28(5):266-268.

[10]刘伟.绩效计划的制定流程[J].中国劳动,2005,56(4):51-52.

[11]斯蒂芬·P.罗宾斯.组织行为学[M].孙健敏,李原,译.北京:中国人民大学出版社,1997.

[12]孙健敏,宋萌,王震.辱虐管理对下属工作绩效和离职意愿的影响:领导认同和权力距离的作用[J].商业经济与管理,2013,33(3):45-53.

[13]唐贵瑶,魏立群,贾建锋.人力资源管理强度研究述评与展望[J].外国经济与管理,2013,35(4):40-48.

[14]杨陈,杨付,景熠,唐明凤.谦卑型领导如何改善员工绩效:心理需求满足的中介作用和工作单位结构的调节作用[J].南开管理评论,2018,27(2):121-134+171.

[15] Adams C., Neely A. Prism reform [J]. Financial Management, 2002, 51(5):28-31.

[16] Adams G. A. , Jex S. M. Confirmatory factor analysis of the time management behavior scale[J]. Psychological Reports, 1997, 80(1):225 – 226.

[17] Adler S. , Campion M. , Colquitt A. , Grubb A. , Murphy K. , Ollander – Krane R. , Pulakos E. D. Getting rid of performance ratings: Genius or folly? [J]. Industrial and Organizational Psychology, 2016, 9(2):219 – 252.

[18] Aguinis H. , Gottfredson R. K. , Joo H. Delivering effective performance feedback: The strengths-based approach[J]. Business Horizons, 2012, 55(2):105 – 111.

[19] Aguinis H. Performance management (third edition) [M]. New York: Pearson Education, 2013.

[20] Allan B A, Owens R L, Douglass R P. Character strengths in counselors: Relations with meaningful work and burnout [J]. Journal of Career Assessment, 2019, 27 (1): 151 – 166.

[21] Alvero A. M. , Bucklin B. R. , Austin J. An objective review of the effectiveness and essential characteristics of performance feedback in organizational settings(1985 – 1998)[J]. Journal of Organizational Behavior Management, 2001, 21(1):3 – 29.

[22] Anseel F. , Lievens F. The mediating role of feedback acceptance in the relationship between feedback and attitudinal and performance outcomes [J]. International Journal of Selection and Assessment, 2009, 17(4):362 – 376.

[23] Anthony R. N. Planning and Control Systems: A framework for analysis [D]. Graduate School of Business Administration, Harvard Business School, 1965.

[24] Argyris C. Human problems with budgets[J]. Harvard Business Review, 1953(31): 97 – 110.

[25] Ariss S. S. , Timmins S. A. Employee education and job performance: Does education matter? [J]. Public Personnel Management, 1989, 18(1):1 – 9.

[26] Arnold H. J. Task performance, perceived competence, and attributed causes of performance as determinants of intrinsic motivation[J]. Academy of Management Journal, 1985, 28(4):876 – 888.

[27] Atkinson A. A. , Waterhouse J. H. , Wells R. B. A stakeholder approach to strategic performance measurement[J]. Sloan Management Review, 1997, 38(3):25 – 37.

[28] Bakker A. B. , Bal M. P. Weekly work engagement and Performance: A study among starting teachers[J]. Journal of Occupational and Organizational Psychology, 2010, 83 (1):

189 - 206.

[29] Bakker A. B. ,Hakanen J. J. ,Demerouti E. , Xanthopoulou D. Job resources boost work engagement, particularly when job demands are high [J]. Journal of Educational Psychology,2007,99(2):274 - 284.

[30] Balcazar F. ,Hopkins B. L. ,Suarez Y. A Critical, Objective Review of performance feedback[J]. Journal of Organizational Behavior Management,1985,7(3 - 4):65 - 89.

[31] Banker R. D. , Lee S. Y. , Potter G. A field study of the impact of a performance-based incentive plan[J]. Journal of Accounting and Economics,1996,21(2):195 - 226.

[32] Barankay I. Rankings and social tournaments: Evidence from a crowd-sourcing experiment[M]. Mimeo:University of Pennsylvania,2011.

[33] Baron A. , Armstrong M. Out of the box [J]. People Management, 1998, 15(4): 38 - 41.

[34] Barrick M. R. , Mount M. K. The big five personality dimensions and job performance:A meta-analysis[J]. Personnel Psychology,1991,44(1):1 - 26.

[35] Bass B. M. Reducing leniency in merit ratings[J]. Personnel Psychology,1956(9): 359 - 369.

[36] Berliner C. , Brimson J. CAM - I Study; R. Lynch and K. Cross, Measure Up! Yardsticks for continuous improvement[M]. Cambridge:Basil Blackwell,1991.

[37] Bernardin H. J. An "Analytic" framework for customer-based performance content development and appraisal[J]. Human Resource Management Review,1992,2(1):81 - 102.

[38] Bingham W. V. Halo,invalid and valid[J]. Journal of Applied Psychology,1939,23 (2):221 - 228.

[39] Biswas - Diener R. , Kashdan T. B. , et al. A Dynamic approach to psychological strength development and intervention [J]. The Journal of Positive Psychology,2011,6(2): 106 - 118.

[40] Bittner R. H. Developing an industrial merit rating procedure [J]. Personnel Psychology,1948,1(4):403 - 432.

[41] Blau G. Exploring the mediating mechanisms affecting the relationship of recruitment source to employee performance[J]. Journal of Vocational Behavior,1990,37(3):303 - 320.

[42] Bond M. J. ,Feather N. T. Some correlates of structure and purpose in the use of time[J]. Journal of Personality and Social Psychology,1988,55(2):321 - 329.

［43］Borman W. C. ,Motowidlo S. J. Expanding the criterion domain to include elements of contextual performance ［M］.//N. Schmitt W. C. Borman. Personnel selection in organizations. San Francisco：Jossey – Bass,1993.

［44］Brache A. P. , Rummler G. A. Invited reaction：Performance improvement：A methodology for practitioners ［J］. Human Resource Development Quarterly, 1995 , 6（1）：35 – 38.

［45］Bradley B. H. ,Klotz A. C. ,Postlethwaite B. E. ,Brown K. G. Ready to rumble：How team personality composition and task conflict interact to improve performance［J］. Journal of Applied Psychology,2013,98（2）:385 – 392.

［46］Britton B. ,Tesser A. Effects of time-management practices on college grades［J］. Journal of Educational Psychology,1991,83（3）:405 – 410.

［47］Britton B. K. ,Glynn S. M. Mental management and creativity［M］. Boston, MA：Handbook of creativity,1989.

［48］Brockner J. Self-esteem at work［M］. New York,NY：Lexington Books,1988.

［49］Buckingham M. , Clifton D. O. Now, Discover your strengths ［J］. New York：The Free Press,2001.

［50］Cadsby C. B. , Song F. , Tapon F. Sorting and incentive effects of pay for performance：An experimental investigation［J］. Academy of Management Journal,2007,50（2）:387 – 405.

［51］Campbell J. P. , Dunnette M. D. , Arvey R. D. , Hellervik, L. V. The development and evaluation of behaviorally based rating scales［J］. Journal of Applied Psychology,1973,57（1）:15 – 22.

［52］Campbell J. P. ,Dunnette M. D. ,Lawler E. E. ,Weick K. E. Managerial behavior, performance and effectiveness［M］. New York：McGraw – Hill,1970.

［53］Campbell J. P. ,McCloy R. A. ,Oppler S. H. ,Sager C. E. A theory of performance ［M］//E. Schmitt, W. C. Borman, Associates. Personnel selection in organizations, San Francisco：Jossey – Bass,1993.

［54］Carver C. , Sutton S. , Scheier M. Action, emotion, and personality：Emerging conceptual integration［J］. Personality and Social Psychology Bulletin,2000（26）:741 – 751.

［55］Cattell J. M. American men of science：A biographical dictionary［M］. New York：Science Press,1906.

［56］Chen Z. X. , Tsui A. S. , Farh J. L. Loyalty to supervisor vs. organizational commitment：Relationships to employee performance in China［J］. Journal of Occupational and Organizational Psychology,2002,75(3)：339 - 356.

［57］Child J. Organizational structure,environment and performance：The role of strategic choice［J］. Sociology,1972,6(1)：1 - 22.

［58］Cleveland J. N. ,Murphy K. R. ,Lim A. Feedback phobia? Why employees do not want to give or receive it［M］//J. Langan - Fox,C. Cooper,R. Klimoski. Research companion to the dysfunctional workplace：Management challenges and symptoms Cheltenham, UK： Edward Elgar,2007.

［59］Cleveland J. N. , Murphy K. R. , Williams R. E. Multiple uses of performance appraisal：Prevalence and correlates［J］. Journal of Applied Psychology,1989(74)：130 - 135.

［60］Clifton D. O. , Harter J. K. Investing in strengths ［J］. Positive organizational scholarship：Foundations of a new Discipline,2003：111 - 121.

［61］Clifton D. O. , Nelson P. Soar with your strengths ［M］. New York：Delacorte Press,1992.

［62］Collins J. Good to great［M］. New York：Harper Collins,2001.

［63］Crane D. P. Personnel management：A situational approach［M］. California：Wadsworth Publishing,1974.

［64］Cummings L. L. ,Schwab D. P. ,Rosen M. Performance and knowledge of results as determinants of goal setting［J］. Journal of Applied Psychology,1971,55(6)：526 - 530.

［65］Dagar A. Review of performance appraisal techniques［J］. International Research Journal of Commerce Arts and Science,2014,5(10)：16 - 23.

［66］Dedahanov A. T. , Rhee C. , Yoon J. Organizational structure and innovation performance：Is employee innovative behavior a missing link? ［J］. Career Development International,2017,22(4)：334 - 350.

［67］DeNisi A. S. , Murphy K. R. Performance appraisal and performance management： 100 years of progress? ［J］. Journal of Applied Psychology,2017,102(3)：421 - 433.

［68］Devonish D. , Greenidge D. The effect of organizational justice on contextual performance, counterproductive work behaviors, and task performance： Investigating the moderating role of ability-based emotional intelligence［J］. International Journal of Selection and Assessment,2010,18(1)：75 - 86.

[69]De Wit F. R. ,Greer L. L. ,Jehn,K. A. The paradox of intragroup conflict:A meta-analysis[J]. Journal of Applied Psychology,2012,97(2):360 – 390.

[70]Ding H. ,Yu E. ,Li Y. Core Self-evaluation,Perceived organizational support for strengths use and job performance:Testing a mediation model[J]. Current Psychology,2020, (8):1 – 8.

[71]Ding H. ,Yu E. ,Li Y. Strengths-based leadership and its impact on task performance:A preliminary study[J]. South African Journal of Business Management,2020,51 (1):1 – 9.

[72]Ding H. ,Yu E. ,Xu S. Development and validation of perceived strengths-based human resource system scale [EB/OL]. https://doi. org/10. 1108/IJM – 10 – 2020 – 0466,2021.

[73]Ding H. ,Yu E. ,Xu S. Development and validation of perceived strengths-based human resource system scale[M]. International Journal of Manpower,2021.

[74]Ding H. ,Yu E. A Cross-level examination of the relationship of strengths-based human resource system with employee performance[J]. Journal of Career Development,2021 (5):1 – 14.

[75]Doerr J. Measure What nothers how googk,bomo, and the gntes founodation rock the world with OKRs[M]. Penguin,2008.

[76]Drucker P. The practice of management[M]. New York:Harper and Brothers,1954.

[77]Dubreuil P. ,Forest J. ,Gillet N. ,Fernet C. ,Thibault L. A. ,Crevier B. L. , Girouard S. Facilitating well-being and performance through the development of strengths at work:Results from an intervention program [J]. International Journal of Applied Positive Psychology,2016,1(1):1 – 19.

[78]Dweck C. S. Mindset:The new psychology of success[M]. New York:Random House,2006.

[79]Eerde W. V. Procrastination at work and time management training[J]. The Journal of Psychology,2003,137(5):421 – 434.

[80]Fama E. F. ,Jensen M. C. Separation of ownership and control[J]. The Journal of Law and Economics,1983,26(2):301 – 325.

[81]Fama E. F. Efficient capital markets:A review of theory and empirical work[J]. The Journal of Finance,1970,25(2):383 – 417.

[82]Feather N. T. , Bond M. J. Time structure and purposeful activity among employed and unemployed university graduates[J]. Journal of Occupational Psychology,1983,56(3): 241 – 254.

[83]Federo R. , Saz – Carranza A. Devising strategic plans to improve organizational performance of intergovernmental organizations[J]. Global Policy,2017,8(2):202 – 212.

[84]Flanagan J. C. Critical requirements:A new approach to employee evaluation[J]. Personnel Psychology,1949,2(4):419 – 425.

[85]Fredrickson B. L. The role of positive emotions in positive psychology:The broaden-and-build theory of positive emotions [J]. The American Psychologist, 2001, 56 (3): 218 – 226.

[86]Fredrickson J. W. The strategic decision process and organizational structure[J]. Academy of Management Review,1986,11(2):280 – 297.

[87]Gelade G. A. , Ivery M. The impact of human resource management and work climate on organizational performance[J]. Personnel Psychology,2003,56(2):383 – 404.

[88]Gellert F. J. ,Schalk R. The influence of age on perceptions of relationship quality and performance in care service work teams[J]. Employee Relations,2012,34(1):44 – 60.

[89]Green C. ,Jegadeesh N. ,Tang Y. Gender and job performance:Evidence from wall street[J]. Financial Analysts Journal,2009,65(6):65 – 78.

[90]Green C. The satisfaction-performance controversy:New developments and their implications[J]. Business Horizons,1972,15(5):31 – 41.

[91]Guralnik O. , Rozmarin E. , So A. Forced distribution:Is it right for you? [J]. Human Resource Development Quarterly,2004,15(3):339 – 345.

[92]Hall B. L. ,Hursch D. E. An evaluation of the effects of a time management training program on work efficiency[J]. Journal of Organizational Behavior Management,1982,3(4): 73 – 96.

[93]Hanel F. J. Field testing the effectiveness of a self-instruction time management manual with managerial staff in an institutional setting[M]. Doctoral Dissertation,ProQuest Information & Learning,1982.

[94]Harbison F. , Myers C. A. Management in the industrial world[M]. New York: McGraw – Hill Book Company,1959.

[95]Hafner A. , Stock A. Time management training and perceived control of time at

work[J]. The Journal of Psychology,2010,144(5):429 –447.

[96]Highland R. W. ,Berkshire J. R. A Methodological study of forced choice performance rating[J]. Human Resources Research Center,Chanute Air Force Base Illinois,1951(5): 137.

[97]Hoegl M. ,Weinkauf K. ,Gemuenden H. G. Interteam Coordination,project commitment, and teamwork in multiteam R&D projects:A longitudinal study[J]. Organization Science, 2004,15(1):38 –55.

[98]Howell R. , Brown J. , Soucy S. Seed A. Management accounting in the new manufacturing environment[R]. National Association of Accountants and Cami,1987.

[99]Ilgen D. R. ,Farrell J. L. ,McKellin D. B. Performance appraisal process research in the 1980s:What has it contributed to appraisals in use? [J]. Organizational Behavior and Human Decision Processes,1993,54(3):321 –368.

[100]Ingham T. Management by objectives—A lesson in commitment and cooperation [J]. Managing Service Quality,1995,5(6):35 –38.

[101]Islami X. , Mulolli E. ,Mustafa N. Using management by objectives as a performance appraisal tool for employee satisfaction[J]. Future Business Journal,2018,4(1):94 –108.

[102]Jacobs R. Forced distribution method of performance evaluation [M]. Wiley Encyclopedia of Management,2015.

[103]Jawahar I. M. The mediating role of appraisal feedback reactions on the relationship between rater feedback related behaviors and ratee performance[J]. Group & Organization Management,2010,35(4):494 –526.

[104]Jennings D. F. ,Rajaratnam D. ,Lawrence F. B. Strategy performance relationships in service firms:A test for equifinality[J]. Journal of Managerial Issues,2003(5):208 –220.

[105]Jensen M. C. ,Meckling W. H. Theory of the firm:Managerial behavior, agency costs and ownership structure[J]. Journal of Financial Economics,1976,3(4):305 –360.

[106]Jensen M. C. Value maximization,stakeholder theory, and the Corporate objective function[J]. Business Ethics Quarterly,2002,12(2):235 –256.

[107]Johnson H. T. , Kaplan R. S. Relevance lost:The rise and fall of management accounting[M]. Boston:Harvard Business School Press,1987.

[108]Johnson H. T. Managing costs: An outmoded philosophy [J]. Manufacturing Engineering,989,102(5):42 –46.

[109]Jordan R. S. , Bird B. J. An exploratory study using the future time perspective scale[C]. In Mid – West Academy Meeting,Columbus,OH,1989.

[110]Banker R. D. ,Lee S. Y. ,Potter G. A field study of the impact of a performance-based incentive plan[J]. Journal of Accounting and Economics,1996,21(2):195 –226.

[111]De Wit F. R. ,Greer L. L. ,Jehn K. A. The paradox of intragroup conflict:A meta-analysis[J]. Journal of Applied Psychology,2012,97(2):360 –390.

[112]Kaplan R. S. ,Norton D. P. Linking the balanced scorecard to strategy[J]. California Management Review,1996,39(1):53 –79.

[113]Kaplan R. S. ,Norton D. P. Putting the balanced scorecard to work[J]. Harvard Business Review,1993(9):2 –16.

[114]Kaplan R. S. , Norton D. P. Using the balanced scorecard as a strategic management system[J]. Harvard Business Review,1996,74(1):75 –85.

[115]Kaplan R. S. Conceptual foundations of the balanced scorecard[J]. Handbooks of Management Accounting Research,2009(3):1253 –1269.

[116]Kaplan R. S. Measures for manufacturing excellence[M]. Boston:Harvard Business School Press,1990.

[117]Kaplan R. S. Norton D. P. Strategy Maps[M]. Harvard:Harvard Business School Press,2003.

[118]Kelvin. Electrical Units of Measurement,PLA,1,1883 –05 –03.

[119]Kerber K. W. ,Campbell J. P. Correlates of objective performance among computer salespeople:Tenure, work activities, and turnover [J]. Journal of Personal Selling &Sales Management,1987,7(3):39 –50.

[120]King A. C. , Winett R. A. , Lovett S. B. Enhancing coping behaviors in at-risk populations:The effects of time-management instruction and social support in women from dual-earner families[J]. Behavior Therapy,1986,17(1):57 –66.

[121]Kluger A. N. ,DeNisi A. S. The effects of feedback interventions on performance:A historical review, Meta-analysis, and a preliminary feedback intervention theory [J]. Psychological Bulletin,1996(119):254 –284.

[122]Kutllovci A. Enver. Menaxhimi i resurseve humane [D]. Prishtina, Kosovo:Universiteti i Prishtin's "Hasan Prishtina",Fakulteti Ekonomik,2004.

[123]LaFollette W. R. , Fleming R. J. The historical antecedents of management by

objective[J]. Academy of Management Proceedings,1977,(1):2 - 5.

[124]Lanman R. W. ,Remmers H. W. The "Performance" and "Discrimination" Indices in forced-choice scales[J]. Educational and Psychological Measurement,1954(8):41 - 73.

[125]Latham G. P. ,Wexley K. N. ,Pursell E. D. Training managers to minimize rating errors in the observation of behavior [J]. Journal of Applied Psychology, 1975, 60 (5): 550 - 555.

[126]Latham G. P. ,Wexley K. N. ,Rand T. M. The relevance of behavioral criteria developed from the critical incident technique[J]. Canadian Journal of Behavioural Science, 1975,7(4):349 - 358.

[127]Latham G. P. ,Wexley K. N. Behavioral observation scales for performance appraisal purposes[J]. Personnel Psychology,1977,30(2):255 - 268.

[128]Lavy V. Using Performance based pay to improve the quality of teachers[J]. The Future of Children,2007(5):87 - 109.

[129]Leong S. M. ,Randall D. M. ,Cote J. A. Exploring the organizational commitment performance linkage in marketing: A study of life insurance salespeople [J]. Journal of Business Research,1994,29(1):57 - 63.

[130]Lepak D. P. ,Snell S. A. The Human resource architecture: Toward a theory of human capital allocation and development [J]. Academy of Management Review, 1999, 24 (1):31 - 48.

[131]Lester J. A. ,Menefee M. L. Strategy as a response to organizational uncertainty: An alternative perspective on the strategy performance relationship [J]. Management Decision, 2000,38(8):520 - 530.

[132]Levine J. ,Butler J. Lecture vs. group decision in changing behavior[J]. Journal of Applied Psychology,1952,36(1):29 - 33.

[133]Linley P. A. , Nielsen K. M. , Gillett R. , Biswas - Diener, R. Using signature strengths in pursuit of goals: Effects on goal progress, need satisfaction, and well-being, and implications for coaching psychologists[J]. International Coaching Psychology Review,2010,5 (1):6 - 15.

[134]Lin X. , Germain R. Organizational structure, context, customer orientation, and performance: Lessons from Chinese State-owned Enterprises [J]. Strategic Management Journal,2003,24(11):1131 - 1151.

［135］Littman O. H. , Raas R. E. Character strengths of airline pilots：Explaining life and job satisfaction and predicting CRM performance ［J］. Psychology, 2018, 9(8):2083 – 2102.

［136］London M. , Mone E. M. Strategic performance management：Issues and trends ［M］//The Routledge companion to strategic human resource management, Casage：Newbury Park, 2008.

［137］Lowery C. M. , Krilowicz T. J. Relationships among nontask behaviors, rated performance, and objective performance measures［J］. Psychological Reports, 1994 (74): 571 – 578.

［138］Macan T. H. , Shahani C. , Dipboye R. L. , Phillips A. P. College students' time management：Correlations with academic performance and stress［J］. Journal of Educational Psychology, 1990, 82(4):760 – 768.

［139］Macan T. H. Time Management：Test of a process model［J］. Journal of applied psychology, 1994, 79(3):381 – 391.

［140］Martin C. , Guare R. , Dawson P. Work your strengths：A scientific process to identify your skills and match them to the best career for you［M］. New York：AMACOM, 2010.

［141］McArthur A. W. , Nystrom P. C. Environmental dynamism, complexity, and munificence as moderators of strategy-performance relationships［J］. Journal of Business Research, 1991, 23 (4):349 – 361.

［142］McEvoy G. M. , Cascio W. F. Cumulative evidence of the relationship between employee age and job performance［J］. Journal of Applied Psychology, 1989, 74(1):11 – 17.

［143］Meijaard J. , Brand M. J. , Mosselman M. Organizational structure and performance in dutch small firms［J］. Small Business Economics, 2005, 25(1):83 – 96.

［144］Mercer. Linking pay to performance in the public sector［M］. London：Mercer, 2013.

［145］Meyer H. H. , Kay E. , French J. Split roles in performance appraisal［J］. Harvard Business Review, 1965(43):123 – 129.

［146］Miles R. E. , Snow C. C. , Meyer A. D. , Coleman H. J. Organizational strategy, structure, and process［J］. Academy of Management Review, 1978, 3(3):546 – 562.

［147］Mintzberg H. Structure in fives：Designing effective organizations［M］. NJ Prentice Hall, Englewood Cliffs, 1983.

［148］Morgeson F. P. , Delaney K. K. , Hemingway M. A. The importance of job autonomy, cognitive ability, and job-related skill for predicting role breadth and job performance[J]. Journal of Applied Psychology,2005,90(2):399 – 406.

[149]Motowidlo S. J. , Van Scotter J. R. Evidence that task performance should be distinguished from contextual performance[J]. Journal of Applied Psychology,1994,79(4): 475 – 480.

[150]Motowildo S. J. ,Borman W. C. ,Schmit M. J. A theory of individual differences in task and contextual performance[J]. Human Performance,1997,10(2):71 – 83.

[151]Murphy K. R. ,Cleveland J. N. ,Mohler C. Reliability,validity,and meaningfulness of multisource ratings[M]//Bracken D. ,Timmreck C. ,Church A. . Handbook of multisource feeback,130 – 148. San Francisco,CA:Jossey – Bass,2001.

[152]Murphy K. R. , Cleveland J. N. Understanding performance appraisal: Social, organizational,and goal-oriented perspectives[M]. Casage:Newbury Park,1995.

[153]Newtson D. Attribution and the unit of perception of ongoing behavior[J]. Journal of Personality and Social Psychology,1973,28(1):28 – 38.

[154]Ng T. W. ,Feldman D. C. Does longer job tenure help or hinder job performance? [J]. Journal of Vocational Behavior,2013,83(3):305 – 314.

[155]Ng T. W. ,Feldman D. C. How broadly does education contribute to job performance? [J]. Personnel Psychology,2009,62(1):89 – 134.

[156]Niven,Lamorte. Objectives and key results:Driving focus,Alignment,and engagement with OKRs[J]. Wiley Corporate F&A,2016.

[157]Noonan L. E. ,Sulsky L. M. Impact of frame of reference and behavioral observation training on alternative training effectiveness criteria in a canadian military sample[J]. Human Performance,2001,14(1):3 – 26.

[158]Pearce J. L. ,Gregersen H. B. Task interdependence and extrarole behavior:A test of the mediating effects of felt responsibility[J]. Journal of Applied Psychology,1991,76(6): 838 – 844.

[159]Peterson C. , Seligman M. E. Character Strengths and Virtues: A Handbook and Classification[M]. Oxford:Oxford University Press,2004.

[160]Petreska E. Bridging the gap between people and strategy through a shared vision: The central role of objectives and key results [M]. Oxford:Oxford University Press,2020.

[161]Pfeffer J. , Sutton R. I. What's wrong with pay-for-performance [J]. Industrial

Management,2006,48(2):12 – 18.

[162]Pfeffer J. A Modest Proposal: How we might change the process and product of managerial research[J]. Academy of Management Journal,2007(50):1334 – 1345.

[163]Porter M. E. , Kramer M. R. Philanthropy's new agenda: Creating value [J]. Harvard Business Review,1999(77):121 – 131.

[164]Porter M. E. ,Kramer M. R. The link between competitive advantage and corporate social responsibility[J]. Harvard Business Review,2006,84(12):78 – 92.

[165]Porter M. E. Capital Disadvantage: America's falling capital investment system[J]. Harvard Business Review,1992,70(5):65 – 82.

[166]Porter M. E. How competitive forces shape strategy [M]//Readings in strategic management,Palgrave,London,1989:133 – 143.

[167]Porter M. E. The five competitive forces that shape strategy[J]. Harvard Business Review,2008(1):25 – 41.

[168]Prue D. M. , Fairbank J. A. Performance feedback in organizational behavior management: A review [J]. Journal of Organizational Behavior Management, 1981, 3 (1): 1 – 16.

[169]Pugh D. S. ,Hickson D. J. ,Hinings C. R. ,Turner C. Dimensions of organization structure[J]. Administrative Science Quarterly,1968,13(1):65 – 105.

[170]Rath T. , Conchie B. Strengths based leadership: Great leaders, teams, and why people follow[M]. New York: Simon and Schuster,2008.

[171]Restubog S. L. D. , Bordia P. , Tang R. L. Effects of psychological contract breach on performance of it employees: The mediating role of affective commitment [J]. Journal of Occupational and Organizational Psychology,2006,79(2):299 – 306.

[172]Richard P. J. , Devinney T. M. , Yip G. S. , Johnson G. Measuring organizational performance: Towards methodological best practice[J]. Journal of Management,2009,35(3): 718 – 804.

[173]Robbins S. P. ,Coulter M. Menadžment[M]. Beograd: Data Status,2005.

[174]Roberts L. M. ,Dutton J. E. ,Spreitzer G. M. ,Heaphy E. D. ,Quinn R. E. Composing the reflected best-self portrait: Building pathways for becoming extraordinary in work organizations[J]. Academy of Management Review,2005,30(4):712 – 736.

[175]Roberts L. M. ,Spreitzer G. ,Dutton J. ,Quinn R. ,Heaphy E. ,Barker B. How to

play to your strengths[J]. Harvard Business Review,2005,83(1):74-80.

[176]Rock D. , Davis J. , Jones B. Kill Your Performance Ratings. Strategy Business [EB/OL]. httpv://www. strategy-business. com/article/00275,2014-08.

[177]Salanova M. , Agut S. , Peiró J. M. Linking organizational resources and work engagement to employee performance and customer loyalty:The mediation of service climate [J]. Journal of Applied Psychology,2005,90(6):1217-1227.

[178]Sammut-Bonnici T, Galea D. SWOT Analysis [J] Wiley Encyclopedia of Management,2015(4):1-8.

[179]Schleicher D. J. , Watt J. D. , Greguras G. J. Reexamining the job satisfaction performance relationship:The complexity of attitudes [J]. Journal of Applied Psychology, 2004,89(1):165-177.

[180]Schwab D. P. ,Heneman H. G. ,DeCotiis T. Behaviorally anchored rating scales:A review of the literature[J]. Personnel Psychology,1975(28):549-562.

[181]Shoss M. K. ,Witt L. A. ,Vera D. When does adaptive performance lead to higher task performance? [J]. Journal of Organizational Behavior,2012,33(7):910-924.

[182]Simon H. ,Guetzkow H. ,Kozmetsky G. Tyndall G. Centralization vs. decentralization in organizing the controller's department[M]. New York:Controllership Foundation Scholars Book Co,1954.

[183]Simon H. A Framework for Decision Making[M]. Oxford:Oxford University Press, 1963.

[184]Sine W. D. , Mitsuhashi H. , Kirsch D. A. Revisiting burns and stalker:Formal structure and new venture performance in emerging economic sectors [J]. Academy of management journal,2006,49(1):121-132.

[185]Sisson E. D. Forced choice—The new army rating[J]. Personnel Psychology, 1948,1(3):365-381.

[186]Sleiman A. A. , Sigurjonsdottir S. , Elnes A. , Gage N. A. , Gravina N. E. A quantitative review of performance feedback in organizational settings(1998-2018)[J]. Journal of Organizational Behavior Management,2020,40(3-4):303-332.

[187]Snow C. C. , Hrebiniak L. G. Strategy, distinctive competence, and organizational performance[J]. Administrative Science Quarterly,1980(7):317-336.

[188]Sonnentag S. , Frese M. Performance concepts and performance theory [J].

Psychological Management of Individual Performance,2002,23(1):3 - 25.

[189]Staugas L. , McQuitty L. L. A New application of forced-choice ratings [J]. Personnel Psychology,1950,3(4):413 -424.

[190]Steger M. F. ,Hicks B. M. ,Kashdan T. B. ,Krueger R. F. ,Bouchard T. J. Genetic and environmental influences on the positive traits of the values in action classification,and biometric covariance with normal personality[J]. Journal of Research in Personality,2007,41(3):524 - 539.

[191]Stewart G. B. The quest for value[M]. New York:Harper Collins,1991.

[192]Sulzer - Azaroff B. ,Mayer G. R. Behavior analysis for lasting change[M]. New York:Holt,Rinehart &Winston. 1991.

[193]Sun L. Y. , Aryee S. , Law K. S. High performance human resource practices, citizenship behavior,and organizational performance:A relational perspective[J]. Academy of Management Journal,2007,50(3):558 - 577.

[194]Taylor F. W. Principles of scientific management [M]. New York:Harper and Brothers,1911.

[195]Tead O. The art of administration[M]. New York:McGraw Hill Book Company, 1951.

[196]Thompson J. D. Organizations in action [M]. New York:McGraw Hill Book Company,1967.

[197]Tolle Edwin R. A critical analysis of the forced-choice rating technique when used in rating elementary classroom teachers of a metropolitan school system, unpublished[D]. Dissertation,Wayne University,1955.

[198]Tosi H. L. ,Carroll S. Management by objectives[J]. Personnel Administration, 1970,33(3):44 -48.

[199]Tracey J. B. ,Sturman M. C. ,Tews M. J. Ability versus personality:Factors that predict employee job performance[J]. Cornell Hotel and Restaurant Administration Quarterly, 2007,48(3):313 -322.

[200]Trevor C. O. ,Gerhart B. ,Boudreau J. W. Voluntary turnover and job Performance: Curvilinearity and the moderating influences of salary growth and promotions[J]. Journal of Applied Psychology,1997(82):44 -61.

[201]Van - Dijk D. ,Kluger A. N. Feedback sign effect on motivation:Is it moderated by

regulatory focus? [J]. Applied Psychology: An International Review, 2004, 53(1) : 113 - 135.

[202] Van Woerkom M. , Kroon B. The effect of strengths-based performance appraisal on perceived supervisor support and the motivation to improve performance [J]. Frontiers in Psychology, 2020(11) :1 - 12.

[203] Vecchio R. P. Leader member exchange, objective performance, employment duration, and supervisor ratings: Testing for moderation and mediation[J]. Journal of Business and Psychology, 1998, 12(3) :327 - 341.

[204] Viswesvaran C. , Ones D. S. , Schmidt F. L. Comparative analysis of the reliability of job performance ratings[J]. Journal of Applied Psychology, 1996, 81(5) :557 - 574.

[205] Walumbwa F. O. , Hartnell C. A. Understanding transformational leadership-employee performance links: The role of relational identification and self-efficacy[J]. Journal of Occupational and Organizational Psychology, 2011, 84(1) :153 - 172.

[206] Wang A. C. , Tsai C. Y. , Dionne S. D. , Yammarino F. J. , Spain S. M. , Ling H. C. , Cheng B. S. Benevolence-dominant, authoritarianism-dominant, and classical paternalistic leadership: Testing their relationships with subordinate performance [J]. The Leadership Quarterly, 2018, 29(6) :686 - 697.

[207] Wang D. , Li X. , Zhou M. , Maguire P. , Zong Z. , Hu Y. Effects of abusive supervision on employees' innovative behavior: The role of job insecurity and locus of control [J]. Scandinavian Journal of Psychology, 2019, 60(2) :152 - 159.

[208] Weihrich H. A new approach to MBO: Updating a time-honored technique[M]. New York: Harper and Brothers, 2000.

[209] Wexley K. N. , Yukl G. A. , Kovacs S. Z. , Sanders R. E. Importance of contrast effects in employment interviews[J]. Journal of Applied Psychology, 1972, 56(1) :45 - 48.

[210] Wright P. M. , McMahan G. C. Theoretical perspectives for strategic human resource management[J]. Journal of Management, 1992, 18(2) :295 - 320.

[211] Wu B. The philosophy and practice of Management by Objectives[M]. Alabama, United States: Troy State University, 2005.

[212] Young K. C. , Kashdan T. B. , Macatee R. Strength balance and implicit strength measurement: New considerations for research on strengths of character[J]. The Journal of Positive Psychology, 2015, 10(1) :17 - 24.

[213] Zhang J. , Bal P. M. , Akhtar M. N. , Long L. , Zhang Y. , Ma Z. High-performance

work system and employee performance: The mediating roles of social exchange and thriving and the moderating effect of employee proactive personality[J]. Asia Pacific Journal of Human Resources,2019,57(3):369 - 395.

[214]http://www. stats. gov. cn/xxgk/sjfb/zxfb2020/202105/t20210511 _ 1817195. html.

[215]https://www. clearpointstrategy. com/18-key-Performance-indicators/.

[216]https://www. klipfolio. com/resources/articles/what-is-a-key-Performance-indicator.

[217]https://www. qlik. com/us/kpi.

后 记

　　本书系统地对绩效管理的基础理论、管理过程和常见的战略绩效管理工具进行了详细的探讨,但是仍有一些重要的方面需要进一步研究,如绩效管理系统的评价问题、绩效管理制度的设计与形成问题。从目前的研究来看,关于绩效管理系统有效性的评价研究还非常少。尽管本书在第一章中详细阐述了高效的绩效管理系统所具有的 14 个特征,但是其可操作性也不是很强,需要进一步开发相应的量表来测量组织所采用的绩效管理系统的有效性。另外,本书虽然对绩效管理的全过程进行了详细的阐述,但是并没有对绩效管理制度进行探讨。绩效管理制度包含绩效管理全过程的各个方面,甚至包括特定的战略绩效管理实施方法,有时还包括其他相关的保障性制度,如薪酬制度。从已有绩效管理的实践来看,激发卓越的绩效是我国实现高质量发展的重要保障。本书仅对如何实现卓越的个体绩效提出了 DRAPS 模型框架,但是这一模型还需要实证研究进一步验证。

　　本书虽经几次修改,但由于编者能力所限,不足之处在所难免,敬请专家读者批评指正。